格差と夢

恐怖、欠乏からの解放、尊厳を持って生きる自由

国連の開発現場で体験したこと

――グローバルキャリアのすすめ

格差と夢

恐怖、欠乏からの解放、尊厳を持って生きる自由

国連の開発現場で体験したこと

— グローバルキャリアのすすめ

浦元義照

上智大学特任教授

元UNICEF、UNIDO、ILO職員

戦後間もない宮崎に木材屋の長男として生まれた筆者。恵まれた家庭環境だったが故郷三財村は貧しかった。
父（写真には不在）は獣医だったが、事業に成功した祖父の後を継ぎ私が生まれる前に熊本県天草から移住してきた。
中央で祖母に抱かれているのが筆者。前列右は祖父、前列左に母と弟、後列の二人は天草から来て祖父の事業を手伝っていた祖父の親戚。
（1954年宮崎県　家の製材工場にて）

開発に取り組む機会をつくってくれたひろみ
母ひろみを亡くした二人の娘を我が子のように育て
人生の要に心強いサポートをしてくれた三起子
母国から遠く離れた国々で元気に育ってくれた
るりとまりにこの本を捧げる。

海外36年・日本37年

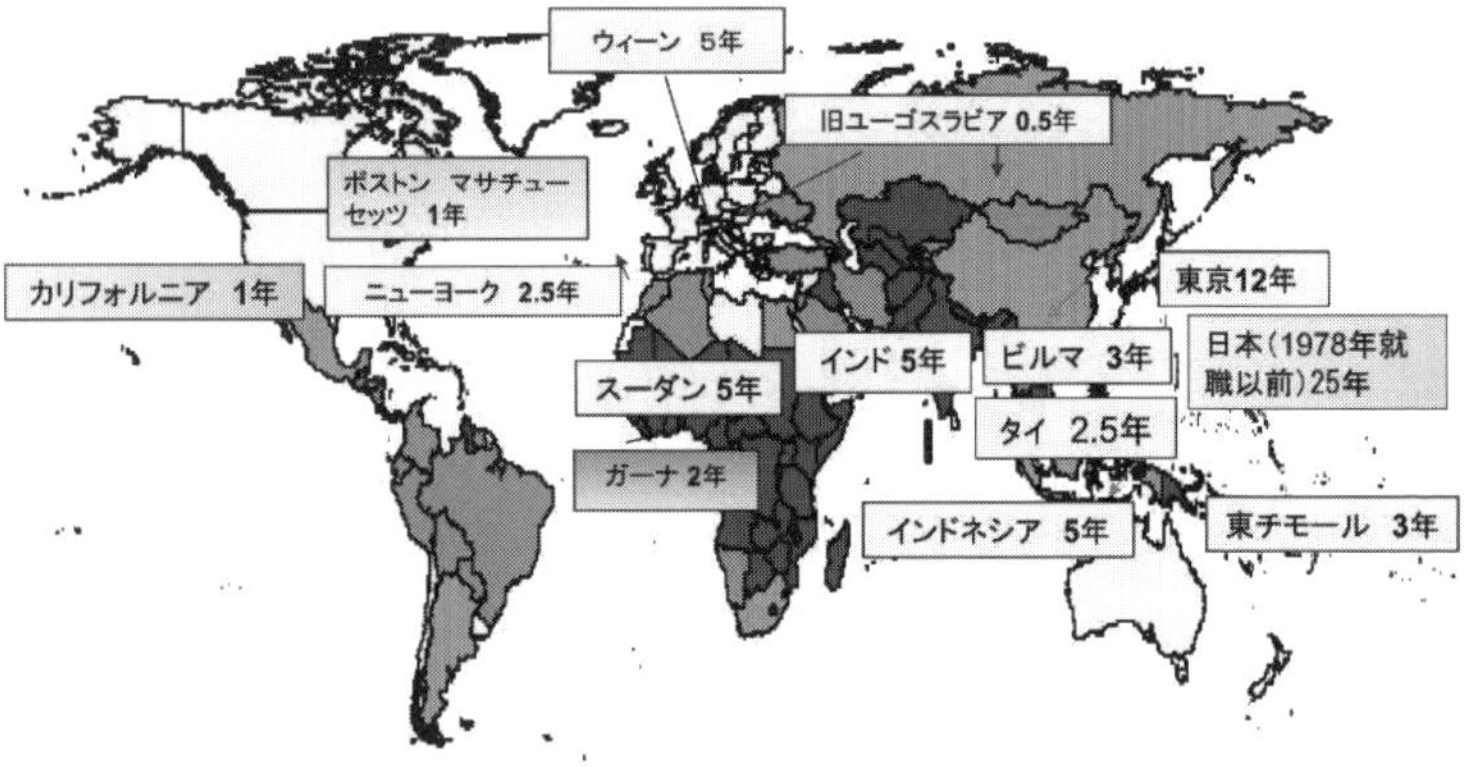

図1　赴任地

【目　次】

第4章　インドネシアの民主化

第5章　東ティモールの春と国づくり

第6章　東京からできたこと

第7章　貧困と格差の生まれる背景

国際機関・国際協力人材育成シリーズ第四作の出版にあたって

上智大学国際協力人材育成センター（以下、「センター」と呼ぶ）が監修する「国際機関・国際人材育成シリーズ」の四作目として浦元義照特任教授による『格差と夢』が出版されることになったことを心より嬉しく思う。著者はＩＬＯアジア太平洋総局長の任期を終えて二〇一五年に本学教授に就任し、同年のセンター開設以来その活動に協力いただいている。そのキャリアを活かして将来を担う学生たちに具体的な指導を行うとともに、国連機関への橋渡し役として国連ウィークスなどの活動に積極的に取り組んでいる。

このシリーズは、センターの活動を大学内に留まらず、広く人々に情報発信し、国際機関や国際協力活動の現場に身近に触れることができるようにすることを意図している。特に若い層の人たちが将来のキャリア形成を考える中で、国際協力や開発、平和構築といった分野の重要性ややりがいを感じとり、そのような仕事を志すきっかけとなればと願っている。また、若い人たちのみならず、こうした世界に興味を持つ人たちにとって、気づきとなり、新たなキャリアへのチャレンジの始まりとなることを期待してやまない。

本書に詳細に記されているとおり、著者は三六年間にわたり一筋に国連に奉職し、世界各地においてさまざまなかたちで途上国での開発に一生をかけてきたと言える。若き二〇代前半に世界の開発に携わりたいという大志をいだき、その後これを実現するために国連の世界に飛び込み、国連児童基金（ＵＮＩＣＥＦ）、国連工業開発機関（ＵＮＩＤＯ）、そして国際労働機関（ＩＬＯ）といった機関でキャリアを積み上げた。その中で著者が目の当たりにしてきた世界の格差と貧困とこれを引き起こす政治・経済の矛盾。それを理解したうえで、いかに人びとの生活をよりよい方向に導くために悩みぬいた末、どのような解決策へと辿り着いたのか。そして著者はどのように途上国の未来を思い描いてきたのか。さまざまな現場での体験に基づく記述は、非常に説得力があり、示唆に富んでいると言える。

将来、国際機関や国際協力の分野でのキャリアを希望している人たちにとって、本書は開発への視点を考える良い機会になるであろう。高校生や大学生の皆さんにとっては、自分のキャリアについて夢を持つことの楽しさやそれを追い求めていくために、いかにモチベーションを絶やさずにいることが大切かを一人の良き先輩として示してくれることであろう。本書がそのように皆さんの力になることができればと願っている。

本書が制作された二〇二〇年から二〇二一年は、新型コロナウイルスのパンデミックという人類にとって未曾有の災厄がもたらされた。やがて感染は抑えられて、いつの日か通常の生活に戻れる日が来ることを願うものであるが、パンデミックは二〇三〇年に達成を目指している持続可能な開発目標ＳＤＧｓの中で、特にゴール１「貧困をなくそう」などの進展を大きく停滞させる原因になるであろうとの指摘が本書でもなされている。パンデミックからの復興、特に途上国の支援には多国間主義による福祉の実現が欠かせない。かかる課題に積極的に取り組む人材の育成を、本学はよりいっそう推進することとしたい。

最後に、この企画に快く賛同し、精力的に執筆してくださった浦元義照教授に心より感謝の意を表したい。

二〇二一年三月

上智大学学長　曄　道　佳　明

著者の略歴

一九七四年三月―一九七六年三月	在ガーナ日本国大使館に勤務し、情報・広報・技術援助活動を担当（アクラ、ガーナ）
一九七八年五月―一九八一年五月	国際連合児童基金（ＵＮＩＣＥＦ）ミャンマー　コミュニケーション担当官（ヤンゴン）
一九八一年五月―一九八六年二月	国際連合児童基金スーダン　保健衛生・栄養担当官（ハルツーム）
一九八六年三月―一九八六年八月	国連大学本部へ出向開発研究部プログラム担当官（東京）
一九八六年八月―一九八七年三月	国連四〇周年記念行事「地球一周聖火リレー」日本執行委員会ユニセフ特別代表（東京）
一九八七年四月―一九九二年六月	国際連合児童基金西インド地域事務所代表（ムンバイ）
一九九一年十二月―一九九二年五月	国際連合児童基金旧ユーゴスラビア緊急支援プログラム特別代表（ザグレブ、クロアチア）
一九九二年六月―一九九三年六月	ハーバード大学・ケネディー・スクール（ケンブリッジ・マサチューセッツ・米国）

一九九三年六月—一九九五年一一月	国際連合児童基金本部上級プログラム担当官（ニューヨーク）
一九九五年一一月—二〇〇一年一月	国際連合児童基金インドネシア事務所次席（ジャカルタ）
二〇〇一年一月—二〇〇三年一二月	国際連合児童基金東ティモールユニセフ特別代表（ディリ、ティモール・レステ）
二〇〇三年一二月—二〇〇六年一二月	国際連合児童基金日本代表兼韓国代表（東京）
二〇〇七年一月—二〇一一年一二月	国際連合工業開発機関（ＵＮＩＤＯ）本部事務局事務次長（ウィーン、オーストリア）
二〇一二年四月—二〇一二年一〇月	上智大学大学院非常勤講師（東京）
二〇一二年一〇月—二〇一四年一二月	国際労働機関（ＩＬＯ）事務局長補・アジア太平洋地域総局長（バンコク）
二〇一五年四月—現在	上智大学特任教授

はじめに

本の構成

この本の構成にあたり赴任地を時系列で追いながら、当時のグローバル課題、特に貧困・格差とその背景に焦点を当てた。内容は筆者が過去に三つの国連機関（ＵＮＩＣＥＦ、ＵＮＩＤＯ、ＩＬＯ）で専門職員として三六年間、現場で体験したことに基づいて執筆した文献を一部参考に加筆編集したものである。開発が遅れている国々に住む人々が当時直面していた実情と現状には時差があることから現実とのずれに違和感を覚えることがあるかもしれない。しかし、残念ながら、形を変え場所を変えて、貧困と格差という根本的な課題は今も変わらず存在している。

本書の題名を「格差と夢」と決めたのは国連が全世界で一三億人と言われている貧しい人々に夢を与え、彼らの期待に添える存在であってほしいと願っているからである。

この本は専門書ではない。また国連で働くことに関してのハウツーを記述したものでもない。ただ、願うところは、筆者が三六年間貧困と格差という課題に取り組んできた経験を将来、国際開発の分野で働いてみたいと思う若い読者が追体験してくれることである。

サバンナとの不思議な縁：国連で働くことになったきっかけ

遠い過去のことだが、高校三年生の夏からの一年間の留学中に見たカリフォルニアの豊かさには目が眩むようだった。帰国後の一九七〇年、大学二年生当時、一カ月間ヨーロッパを旅した。ヨーロッパもカリフォルニア同様豊かだった。当時、アメリカとヨーロッパでは、若い世代を中心に既存の体制に対して疑問を投げかけ、新しい生き方を模索する動きがあった。欧米の若者自身が欧米の豊かさの現状を素直に評価することができなかったからだ。筆者も、理由は判然としないが、欧米以外の国、特に開発の途上にある国々を見たくなった。運よく、大学卒業後まもなく、アフリカでの仕事が舞い込んできた。サハラ以南で最初の独立国、ガーナを体験する機会に恵まれた。小学生の弟が兄のアフリカ行きを知ると、驚きを隠しきれず、金輪際会えなくなるのかと心配してくれたことを思い出す。当時は一般の人々にとって、まだアフリカは、野口英世が黄熱病で命を落とした遠い未知の世界だった。

私が開発の問題を真剣に考えはじめたのは、一九七三年に刊行された川田順造氏の『曠野から』を読んだ時だった。一九七四年から二年間ガーナに滞在中、川田氏がオートボルタ[1]のモシ族の研究のため滞在された時の思いや、気付いたことを書き綴ったこの本を読み大変感動した。その後、開発の

1 現ブルキナ・ファソ

仕事に就くようになったのもこの本の影響が大きかったと確信している。
「西アフリカのサヴァンナに雨季がちかづいた。昼のあいだ、みわたす限りの草原は、円錐形の草屋根の集落や、バオバブの木を点在させたまま、太陽の熱の下で息を殺している」（原文）と始まる書き出しは、まさに私も体験した雨季の到来直前のサバンナだった。雨とともに、バオバブの木がそびえ立つ暗い空に、雷鳴が轟き、強風が吹き荒れる。あたりの土埃に大粒の雨が落ちる音が聞こえる。子どもがはだかで走る。ヤギの群れも走る。赤い土で染まった水溜りができる。そして、あっという間に、眠っていた草木がいっせいに青い芽を吹き出す。生命が踊る。もし、これが彼の学術専門書だったら、これほど感動しなかったであろう。まだ二〇代前半だった私も、是非、将来、川田氏のような経験をしたいと思った。そしてその経験を書籍にして記録に残したいと思った。彼ほどの観察力も文才もないが、試してみる価値はあるだろう。四五年も過ぎてしまったが、上智大学の国際協力人材育成センターからの要請で、国際協力の分野でキャリアをと考えている若者に私の体験を伝えるため、この本を出版することになった。

　ガーナ滞在中、川田順造氏の滞在したオートボルタを自分の目で見たいと思ったこともあり、福島大学医学部の医師夫妻と私の妻の四人で、オートボルタ経由でマリのトンブクトゥ[2]まで車で旅した。ガーナの首都アクラを出て、三日目にオートボルタの首都ワガドゥグーに到着した。国境には税関はなく、わざわざ自分からワガドゥグーの警察まで行ってパスポートに入国の許可をもらった。宿泊は町の中心にあるオアシスホテルにした。翌日、プールで休んでいると、明らかにアメリカ人らしき四〇代前半の男性に出会った。プール脇で普段着として白いピジャマ（インドの男性用民族衣装）を着て休んでいるのを見かけたが、翌朝、オートボルタ政府が手配した運転手付きの黒塗りの車で出かけて行った。後でわかったことだが、彼は政府の開発計画のアドバイザーとして国連開発計画（United Nations Development Programme：UNDP）のニューヨーク本部から出張してきたそうだ。自分の国のためではなく、オートボルタのため、知識と経験を積んだ国際的な専門家として、国籍にとらわれない働き方をする人物に憧れた。これが国連で働くことを選んだ理由の一つだった。

トンボクトゥへの探検旅行

さて、オートボルタ第二の都市ボボデュラッソ経由でマリの国境を越え、次の目的地サンに向かったが、道路の表面は洗濯板のようで、スピードを出して表面を滑るように走り抜けるしかなかった。そのせいか、車のドアのネジが緩んでしまって、「ガタガタ」とドアの軋む音がしてきた。修理してくれるところはないので、仕方なくシートベルトを締め直し、そのまま走り続けた。ボボデュラッソに一泊し、翌日マリのニジェール川南岸の町サンにようやくたどり着き、基幹道路を北東に逸れ、バ

2　西アフリカ　ニジェール川北の湾曲部がサハラ砂漠と接するところに位置する八―一六世紀に栄えたトゥアレグ族の町。ガーナ、マリ、ソンガイ帝国の栄えた場所で、西アフリカの金、コーラナッツ、サハラの岩塩、アラビア産の陶器や衣料品をラクダで運ぶ隊商交易で栄えた町。

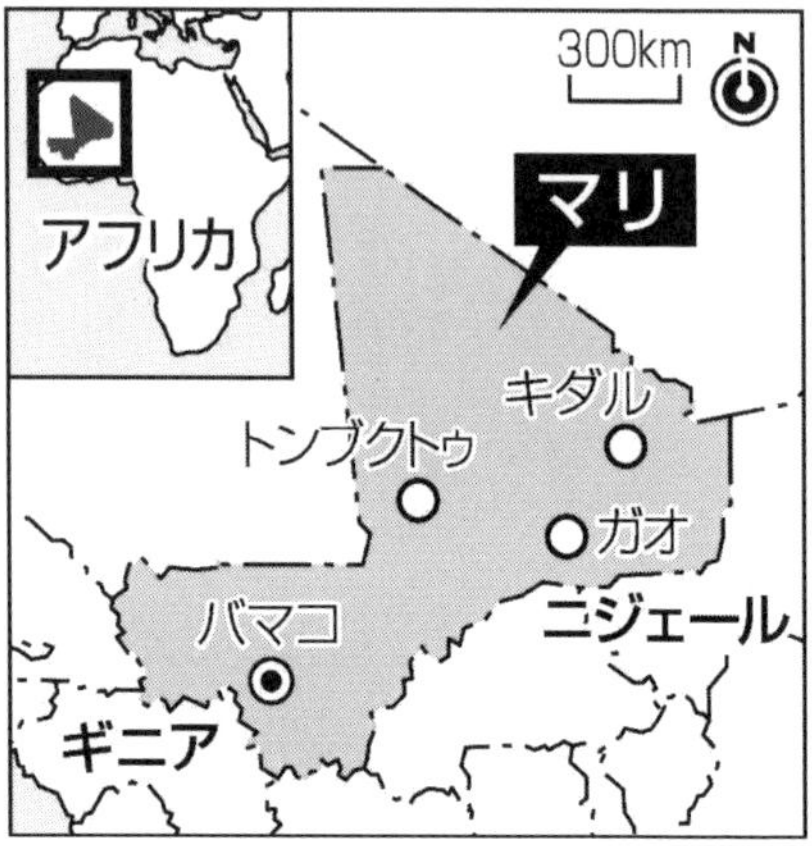

出所：時事通信社

ンディアガラの「ドゴン人の地」[3]の洞窟を訪ねようとしたが、車の数倍の高さの草が生い茂っていたため、それ以上進むのは諦め、モプティへの道路に戻り、旅を続けた（後でわかったのだが、バンディアガラへ行くにはモプティからの方が近いし行きやすいということだった）。虫の集団の中を突っ走りようやくモプティの宿までたどり着いた時は、すでに夜も遅かった。赤く濁ったシャワーだったが、長かったボボ／モプティの旅の疲れを癒してくれた。今思うと大変な冒険旅行だった。二人の女性用にダンボールで囲いをつくり、トイレ時用にと持参したが、実際には使ったかよく覚えていない。

翌朝、モプティからマリ航空で最終目的地サハラの街トンブクトゥに無事到着した。土壁でできた立方体の住居も、杭が土壁から突き出ている先の尖ったモスクも、街全体が砂漠からにわかに突き出してきたような光景だ。碁盤の目のように仕切られている道路には、真っ黒なアバヤ（主にアラビア半島の国々で使われている女性の伝統的服装）で全身を覆った女性と、トゥアレグ族特有の青い衣装を身につけた男性が歩いている。世界文化遺産に登録されたトンブクトゥは一四―一六世紀にアフリカとアラブとの隊商交易の拠点として栄えた。が、今は治安が悪く、二〇一一年、外国人三人が誘拐され一人が殺害される事件が起きて以降、観光客の姿はめっきり減った。私が訪問した一九七七年はまだ岩塩の採取のためラクダの隊商がサハラ砂漠を行き来し、市場は賑わっていた。アラブとアフリカの架け橋だった砂漠の都市の栄光はトンブクトゥから消えてしまった。女性たちはアバヤをまとい厳格なイスラム法に従わざるを得ない状況だと聞く。サハラ砂漠経由の交易は影をひそめ、ユネスコによって世界遺産に認められたが、観光産業は衰退の一途をたどっている。この都市の将来には夢を描くのが難しい。

3　https://www.afpbb.com/articles/-/2887349?cx_amp=all&act=all

序章

赴任当時の時代背景

国連児童基金（UNICEF）のビルマ事務所で開発コミュニケーション（Communication for Development）及び広報の担当官として働きはじめたのは、「国際児童年」を翌年に控えた一九七八年だった。当時の世界情勢の変化は著しかった。一九六五年の米軍による北ベトナム爆撃から始まったベトナム戦争は一九七三年の米軍のベトナム撤退により収束に向かった。一九七九年には米中の国交が正常化することとなった。同時に、中華民国（台湾）との国交は断絶した。一方、一九七三年の第四次中東戦争を機に始まった第一次オイルショック、一九七九年の第二次オイルショック、一九六〇年代から続いていたソ連とアメリカ合衆国間の冷戦緩和（デタント）も進行していた。そのような背景の中、一九七八年の五月に私の国連勤務が始まった。同年九月（デタントの影響下）旧ソ連のカザフスタン共和国のアルマ・アタにおいて、WHOとUNICEFの主催で第一回プライマリー・ヘルス・ケアに関する国際会議[4]が開催された。この会議で、「西暦二〇〇〇年までに（世界）すべての人に健康を」と宣言し、実現のための戦略として「プライマリー・ヘルス・ケア」を採択した。その後、この宣言文と戦略の実現に向けて数多くの国際会議が開催され、「健康は基本的人権であり、その実現には保健分野だけでなく政治・社会・経済すべての分野で最大の努力をすべきである」[5]という理念と戦略が持続可能な開発目標（ＳＤＧｓ）にも受け継がれていった。

一九一八年、史上最大の犠牲者を出した第一次世界大戦が終結し、翌年パリ講和会議にて皮肉にも「民族自決の権利」[6]を採択したベルサイユ条約が締結された。再び世界大戦が起こらないことを願い国際連盟が設立されたが、願った平和は長持ちしなかった。世界大恐慌、植民地獲得競争が再燃し、経済のブロック化も拡大していった。そして一九三九年ドイツのポーランド侵攻により、再び、世界大戦へと突入した。当初優勢だった日独伊の枢軸国は一九四三年にドイツの対ソ連戦線での敗北をきっかけとして劣勢へと転じ、アメリカ合衆国、ソビエト連邦、英国、フランス、中国を中心とする連合国の勝利によって一九四五年日本がポツダム宣言を受諾することになり第二次世界大戦は終結した。一九五一年サンフランシスコ講和会議においてサンフランシスコ平和条約が締結された。これに先立つ一九四五年にサンフランシスコ会議で連合国五〇カ国が署名した国連憲章の発効により、同年一〇月二四日に国際連合が創設された。

同憲章の第二章で謳われている内政不干渉の原則と民族自決の権利は、戦後、国連の果たすこと

4　一九七八年ソ連邦のカザフスタン共和国では開催されたアルマ・アタ会議
5　アルマ・アタ宣言（Declaration of Alma-Ata）、一九七八、(https://a.m.wikipedia.org)
6　Many European nations were given independence and Iran and Egypt also became independent.

となる数多くの成果の背景にある理念である。国連設立時は五一カ国で発足したメンバーが、今は一九三カ国になった。国連創設時、憲章をめぐっての課題について安全保障理事会に強制行動の権限を与え、P5大国に拒否権を与えた。P5大国に特権を与え組織の中に取り込むことにしたのは「一国一票」という国際主義を掲げる制度をつくりながら大国への譲歩を余儀なくさせられた国際政治の実態を露呈することになった。

国際通貨基金（International Monetary Fund：IMF）と国際復興開発銀行（International Bank for Reconstruction and Development：IBRD）、通称「世界銀行」は一九四四年に構築されたブレトン・ウッズ体制を牽引する組織として、豊かで安定した世界経済を実現するため、経済協力と開発の枠組みを支援した。その後、一九七〇年代世界経済と開発を先導したIMFと世界銀行は大きな変革を迫られた。一九八八年に発行された「Adjustment with a Human Face」[7]（「人間の顔をした調整」）はまさにブレトン・ウッズ体制が推し進める構造改革の負の側面を如実に描き出し、アフリカ諸国における構造改革が大きな社会的コストを弱者に負担させたとし、その政策を批判した。

時代背景をさらに遡ると一九七〇—一九八〇年が開発問題を論じるにあたっての特別な時代だったことがわかる。一九六〇年代には金本位制を敷いたブレトン・ウッズ体制が崩壊し、第二次世界大戦後の開発政策の中心だった、新古典派経済学者が推奨する自由主義経済体制下での交易条件、貧困削減、国内外における所得の分配などに対しての不満が募った。一方、グローバル化により生産拠点が途上国に移り、生産過程が分業化する中、多国籍企業が途上国を搾取しているとの批判が出てきた。戦後の国際開発政策が大変革したきっかけとなった決定的な出来事は一九七三年の第一次オイルショックだった。[8]

その後「新国際経済秩序」の導入により、途上国側の意見が尊重され、交易条件の改善、先進国への市場開放、外国企業の国有化、多国籍企業の行動規範の導入、債務救済などを盛り込んだ新しい施策が推し進められた。しかし、一九七九年の第二次オイルショックや、一九八二年の「債務救済の危機」により「新国際経済秩序」は忘れ去られていった。一九八二年「債務救済の危機」はメキシコが不十分な外貨準備のために債務返済の支払いを一時停止したことから始まった。他の発展途上国や東ヨーロッパの国々もまた、債務の支払いを履行できないことが判明したため、民間銀行は、途上国への新しい資金の貸し出し枠の突然の圧縮により対応した。その結果、経済成長が鈍化し、債務危機が顕在化した。こうして債務危機は世界的な金融システムの安定と貧しい国々の経済発展に対する脅威となった。一九八二年以降、債務救済の危機は国際経済秩序の本質に重要な変化をもたらした。(「Socio-economic Development」, Adam Szirmai, Cambridge University Press, 2015)。その後、一九八九年のベルリンの壁の崩壊、一九九一年のソビエト連邦の解体までが、国連で仕事を始めてからの一〇年余りのあいだ私に強い影響を与えた歴史的背景だった。

---

7 Adjustment with Human Face, Cornia Giovanni Andrea., Richard Jolly, Francis Stuart, UNICEF,1988
8 Socio-economic Development, Adam Szirmai, Cambridge University Press, 2015, p555-559

国連の理想と現実

一九九三―一九九五年の二年半のニューヨーク勤務中、国連本部の実情に触れる機会が多かった。特に国連本部を取り巻く国際社会がどのように機能しているのか、してないのかに関心があった。読者には既知の事実だろうが、国際連合のトップである国際連合事務総長は、国連安全保障理事会の推薦を受けて総会が承認するという形式を取っている。任期は五年だが二期目にかぎり延長されることも慣例化している。国連事務総長が世界の各地域から順に大陸ごとに選出されることが慣例化しているが、第二次世界大戦の戦勝国で安全保障理事会の常任理事国（Permanent Members）である米、英、仏、ロシア、中国の五カ国（P5）から選出された例はない。国連事務総長の任務は国連事務局の長としてのほか、総会ならびに安全保障理事会、経済社会理事会、信託統治理事会とその他多くの付属機関・補助機関の事務総長として行動する責任がある。このため国連事務総長の職は「世界で最も不可能な仕事」[9]と言われている。アントニオ・グテーレス国連事務総長とコフィー・アナン元国連事務総長に関しては第11章で詳しく記述したい。

なお、国連本部の主役は加盟国であり、事務局は加盟国が意思決定するのを後方から支援し、また決定された事項の執行にあたる。国連本部のことをよく知る嘉治美沙子駐クロアチア日本国大使（元国際連合日本政府代表部公使）は著書『国際社会で働く　国連の現場から見える世界』の中で国際連合の本部の実情について「国家主義と国際主義の緊張」「少数の大国と多数の中小国」「一国一票という制度」をあげている。また同氏は国家主義と国際主義の緊張を国際組織の革新的な矛盾と呼ぶ米国の歴史家ポール・ケネディを引用し、この矛盾は国際連合にも当てはまると述べている。世界平和を実現するため、国家を超えた国際機関―「人類の議会」[10]の設立を訴えたポール・ケネディが、「国連（国際連合）にこの崇高な理念の実現を託した」と述べたのは意義深い。しかし、国連の歴史は誕生直後から大国の利害に翻弄される苦難に満ちたものであった。

国連は世界政府ではない。持続可能な開発目標（Sustainable Development Goals：ＳＤＧｓ）という理想を追い求めるリベラルな政策が存在する一方、「アメリカ・ファースト」に代表される国策を中心に置き、国際社会の夢の実現が国益にそぐわないためパリ合意から脱退した大国も存在することはまさに国際連合に内在する矛盾である。他の五大国も同様に国連のリベラルな決議が自国の利益に反する場合は拒否権を行使し決議を受け入れないことができる。前述の嘉治氏はこのような状況を指し、国連を加盟国が株主という会社に例え、五カ国を大株主と言っている。まさに五大国だけに与えられた拒否権は国連の決議を左右できるし、また頻繁にそうされているのが実情だ。

国連本部での活動はさまざまな課題を抱えているが、現場中心に活動している国連機関は重要な役割を担い実績をあげている。国連食糧計画（ＷＦＰ）は二〇二〇年のノーベル平和賞を受賞した。以前にも国連難民高等弁務官事務所（ＵＮＨＣＲ）、国連児童基金（ＵＮＩＣＥＦ）、国際労働機関

9　国連事務総長　世界で最も不可能な仕事　田仁揆、中央公論社、二〇一九年
10　人類の議会、国際連合をめぐる大国の攻防（The Parliament of Man）日本経済新聞出版社出版、古賀林幸訳　二〇〇七年

(ILO)に続き、国連平和維持活動、そして国連と当時のアナン事務総長が同賞を受賞したことは人道支援、紛争処理、開発支援の政策・方向性に関しては国連が強いリーダーシップを発揮しその成果が認められたことを証明している。

国連における意思決定に参画するため、加盟国は国連代表部を置いている。しかし、国連の舞台で活動するのは国家の代表だけではない。国際非政府団体(NGO)である「ICAN—核兵器廃絶国際キャンペーン」は広島と長崎の被爆者と共に国際的な核兵器の廃絶運動を推し進め、国連の「核兵器禁止条約」の採択に貢献したとして二〇一七年にノーベル平和賞を受賞した。国連の核兵器禁止条約はホンジュラスが一〇月二四日、五〇番目となる批准を行ったことにより、二〇二一年に発効することになった。事実、国連憲章のもとに、経済社会理事会は加盟国ばかりではなく、その権限内にある事項についてNGOとも協議することができる。国連広報センターによると二〇一六年九月現在、およそ四、六六五のNGOが理事会と協議する地位にあった。

国とNGOは国連で重要なアクターとして活動しているが、企業の参画する機会は限られていた。しかし、元国連事務総長のコフィー・アナンは一九九九年世界経済フォーラムのダボス会議で企業に対しグローバル・コンパクト(United Nations Global Compact:UNGC)の設立を提案し、人権・労働・環境・腐敗防止に関する一〇原則を遵守実践するよう要請した。背景には国境を越えて活動する巨大な多国籍企業はグローバルな社会課題の解決に欠かせない存在だとの考えがあった。翌年の二〇〇〇年に、グローバル・コンパクトが設立されるに至った。その後二〇〇六年には機関投資家を中心とする投資コミュニティーに対して、投資の意思決定プロセスに環境・社会・統治（Environment, Social, Governance：ＥＳＧ）を取り入れる国連責任投資原則（Principles of Responsible Investment：ＰＲＩ）が発足し、ロンドンに事務局を設立した。投資家が環境や社会への影響を考慮する企業に投資するＥＳＧ投資は世界各地で広く受け入れられているだけではなく、ＥＳＧ投資により、投資家は自身の資産形成だけでなく、社会課題の解決も実現しようとする企業の方針及び事業に大きな影響を与えはじめている。両組織は他の国連機関と同じく、組織での決議の実現はメンバーの自主的な意志と行動に頼るしかないが、ＥＳＧ投資を含む非財務情報の開示を制度化する動きもあり、社会課題の解決に貢献しない企業は徐々に淘汰されていくだろう。上智大学は加盟しているグローバル・コンパクトの原則を資産運用面で実施するために、二〇一五年一一月同原則に、日本の高等教育機関として初めて署名した。

格差と不平等：核心的なグローバル課題

どうして所得や富が偏るのか、また、格差の拡大によりどういった影響が出てくるのかに関しては、世界各地で大論争が起きている。話はそれるが、英国の作家サマセット・モームの著作にラ・フォンテーヌの寓話と同名の「蟻とキリギリス」という短編がある。兄と弟にまつわる話で、勤勉な兄は道楽に明け暮れる弟に財政的な支援を続けていたが、怒り心頭に発し金輪際支援をやめようと考えたことが何回もあった。ある日、弟は金持ちの高齢女性と結婚した。ところがその女性が突然死亡し、弟は「運」良く多額の財産を相続した。蟻の兄は富を蓄えたが、勤勉ではなかったが（運が良かったのかずる賢さからか）キリギリスの弟が裕福になったという話だ。勤勉さや個人的な要素で富を築く者とそうでない者がいるのは人類が農耕生活を始めて以来のことで、勤勉なものは当然報われるであろう。また、生まれつきの才能や教育、努力のほか「運」によって富の差が生まれることは当然で、これを特段「不平等」とは言えない。しかし、現代の富と所得格差が大きな課題となるのは格差が拡大し貧富の差、社会的なインパクトの大きさからである。放っておくと社会不安の増幅にもつながり、公正さを欠き、さらに格差と不平等を助長し社会の安定性を揺るがし、政治経済制度や安全保障の問題にもリスクを及ぼす可能性があるからである。

経済的不平等の原因はさまざまであるが、スティグリッツ[11]によると大きく分けて三つある。市場に起因するもの、つまり①市場が本来の機能（資源の適正な配分と経済厚生の最大化）を果たさず効率性や安定性に欠け、②「市場の失敗」を政治制度が是正してこなかった点のほか、政治に起因するものとして③政治経済制度が根本的に不平等だという三点である。

所得と富の格差の中で最も大きな経済的不平等の要因は労働の対価としてもらう賃金である。リーマン・ブラザーズ証券株式会社の倒産が引き金となった二〇〇七―二〇〇八年の世界金融危機の前後ではあまり変わりなく、CEO（Chief Executive Officer 代表取締役社長）の年俸は一般社員のおよそ二四三倍だった。（スティグリッツ）その他、所得と富の格差拡大の原因として、前述したグローバル化のほか、富の偏在、労働市場、技術の変化、政策変化、課税と税制の抜け穴、教育費の増大による教育機会の減少、人種による不平等、男女差、縁故などがあげられる。多くは相互に関連性を持っている。

一方、所得と富の格差の問題は国内問題だけではなく、国際問題でもある。GAFA（グーグル、アマゾン、フェイスブック、アップル）による独占や納税回避などの問題は、不平等な経済ルールや不平等を促進する国際経済システムにより、所得と富の格差を一層拡大させている原因と言える。グローバル化の拡大に伴い多国籍企業の存在は、金融、貿易、サービス、製造、IT産業部門で絶大であり、世界の富と所得の構造を大きく変えてきた。国際NGOのOXFAMは二〇一七年一月一五日、世界で最も富裕な八人が、最も貧困な三六億人分と同じ資産を所有しているとの推計を発表した。そして、グローバル化の功罪についての議論では必ずと言っていいほど、所得と富の格差の拡大が世界の重要課題として取り上げられる。事実トヨタも含めた世界の大企業の総売上高と国のGDPを多い順に並べると、トップ一〇〇の内六九を企業が占めるという報告[12]がある。ちなみに、トヨタの総売上はインドやロシアのGDPよりも大きい。[13]世界の大企業のトップ一〇の総売上高は世界一八〇の国や地域の歳入を上回る。[14]また、国家間だけではなく国内でも格差は拡大している。

11 Preface xi, The Price of Inequality, Joseph E. Stiglitz, W.W. Norton & Company, 2012
12 OXFAM：https://oxfamblogs.org/fp2p/the-worlds-top-100-economies-31-countries-69-corporations/
13 同右
14 https://www.oxfam.org/en

資産額トップ一〇％の人々の資産が国の総資産に占める割合は、ロシアでは八四・八％、トルコで七七・七％、香港七七・五％、インドネシア七七・二％、フィリピン七六％、タイ七五％、アメリカ七四・六％、インドでは七四％に達したとの報告もある。[15] 多国籍企業と富の分配に関しては再度第7章で取り上げることにする。

貧困はいまだ重要なグローバル課題

開発問題の根底には、貧困という地球規模の課題がある。近年はこれに加えて、格差とその背景にある不平等が、我々人類にとって「核心的な」課題であることは前述した。国益を中心に置く政策を優先し、人類の大半を占める格差と不平等に苦しむ人々を考慮しない偏狭な政策は、各国が社会経済的に密接さを増し狭くなっていく世界で、国益だけを偏重するわがままとして許されないだろう。そういった政策は世界をますます分断し平和を脅かすリスクになるであろう。我が国の憲法の条文は「われらは、平和を維持し、専制と隷従、圧迫と偏狭を地上から永遠に除去しようと努めている国際社会において、名誉ある地位を占めたいと思う。われらは、全世界の国民が、ひとしく恐怖と欠乏から免かれ、平和のうちに生存する権利を有することを確認する」と謳っている。我々はもうこれを信ずることができなくなってしまったのだろうか。

世界銀行のデータ[16]によると一九九〇年から二〇一五年の二五年間で世界の貧困率は約三六％から一一・六二％に低減している。中国、インドやブラジルなどの新興国の貢献が大きい。しかし、サハラ以南のアフリカ地域と人口の多いインドも含めた南アジアでの成果はいまだに不十分だ。三〇年前には世界人口の三分の一以上（約一八億九、五〇〇万人）だった貧困層は、二〇一五年には七億三、六〇〇万人になった。しかし世界銀行は、ここで使われた国際貧困ラインの一日一人一・九ドルは、統計上ある程度の目安になるだろうが、果たしてどれだけ貧困の実情を反映しているのかは疑わしいと報告している。国連開発計画（UN Development Programme：UNDP）は人間開発指数を採用し、経済的指標のほか、平均寿命や教育と子どもの死亡率などを総合的に評価する「多次元貧困指数（Multinational Poverty Index：MPI）」[17]を採用している。この指数を当てはめると、二〇一九年のMPI貧困層は一三億人と推測されている。近年のインドネシアにおける世界銀行の調査[18]によると、経済危機、災害などの影響で貧困層に逆戻りする脆弱な潜在的貧困層の存在があることで、その数は全人口の四〇％にも及ぶ可能性が明らかになった。筆者は新型コロナ感染症パンデミックの拡大により一三億人という貧困層の数字は、少なくとも三～四割は増えると予測している。

貧困削減への国際貢献を評価する指標としてSDGsは国内総生産の〇・七％を開発援助（ODA）として拠出するという目標を設定しているが、いまだ達成されたことはなく、ODAの総額もこ

15 https://www.oxfam.org/en

16 Regional aggregation using 2011 PPP data and $1.9/day poverty line

17 二〇一九年グローバル多次元貧困指数、国連開発計画（UNDP）東京事務所、二〇一九年、https://www.jp.undp.org/content/tokyo/ja/home/presscenter/pressreleases/2019/MPI2019.html

18 世界銀行　https://www.workaildbank.org/ja/news/feature/2014/01/08/open-data-poverty

の一〇年ほとんど増えていない。貧困は、二一世紀の今でも、重要なグローバル課題である。

貧困はさまざまな表情を持つ。貧困の原因は複雑だ。家庭や市町村レベルで克服できる貧困もあれば、構造的な要因を変えることが必要な場合もある。貧困削減における各国政府の役割は大きい。加えて国を超えた国際的な課題を多国間で協調しながら解決していかなければならない。思いおこせば、筆者が生まれた二年後に両親待望の妹が生まれた。戦後復興時の日本は、発展途上にあり、防疫の体制は脆弱であった。百日咳が流行った年でもあった。妹は百日咳にかかり生まれて間もなく他界した。もし当時筆者の幼い妹が予防接種を受けていたら、尊い生命を失うことはなかった。筆者は、貧困削減・格差の是正は可能であると信じているが、この本を執筆するに際して、あらためて、貧しさは何かについて考えている。

各国政府及び国際機関が解決の具体策を模索しているが、改善を目的とした政策を遂行する各国政府のリーダーがいて初めて実現できることだ。それには現場での活動とグローバルな目的意識を持ちながら、志を同じくして各国政府と国際機関が協力していかねばならない。国連職員として何らかの活動に参加してきたかという経歴は意味がないことではないが、やはり一つひとつの活動に相当の実績を残さなければ、真に国際貢献したとは言えないだろう。翻って、私の場合は、グローバル課題のアジェンダ設定や政策の作成に関与したというより、現場での課題解決に向けて、少しばかりは実績を積み上げてきたと自己評価している。具体例は次の章から始めたい。

国際公共財：最低法人税と多国籍企業

既存の条約や慣習法により国際社会の秩序は保たれているように見えるが、世界政府のない現状では地球規模課題解決のためには、実に数多くの国際的な基本ルールや仕組みをつくらなければならない。このようなルールや仕組みは国際公共財または地球公共財と言われている（『地球公共財』日本経済新聞社、一九九九年）。国連は持続可能な開発目標（Sustainable Development Goals：ＳＤＧｓ）など数多くの国際公共財を提供してきた。たとえば、二〇一五年には温室効果ガス排出削減の新たな取り組みである「パリ協定」が採択され、二〇一八年には実施指針が採択された。日本政府は「緑の気候基金」など多国間のチャンネルをとおして途上国支援を実施している。また、菅総理の所信表明演説における「二〇五〇年温室効果ガス排出量実質ゼロ」は高く評価されている。国際保健機関（World Health Organisation：ＷＨＯ）による新型コロナ感染症対策も国際公共財提供の一例だ。

税制面での国際公共財の事例として多国籍企業が支払う法人税の改革がある。法人税の税率は過去二〇年間世界的に下落傾向にあるが、依然として各国政府、特に開発途上国政府にとって重要な歳入源の一つだ。ＯＥＣＤ諸国では税収全体に占める割合の平均が九％であるのに対して、アフリカ諸国では一五・三％、南米・カリブ諸国では一五・四％だ（ＯＥＣＤ：法人税統計）。しかし、途上国では課税制度の不備、脆弱な税務行政や汚職のため（ＳＤＧｓ達成も含めた）開発に必要な政府収入の確保が課題となっている。そうした中、経済開発機構（ＯＥＣＤ）は「デジタル課税」と法人税の

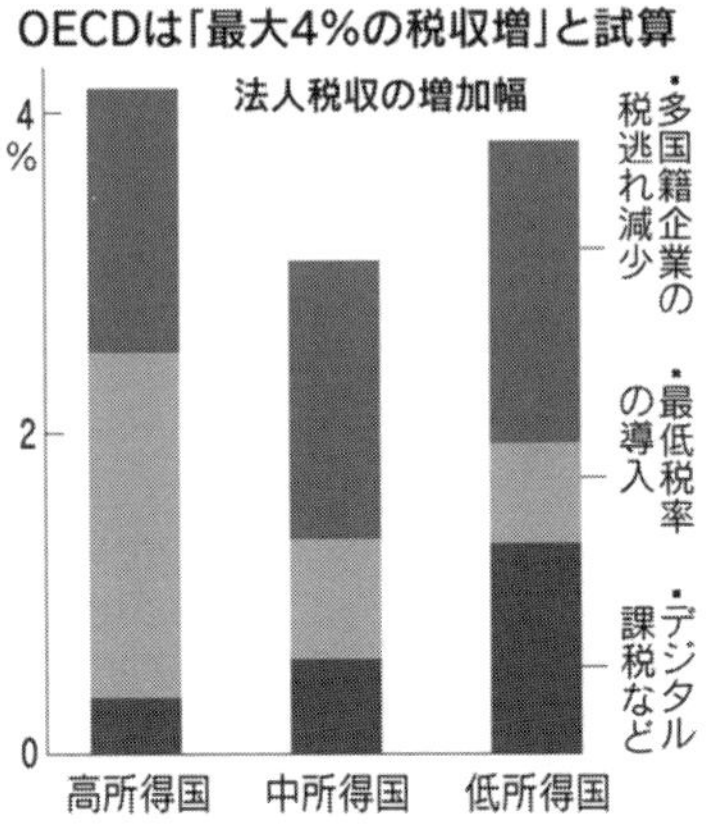

（出所：日本経済新聞社電子版2020年2月14日）

グラフ1：最低法人税と多国籍企業

各国共通の「最低法人税率」導入に際しての税収への影響試算を公表し、国際法人課税ルールの見直しを提案した。

アメリカ企業であるアップル社は、アイルランドに本社を置き、いわゆる法人税はアイルランドに支払う。アイルランドの法人税率が一二・五%であるのに対し、米国では二七%[19]。またGAFA（グーグル、アマゾン、フェイスブック、アップル）に代表される巨大IT企業は、その巨額の利益を税率の低い国やタックスヘイブンに留保し、利益を上げている消費者のいる国には十分な税負担をしていないと指摘されてきた（日本経済新聞電子版、二〇二〇年二月一四日付）。経済協力開発機構（OECD）の試算によると、世界の法人税収の四~一〇%に相当する一、〇〇〇億—二、四〇〇億ドル（一ドル＝一〇〇円換算で一〇兆—二四兆円）にも上る税負担が回避されているという。このような法人税の回避は、所得の分配に重大な影響を与えている。

こうした中、法人税を下げてグローバル企業を誘致しようという国家間の競争が現実に起こっている。企業は税負担を抑えられるが、低税率国以外の国は税収が減ってしまう。OECDの提案する

「最低法人税率」導入は、こうした競争を止め、全世界の法人税収の四～一〇％にも相当する巨額な税収増につながることだ。楽観的シナリオでは、グローバル企業が節税策を自粛することの影響も盛り込んでおり、ＯＥＣＤ担当者は「特に途上国への恩恵（政府収入の増加）が大きいはずだ」と強調している。

国際連帯税の創設による国際公共財の提供

国際連帯税の創設も国際公共財の提供ととらえることができる。二〇〇六年に結成されたのち、二〇〇八年に正式名称が決定した「開発のための革新的資金調達に関するリーディング・グループ」は率先して進めてきた国際連帯税を創設し国境を超えた経済活動に課税し、ＳＤＧｓの達成に必要な財源として、途上国の貧困や飢餓撲滅などに当てる構想を描いていた。日本外務省は、フランスや韓国など十数カ国が導入している国際連帯税の導入を航空業界の猛反対から断念し、残念ながら連帯税の導入はまだ実施されていない（毎日新聞、二〇二〇年七月一七日付）。

19　法人税率表　OECD, 2019 : "Table II.1. Statutory corporate income tax rate"; KPMG, "Corporate tax rates table"; and researched individually, see Tax Foundation, "worldwide-corporate-tax-rates/."　https://oe.cd/corporate-tax-stats

第1章　最初の赴任地：ビルマ（一九七八―一九八一　ビルマ時代）

遅い春を待つビルマの国民

ネ・ウィン、ビルマ国軍の司令官は、一九六二年のクーデターによりビルマ式社会主義体制を導入した。その後、二六年間ビルマの人々は、軍の独裁、事実上の鎖国、極端な経済の不振、腐敗、人権の蹂躙、開発の停滞を余儀なくされた。一九八八年になって初めて、ビルマ（現ミャンマー）独立の英雄アウンサン将軍の娘アウンサンスーチーの先導した民主化運動が功を奏し、ビルマは長年の夢であった軍事独裁政権からの自由を勝ち取った。ようやくビルマの春がやって来た。しかし二八年間の独裁政権の爪痕は深く、少数民族との和解、経済の再建、さらなる民主化や軍部との共生の道は険しい。

バンコクには、ユニセフ東アジア地域事務所がある。教育、保健、栄養、政策立案、コミュニケーション、その他人事、財務・会計などの分野において、西はビルマから、北は中国、モンゴル、南はインドネシア、南太平洋諸国のユニセフ事務所をとおして、ユニセフのプログラムの企画・実施を支援している。筆者がビルマに赴任した一九七八年の五月、バンコクでオリエンテーションを受けていた時には、ベトナム戦争はカンボジアへ飛び火していた。アメリカ軍がベトナムから撤退し、ベトナム戦争が終結した後、中華人民共和国の支持を受けたクメール・ルージュ武装集団はプノンペンを陥落させ、一九七六年「民主カンプチア」と国名を改名した。クメール・ルージュの指導者ポル・ポトは、カンボジア人口の三分の一を大量殺戮したとされる。赴任翌年の一九七九年、ベトナム軍はプノンペンを攻略し、クメール・ルージュ体制は崩壊したが、ポル・ポト派はタイとの国境地帯へ撤退し、戦闘を続けた。戦闘は、一九八五年ベトナム軍の大攻勢により終結した。この時期、タイ国境を越えて来た多数のカンボジア人難民に対する援助活動が開始された。筆者の同僚が何人もカンボジア国境沿いの難民キャンプに動員されたのを記憶している。しかし、カンボジア国内の流動化した被災民の状況は国境を越えた難民同様、いやそれ以上に過酷な状況にあった。当時国連難民高等弁務官事務所は、国内の流民・被災民の救済活動に対しての権限（マンデート）がなく、カンボジア国内での国連の援助活動は、主にユニセフと国際赤十字委員会だけに任されていた。

バンコクで一カ月のブリーフィングを終え、ビルマの首都ラングーン（現ヤンゴン）に赴任したのは、クーデターから一六年過ぎた一九七八年だった。当時まだ少数民族との和解は程遠く、紛争地域には入ることもできない状況だった。しかし、イラワジ川周辺のビルマ南西部、南部、シャン州を含む北西部、ビルマ古都マンダレー、中部乾燥地帯など、治安に問題がないところに出向く時であっても、国連職員は前もって許可をとる必要があった。

ラングーンは雨季の最中だった。まさに、バケツをひっくり返したような豪雨が毎日降り続いた。

筆者が家探しをするあいだ居候していたのは、ユニバーシティ大通りから西に細いウィンダミア通りに入って、二〜三分の所だった。ユニセフの同僚である英国人の家で休んでいる時だった。日本から高さ一・五メートル、広さが畳五〜六畳ほどの引っ越し荷物が到着して一週間後、豪雨でも濡れない広いベランダに置いたのはいいが、ちょうど雨がトタン屋根に激しく降り落ちた時のような音がしはじめた。また、すぐ近くで「ザワザワ」と激しい雨の音が聞こえてきたので、ベランダに出てみると、なんとシロアリが木製の枠をすごい勢いで食べていた。中の段ボールの箱は無事だったが、黒い粘りのあるヤニのような液体が静脈のようについていたのを鮮明に記憶している。一カ月後、雨季が終わっていたかよく覚えていないが、無事に事務所まで歩いて行ける所に自宅を構えた。事務所の前には、立派な外国語学校のビルがあった。一番人気のある言語は日本語だと聞いて驚いた。すぐに、ビルマ語の勉強を始めた。ビルマ語で歌も歌えるようになった。友達も多くできた。

赴任以来、ビルマの社会に溶け込もうと努力した。よく湖の近くにある古い豪邸でのダンスパーティーに招待された。驚いたことに、パーティーに来ている若者は、昼間は、外では絶対に見かけない、ブルージーンズとTシャツ姿でダンス・ミュージックに合わせて踊っていた。まるで六本木のディスコにいるようだった。何回か呼ばれたが、ある晩一〇人組[20]毎に組織されたビルマ民衆組織「人民委員会」による立入検査に遭い、ビルマ人は全員送検され、ステレオ装置とディスコ曲の入ったカセットテープは押収された。パーティーの最中、誰かが「人民委員会（People's Council）」が来るぞ！」と告げると、皆一斉にトイレに駆け込み、ジーンズからロンジー[21]に着替えはじめた。私は国連職員だったということで運よく送検は免れた。人民委員会の背後には、必ず警察と軍隊がいる。ユニセフ事務所の斜め前の道路側にあるお茶を飲ませる小さな飲食店でも人々を監視しているとも聞いた。当時のビルマが警察国家であったことを示唆する話を頻繁に聞いた。少なくともラングーンでは、どこにいても軍の監視を逃れることはできないと聞かされていた。軍の力で、二五年間以上にわたり、国民の自由を制限し、圧政を敷いた政権がこれほど長く続くと誰が想像できたであろう。しかし、残念ながら、これに似た圧政は、世界各地で見ることができる。

ビルマと日本は、戦前から深い関係があった。祖国の独立を夢見るアウンサン将軍以下ビルマ独立を夢見る三〇人の同志は一九四一年にビルマを脱出し、ビルマ独立支援を目的に設立された日本軍の特務機関「南機関」により、海南島で軍事訓練を受けた。ビルマ侵攻に際しアウンサン統率のもとに義勇軍が結成されたが、一九六二年のクーデターで軍による独裁政権を打ち立てたネ・ウィン元大統領も三〇人の同志の一人だった。義勇軍は、その後「ビルマ国民軍」と改名、イギリスからの祖国奪

20　人民評議会（People's Council）は、ビルマ社会主義計画党の下部組織で、党が禁止している行動や活動がないかを監視するために、一〇世帯毎に評議会を組織し、お互いを監視するようにしていた。ビルマ文化を維持する目的で、ジーンズの着用は許可されていない。ディスコの演奏とダンスも禁止されている。風聞ではあるが、ネ・ウィン大統領が、自宅のあるインヤ湖の対岸に位置するホテルで行われていた年末のディスコ・パーティーに突然現れ、エレクトリック・ギターを叩きつぶしたという話は一般人のあいだで広く言い伝えられている。

21　ビルマ人の男女ほとんどが普段身につけている民族衣装（さまざまなプリント柄の腰巻）。軍事政権時代は、伝統衣装のロンジー以外は、ほとんど見受けられなかった。これも、一九六二年の軍事革命後ビルマ国軍の司令官でもあったネ・ウィン大統領率いるビルマ式社会主義計画党の政策の一環だった。

「ビルマ30人の志士」　前列真ん中で帽子を膝に置いているのがアウンサン

回に成功し、一九四三年には独立を宣言した。しかし、独立宣言後も日本軍はビルマに干渉し続け、政権を移譲しない日本軍に対し終戦まもない一九四五年三月武装蜂起した。それに先立つ一九四四年八月一日、アウンサンは独立一周年の演説で、すでに連合軍に呼応する発言をしていた。イギリス政府との交渉の末、正式に独立したのは戦後の一九四八年だった。私のビルマ赴任は独立のちょうど三〇年後だが、日本軍占領の爪痕はビルマ村落の隅々まで残っていて、村人の記憶に新しい。大変な苦痛を与えた日本軍の占領に対するビルマ人の気持ちはよくわかる。しかし、ビルマ滞在中、日本人の私に対しての怒りや憎しみといったネガティブな感情を直接感じた記憶はない。逆に、私に対するビルマ人の思いやりの心と寛容さは忘れることができない。それだからこそ、圧政に苦しみ、自由を奪われ、豊かな生活を夢見る善良な人々の願いを少しでも叶える手助けになればという気持ちを大事にしてきた。

民主化逆行か

この章の原稿を書き上げた直後、予期せぬ情報が舞い込んできた。「ミャンマー国軍、権力掌握を宣言　アウンサンスーチー氏らを拘束」（ＢＢＣ、二〇二一年二月一日）というニュースだった。ミャンマー国軍が全権を掌握し、今後一年間にわたる国家非常事態を宣言した。事実上のクーデターである。アウンサンスーチーは国民民主連盟（National League for Democracy：ＮＬＤ）の支持者に対しクーデターに抗議するよう呼びかけた。筆者は軍政に対する抗議運動が再び発生する可能性を懸念する。

一九六二年の軍事クーデターから五五年目にようやく実現した民主政権は五年で終わるのか。軍部による圧政を耐え忍び、遅い春を待ち続けてようやく手に入れたビルマ国民の夢がまた破れることになるのではと危惧している。このクーデターの背景には、①二〇二〇年一一月の選挙で親国軍の政党（「連邦団結発展党」Union Solidarity and Development Party：ＵＳＤＰ）がＮＬＤに惨敗し、軍部による政権奪取が困難になるというミャンマー国軍の焦りと、②ミャンマー国軍が商業的既得権益を失うことに対する恐れがある（毎日新聞朝刊二〇二一年二月二日）。

そうした焦りは二〇〇八年承認された新憲法改正にも表れている。新憲法によると連邦議会の議席の四分の一は軍人枠にすることや、憲法改正に対する国軍の拒否権などのほか、国軍の最高司令官が非常事態を宣言すれば政権奪取は合法的であるとの文言が綴られている。一方、ビルマの少数民族ロヒンギャに対する迫害問題を調べている国連人権理事会の調査団は二〇一九年八月五日、国軍企業二社に金融制裁を科するとともに、外国企業に対しても、この二社と取引を解消するよう求めた報告書を公表した（ロヒンギャ問題「軍系企業に制裁を」国連調査団、日本経済新聞、二〇一九年八月五日）。また、同報告書はミャンマー国軍が金融業や製造業などで一二〇の事業を手がけて、外国の民間企業との合弁会社を設立したことを明らかにした。こうした国軍の一連の商業的活動は、迫害の資金源となるとの報告が記載されている。国軍の商業的活動からの多大な収益は手放し難い既得権益であり、NLDの台頭によりその利権が脅かされている。

国際社会からも民主化の後退を懸念する声が相次いだ（同）。国連安全保障理事会は二月二日非公開会合を開きミャンマー情勢を協議した（共同通信）。議長国の英国は安保理事会に、クーデターを非難し、アウンサンスーチーの解放を求める報道声明を求めたが、声明発信には全理事国の同意が必要。中国の対応が焦点となっていると伝えられている（同）。バイデン米政権はミャンマー国軍に対し、アウンサンスーチーをはじめとするすべての拘束者の釈放と民主化の継続を求め、制裁措置も辞さない構えを見せている。また、軍事、経済及び政治的につながりの深い中国の影響も無視できない。国内のビルマ族以外の少数民族の動向を注視する必要があるが、ビルマの春はこれで終わってしまうのだろうか。

筆者はアウンサンスーチーが父アウンサンの夢みた祖国の自由と発展の実現に不可欠な存在だと確信している。彼女は、国軍のロヒンギャに対する虐待を黙認したととれる軍事行動についての言及で国際的な批判にさらされてきた。深刻な人権侵害があったことは決して許されるべきことではないが、アウンサンスーチーと軍部との軋轢やロヒンギャを含む少数民族との和平など、複雑な内政課題との絡みが十分に理解されていないのではないかと認識している。しかし、ビルマの民主化にとって彼女の存在が不可欠であり、他の誰も彼女にとって代われる人物はいない。筆者は一九七八年から一九八一の三年半、ビルマ人が「恐怖、欠乏からの解放、尊厳を持って生きる夢」を追い続けてきたことを思いだすたび、今回のクーデターが及ぼす影響の大きさを危惧し、ビルマ国民とミャンマー国軍がビルマの将来についてウィンウィンな解決策を模索することを願ってやまない。

ツェヨワ村のプライマリー・ヘルスケア・プロジェクト

ラングーン・マンダレー幹線道路からマグウェ州への道路の交差点まで北上するとツェヨワ村にたどり着く。この村で母子健康改善プロジェクトを立ち上げた。また同時期にマンダレー、マグウェ、サガインにまたがるビルマ中部乾燥地帯で三、〇〇〇の井戸事業が始まった。この二つの事業で私は国連での開発事業の基礎を学んだ。

一九七九年ウー・セイン、フラ・ミエン、サイラ・ポー、ミエン・マウン氏ら保健省の若い精鋭[22]たちとチームを組んで、マンダレーとマグウェの分かれ道にあるツェヨワ村でパイロット事業を立ち上げた。栄養失調と感染症の悪循環を断ち切る母子保健の事業だった。目的は下痢症などの感染症や原因に関する知識の向上と間違った食習慣を変えることによる栄養状態の改善だった。目的達成のアプローチは広く言えば、健康保健教育であったが、それまでの健康保健教育では効果が出てこなかった教訓を踏まえ、コミュニケーションの科学を使って村人の知識、態度や行動を変えていった。たとえば、「雨季に下痢症が多いのは、井戸の水が汚染されているからだ。井戸水を塩素消毒するぞ」という村の保健師の忠告を聞かず、村人は「井戸水は消毒の臭いがしておいしくない。池の水は甘くておいしい」と、近くの池の水を汲みに行く。どうしたら村人を説得できるのか。消毒した水は下痢症を防止するのだとどう説明したら良いのか熟考した。そこで考えたのは、敬虔な仏教徒である村人にとって、一番信頼が厚く影響力のある僧侶から保健衛生の教えを説いてもらうという案だ。「雨季になると井戸水が汚水で濁り、雑菌が湧くので塩素消毒をする。池の水は甘いが危険だ」と説教のあいだに伝えてもらうことにした。効果はあったがそれだけではまだインパクトに欠けるので、同時に「飲み水は井戸水を使い、池の水は煮沸消毒してから飲料に！」と付け加えることを要請した。効果はあった。が、これを習慣にするには他の方法で僧侶の言葉を何度も繰り返す必要があった。また、ラジオやポスターなどでメッセージを繰り返し伝えることにより効果が出るものだと関係者全員で共有することができた。その結果、雨季になると僧侶の説教がお経と共に繰り返された。

一方、今までの母子健康改善のメッセージは、村人の信頼度の高いコミュニケーション手段を使っていない傾向があった。ある村の老婆が、「(信頼を失った) 政府のラジオ放送は信じられない。アメリカのラジオ「Radio USA」のビルマ語ニュースは信じられる」と、言ったのが印象に残った。ちなみに村の僧侶の信頼度は高かった。

当時のツェヨワ村の環境衛生の状態は良くなく、糞口感染 (faecal-oral transmission) を防ぐことが下痢症の予防に重要なことだった。そこで、プロジェクトを始めた当初は、家の敷地内にＶＩＰトイレ (Ventilated Improved Pit-latrine：排気口付きの竪穴式改良トイレ) をつくることから始めた。市場で不足しているセメントを政府の公社から特別価格で配給してもらってトイレの床づくりに使うことにした。ハエやその他の生物が便壺に出入りできないように水で竪穴への通路を塞ぐ構造を考えたのだが、一般の村人にはまだセメントの値が高く手が届かないようだった。結果として材料費がまったくかからない自前の竪穴式トイレがほとんどだった。つまり、竪穴を掘って穴に足場として二本の木を架けた簡単なものだった。これでは便壺は開放されたままなので住居の近くまでハエを呼び寄せ、まさに環境衛生を悪化させることになってしまった。村の金持ちは安価なセメントを使って要塞のようなトイレをつくった。

このパイロット・プロジェクトで学んだ一番貴重なレッスンは、村はずれで排便した後、石鹸で手

22　後ほどほとんどのチームメンバーは南アジアのＷＨＯ地域事務所の医療専門家として赴任した。

を洗うのが、当時、村人に与えられた最善の選択肢だということだった。その後村の人口は増え、村のはずれも村の生活環境の一部になったので、この選択肢は適切ではなくなった。プロジェクトの終盤ではDouble-pit ventilated water-sealed latrineという床と便器を一つにして、臭いの逆流やハエの侵入を少量の水で塞ぐことのできる水洗式のものが使われるようになってきた。村レベルで井戸の内側を保護する井戸リングの製造も行われはじめた。同じセメント製の井戸リングは便壺の内壁にも使われた。また、ユニセフでは床と便器製作のため、プラスティックの金型を配給し、村おこしの事業も始めた。排泄後の清掃方法、新しいトイレの普及や排泄物処理、水と衛生は、今も変わりなく、重要な環境衛生の課題であることを知らされた経験だった。ついでに付け加えておきたいことがある。一九九〇年当時環境衛生が大きな社会課題となっていた人口の密集するインドの都市部で、スラブ・インターナショナル（Slab International）というＮＰＯが画期的な（使用料金を徴収するが、「高級ホテル」にあるように清潔で高級感がある）トイレの普及に努力していた。コスパが良いと言われ需要が増えていると聞く。人口の密集するスラム街での環境衛生の改善に関心のある読者はスラブ・インターナショナルの進める社会的イノベーションとしての公衆トイレをぜひ参考にしてもらいたい。

人の行動が社会を変える。その行動をＫＡＰ行動分析することによって、たとえば、母乳育児実践を実現することができる。母親の母乳育児に対する知識、態度、実践（Knowledge Attitude Practice）の側面から分析（KAP Survey）することによって、乳児の成長に欠かせない母乳育児を実現できるという、行動分析学の応用である。個人や集団、ひいては、社会の変化を実現しようという場合、広く社会開発の分野でも使われている。バンコクのユニセフ地域事務所のコミュニケーションの専門家[23]の助けもあって、ビルマ・ツェヨワ村のプロジェクトは新しい発見の連続だった。

どんなメッセージでもメディア選びは大切だ。ポスターは目立つのでよく使われるメディアだが、前もってフィールドテストしないと大変なことになる。たとえば、マラリア予防のポスターで、「ハマダラ蚊がマラリアを媒介するので、溜水は直ちに排水しよう」というメッセージを伝えたかったが、実際には、ポスターに描かれていたハマダラ蚊を指して、村人は、「そんな大きな蚊はこの村にはいない」と言って立ち去ったそうだ。

また、家族計画を推進するポスター二枚を並べて村人に見せると、先ず一枚目の「裕福そうで立派な家具調度品が備わっている家庭で、笑顔の両親と子どもが二人いる家族」のポスターを見た村人は、「この家族は金持ちそうだが…」と言いつつも、二枚目の「子どもの数が多く、疲れた表情をした貧しそうな家族」のポスターを見比べると、「子宝に恵まれなかったのは気の毒だ」と、言ったという笑い話を聞いたことがある。

マラリア予防と家族計画のポスターに関する二つの例が示すとおり、意図したメッセージが誤って伝わったというケースはよく聞く。メッセージの対象となる人々のことをよく調べず、メッセージとそれを伝えるポスター、ラジオ番組、テレビ放送など媒体となるメディアも含めその有効性を実際に

23　ガイ・スキャンドレン（Guy Scandlen）ユニセフ東アジア地域事務所コミュニケーション担当官

フィールドで確かめなければ効果的なメッセージはつくれない。ツェヨワ村でのプロジェクトは環境衛生に対する人々の知識、態度、実践を変えることによって健康を促進するアプローチで、ビルマにおける開発コミュニケーション分野での初めての試みであった。その成果は環境衛生だけではなく、教育や栄養事業の分野でも応用されることとなった。

中部乾燥地帯の給水プロジェクト

ビルマの給水プロジェクトは一九七九年にやっと始まったばかりだった。マンダレー、マグウェ、サガインにまたがっているビルマ中部乾燥地帯では年間一、〇〇〇ミリ（二〇一九年の東京の年間雨量は一、八七四ミリ）を超えることはほとんどなく、雨の多くはすぐに流れ去って、河床は乾燥した砂の地層が顔を出す。水不足は深刻だ。三、〇〇〇の深井戸を掘ることにより、安全な飲料水を提供するプロジェクトだ。米国の George Failing Company 製の深井戸用穴掘り機を積んだ全長三〇メートルもあるトラックが、小さな村の凸凹した小道を通るようすはまるで戦場の戦車のようだった。村にたどり着くと、穴掘り機は垂直に回転しながら、地下水を掘り当てる。地下の水脈に無事届くとすごい勢いで水が吹き出てくる。貯水槽をつくり、水槽の外壁に蛇口を付ければ給水装置の完成だ。だが、すぐに淡水の地下水脈にたどり着くわけではない。良い井戸を掘り当てるまで、井戸掘り機はゆっくりと回転しながら砕けた岩や土砂を地上まで引き出し、その穴に鉄のパイプをつなぎながら、何本も入れ込む。村落も工事費用の一部を負担することになっている。村人にとっては、村始まって以来の大事業だ。

マグウェ町のカンウェ村にたどり着いたのは、午後だった。井戸掘りはすでに始まっていた。村人は、ただ大きな井戸掘り機の威力に驚くばかりだ。見物に来ていた、中年の女性に話しかけた。彼女は近くの古い井戸を指して、「この井戸からの水は問題があります。この井戸水を飲んだ子どもたちは関節が腫れ、毛髪が脱け、お腹の痛みに苦しんでいます。子どもたちはすっかり衰弱しました。水不足で、ヤギが死んでいます。この二年間で三五頭の牛が死んでしまいました」また、「乾季には、水を得るためにダムまで二五キロもの距離を移動します」と言った。

この村に住んでいる人々の大部分は農民で、牛は生活に欠かせないパートナーである。彼女は最近三歳と五歳の牛を亡くした。牛の死亡数は、水不足の深刻さを示している。水があれば、牛よりも、まず人間が使う。それでも残っていれば、体を洗い、洗濯に使う。野菜を育てるにはたくさんの水が必要なので、野菜はつくれない。彼女も子どもたちも野菜はほとんど食べていない。彼女と話をしているとき、見物に来ていた若い男性が水筒の蓋を開け（到底飲料水とは思えない）茶褐色に濁った水を飲み干した。

村を歩き続けていると、七三歳の老人であるウ・ミャ・ティに会った。私はビルマ茶を飲みながら、老人の話を聞いた。「乾季のあいだは、井戸の底に水が湧き出るまで二時間待たなければならない。だから、雨季は三〜四日おき、乾季は月一回しか入浴できない。孫には、バケツ半分あげます。飲み水はどんな水でも飲みます」という。「今年は、雨はほんのちょっとしか降らなかった。村で四〇人の子どもたちを麻疹《はしか》で亡くした。彼らは高熱と発疹で苦しんだ。最も不幸なのは、死者のうち一〇人が赤子だった。はい、子どもたちは病気から身を守ることができないため、大変です」と、淡々と語ったウ・ミャ・ティは、続けて、「私には五二人の孫がいる。そのうち三人は、一歳の誕生日を待たずに死んでしまった」と言って、黙った。

子どもたちが村の小道で元気にはしゃいでいた。埃っぽい空気が静かに落ち着き、陽は沈んでいき、子どもたちは家路を急ぐ。もう、かれこれ一時間以上話し続けただろうか。彼はにわかに私の眼を直視し、「水は出るのですか?」と聞く。私は自信を持って「もうすぐです」と答えた。彼の眼は一瞬輝いたようだった。私は彼が立ち去る後ろ姿を見送った。一九六二年のクーデターから一七年が過ぎた。ビルマの人々が圧政と貧困から解放される「春」を待ち続けている現状は変わっていなかった。当時の政権に対し一言の不満も口にしない人々の「我慢強さ」の背後に、ビルマ社会の閉塞感を思い浮かべた。

カンウェ村からそう遠くないところにシンカ村がある。最初のビルマ王国の所在地パガンの近くだ。この村ではトラコーマの症例が多かった。多くの子どもたちは、まぶたが腫れ、目の全体が膿で覆われていた。その一人を写真に収めるためにレンズの焦点を合わせたとき、子どもは撮られるのを嫌い立ち去った。許可を得てから撮るべきだったと後悔した。

牛車を持っていない者は、一バレル（英国樽標準で一六三リットル）を一〇チャット（一・五米ドル）[24]で購入する。小さいが快適な家の値段が三〇〇チャット（四六米ドル）だから飲料水の値段の高さに驚かされる。平均的な世帯では、一バレルの飲料水を五日間で飲んでしまう。したがって、一カ月で一家族六〇チャット（九米ドル）が必要だ。貧しい家庭だと負担は当然もっと重くなる。牛車を持っている人は、水源地まで六〜一〇キロメートル移動する必要があり、凸凹した村道のため四時間以上かかった。

しかし、もうすぐ問題は解消されシンカ村に井戸ができる。この村にきれいな飲料水が湧き出てくるという期待感から、子どもも大人も、地下に埋め込まれる巨大なパイプを見つめていた。「あと何日かかりますか?」と聞かれたが、誰もわからなかった。井戸を掘りあてるには一週間から二カ月程度かかる。場合によっては、二五〇メートル以上を掘削する必要がある。それでも、やっと安全な飲料水を供給する井戸がシンカ村にできると思うと感慨深かった。

この地域の他の多くの村と同様に、マグウェ町のタラドゴネ村では、すでに二つの井戸が掘られていた。村は、水供給システムを構築、運営、維持するための監督委員会を設立し、七、〇〇〇チャット（一、〇七六米ドル）を費やして水道付きの台に水タンクを設置した。彼らはポンプを動かすために週に一五インペリアル・ガロン（六八リットル）のディーゼルを購入した。監督委員会は、一バレルの水に対し一チャット（一五米セント）の料金を徴収していた。筆者が訪問した八つの村の人口は五〇〇〜一、五〇〇人程度だ。ポンプは、長持ちするので、将来一戸当たり一〇インペリアル・ガロ

24　一九七九年一一月五日当時一米ドルは六・五チャット、二〇二〇年九月一三日現在、一米ドルは一、三三二チャット

ン（四五リットル）を供給するのに十分なキャパシティがある。実際には、人口の増加を予測して、当時の水の需要をはるかに超える給水キャパシティが想定されていた。

夕方ホテルに帰る途中、道路側でたくさんの牛車と大勢の人々が木造の小屋の周りに群がっていた。筆者はマイクロバスを止めて、群衆を押し分けて小屋まで行くと、なんとセメントの土台の上で、大きな機械式ポンプが単調なリズムで水を汲み上げていた。英国の植民地時代に設置されたというレイランド製のモノポンプは、しっかりとした上下運動を繰り返しながら水を汲み上げる。ポンプ全体がグリースと埃で汚れていたが、ポンプは、一日一二時間稼働し、毎日一二〇バレル（一万九、五六〇リットル）の水を供給していた。平均的な世帯では、前述のとおり、五日ごとに一バレルが必要だ。ここでは、一バレルが六〇米セントだった。この村の総人口は六〇〇人なので、村人一人、一日三ガロン（一三・五リットル）を消費できるという。政府の力を借りず、村人の力で三〇年近くも、井戸を維持管理できた村のソーシャル・キャピタル（社会関係資本）には、ただ脱帽した。まもなく、乾燥地帯の他の多くの村に給水プロジェクトチームが訪れ、命の水を受け取ることになると、想像した。

一九七九年当時、ユニセフがビルマで始めた給水事業は画期的なものだった。伝統的な施設は雨水を溜めた貯水タンクや大きな水瓶だった。安全な飲料水を供給するスケールの大きなプロジェクトは稀だった。ユニセフでも初めての試みだったと聞いた。プロジェクトに対する期待も高かった。投資された資金もその他のプロジェクトとは桁が違っていた。約四〇年たった今、ビルマ中部乾燥地帯に設置した三、〇〇〇のチューブウェル[25]は果たしてまだ動いて、きれいな飲み水を村人に提供しているだろうか？　セメント製の大きな水槽はまだ使われているだろうか？　日本の道路の寿命はコンクリートで四〇年、アスファルトは二〇年と言われている。果たしてビルマ中部の乾燥地帯で掘られた給水施設は、維持管理されてきただろうか？　スペアパーツは十分に供給されただろうか？　もう子どもたちはトラコーマにかかっていないだろうか？　今すぐにでも現地を訪れこの目で確かめたい衝動に駆られる。

ユニセフ[26]は、世界一〇〇カ国以上で安全な水と衛生環境の普及に取り組んでいる。二〇一九年には三、二二〇万人が安全な水や衛生環境を得られるようになった。しかしまだ世界の三人に一人は、川や池、沼、湖、用水路、覆いのない井戸などの危険な水を飲む選択肢しかなく、日本のように、安全な水を自宅でいつでも飲める環境にない。水と衛生に関しても、いまだ、貧富の差に匹敵する格差が存在する。

25　Tube well または artesian well とは掘り抜き井戸のことで、地下の水脈層まで地中を掘り抜き、管を打ち込んだ井戸。地下深く掘る必要から石油の掘削装置と同じものが使われる。

26　https://www.unicef.or.jp/special/20sum/?cd=pc770&utm_source=fb_m_r&utm_medium=banner&utm_campaign=20sum&utm_content=20sum_image1_20200529_r_monthly+-+%E3%82%B3%E3%83%94%E3%83%BC

なぜ母が子を手放す

四〇年前調査のためビルマ中部の村を訪れた時、母親が幼い女の子を連れてきて、突然私に「この子を連れって行ってください」と言われた。ユニセフに自分の娘を託せば明るい将来が保証されると考えたのかその時のようすは強く記憶に残っている。懇願する母親の横で女の子は私を見つめ、母親に逆らうことなく話を聞いていたが、女の子は身動きもせず私のようすを伺っていた。幼い子どもにとっては母親から捨てられるのではないかと思い緊張していたのだろう。私は「今の貧しさからこの子を解放してください」という母親の頼みだと解釈した。もちろん無理な話だ。昔、日本の貧しい家庭で「口減らし」と称し、子どもを奉公に出したり、養子にしたり、また出産後すぐに赤子を捨てたり、死に至らしめたという事実もある。いろいろな家庭の事情はあるが何が子どもにとって一番良い選択肢かを考えない衝動的な行動だと推測した。親戚、村の僧侶、長老あるいは学校の先生と相談できる人はいるのになぜだろうと思った。お金持ちに見えた私に無理を承知で、頼んだのかよくわからない。しかし貧しさの背景には、想像もつかないような厳しい生活がある。長年のユニセフ勤務のあいだに多くの現場を視察したが、こんな経験はこの一回限りだった。貧しさゆえに、藁にもすがる思いでとった行動かもしれない—子どもにとってはひどい仕打ちであるが。母親の気持ちにどう応えたら良いのだろうと悩んだが、近い将来村人たち全員を貧困から解放するプロジェクトづくりを始めるしか選択肢はないと思った。このようなケースは氷山の一角で、運悪く人身売買の組織の犠牲になる子どもも多いことは理解できたが、二〇二〇年現在でもこうしたリスクを回避する制度に対するニーズは多い。しかし資金不足をはじめ課題は多いのが現実だ。

世界各地で子どもに対する虐待に関する報告が増えている。世界で年間約一、二〇〇万人、五人に一人の子どもが児童婚の犠牲者だ。二〇一九年現在、推定六億五、〇〇〇万人の女性が一八歳の誕生日を迎える前に結婚している。[27] 児童婚の程度は国によって大きく異なるが、児童婚を経験した女性と女の子の四二％が南アジア、二六％が東アジアと太平洋地域、一七％がアフリカで暮らしている。[28]

ユニセフ事務局長のヘンリエッタ・フォアは、児童婚の廃絶を力強く訴えている。「世界の何百万人もの女の子にとって、結婚は自らの選択ではなく、子ども時代と未来を奪う望まれないものです。解決策は簡単です。児童婚を禁止し、教育に投資し、若者、家族やコミュニティが前向きな変化を起こせるようにエンパワーすることによって、初めて、この悲惨な慣習を二〇三〇年までに終わらせ（ＳＤＧｓのターゲット５・３）、児童婚のリスクに晒されている一億五、〇〇〇万人の女の子を守ることができるのです」[29] と訴えている。

児童の権利を著しく侵害している例が東アフリカにもあった。一九八〇年代後半からアフリカ・ウ

27　ユニセフ　プレスリリース、二〇一九年二月一二日、「児童婚　子どもの花嫁、年間約一、二〇〇万人　世界の女性の五人に一人が児童婚を経験し、ユニセフ、教育への投資、地域社会の意識改革を訴える」ユニセフ、https://www.unicef.or.jp/news/2019/0019.html

28　Ending Child Marriage – Progress and prospects, UNICEF, 2014, https://www.unicef.or.jp/osirase/back2014/1407_06.html

29　ユニセフ、https://www.unicef.or.jp/news/2019/0019.html

ガンダの北部ではジョセフ・コニーの率いる「神の抵抗軍」（Lord Resistance Army：ＬＲＡ）が、子ども兵士にする目的で子どもたちを夜間、誘拐していた。家庭にいるとさらわれてしまうので、学校の校舎をシェルターとして子どもたちを誘拐から保護した。ユニセフはシェルターの運営を支援した。二〇〇八年筆者がシェルターを訪れた時、数百人の子どもたちがシェルターで寝泊りしていた。学校の授業が終わるとまず帰宅し、寝泊まりの準備をして、暗くなる前に学校のシェルターに戻るという生活を繰り返していた。ユニセフによるとＬＲＡは一九八七年から二〇〇八年までのあいだ、二〇万人の子どもを子ども兵士、家事労働者や性奴隷にしたとされる。ジョセフ・コニーには国際刑事裁判所（International Criminal Court：ＩＣＣ）から「人道に対する罪」などの罪状で逮捕状が出ている。ニューヨークタイムズによるとアメリカ軍の支援を受けたウガンダ政府軍などによるコニー探索・討伐作戦は一〇年近く続き、アメリカはこれまで莫大な費用を注ぎ込んできたが、二〇一七年四月に撤退すると発表した。いまだ、コニーの逮捕には至らず、ウガンダ軍もコニーの追跡をやめた。[30] コニーは現在でも、部下数十人や妻複数人などと共にアフリカ中部に潜伏しているとみられている。

ＬＲＡに次いで、世界を震撼させる事件が起こった。二〇一四年四月、ナイジェリアのイスラム過激派武装集団「ボコ・ハラム」がナイジェリア・ボルノ州のチボックの町から二〇〇人以上の女子学生を拉致して奴隷として扱い、組織のメンバーと結婚することを強要し、国際的な非難を集めた。[31] ＬＲＡと同様ボコ・ハラムも誘拐した少女たちを強制的に結婚させ、子ども兵士や家事労働者として働かせた。また二〇一五年一月、ボコ・ハラムによる攻撃が続くナイジェリア北部で、少女らの体に巻き付けられた爆発物が突然爆発する自爆テロが相次いで発生した。[32] 以下日本政府内閣府国際平和協力本部事務局の報告によると、一九四九年ジュネーヴ条約（一九七八年発効）では国家及び国内の武装勢力による子ども兵士の徴募や戦闘参加の年齢制限が定められ、基本的に一五歳未満の子ども兵士の徴募・利用は禁止とされているが、一九九〇年に発効した「児童の権利条約」は、紛争時のみならず広範に子どもの権利を規定した。当報告は続けて、人権条約としては一番締約国が多い条約だが、二〇二〇年現在米国だけがいまだ批准していない。子ども兵士の徴募・利用に関する行為を犯罪とする動きが、国際的な刑事裁判所で活発になってきたと聞く。シエラレオネ特別裁判所や国際刑事裁判所の規定の中には子ども兵士の徴募・戦闘参加が戦争犯罪として規定されている。[33]

国際法はよく整備されてはいるものの、各国において批准することにより国内法と調整が行われ、効力が保証されなければならないのだが、現実は子ども兵士の数は減ってはいない。子ども兵士を社会復帰させるのはとても難しい。子ども兵士は誘拐され、強迫され、強制的に兵士にされた体験から、以前に暮らした環境に復帰するには時間がかかり、難しい。心的外傷後のストレス傷害を患って

30　ニューヨークタイムズ、二〇一七年四月二〇日
31　Who are Nigeria’s Bok Haram Islamists Group, BBC, 24 November 2016 , https://www.bbc.com/news/world-africa-13809501
32　The Japan Times, http://st.japantimes.co.jp/news/?p=wo20150123
33　内閣府国際平和協力本部事務局、研究員志茂雅子、二〇一一年

いる子どももいる。

武器の放棄、兵士からの解放と自分の故郷への帰還、社会復帰（Disarmament, Demobilisation and Reintegration：DDR）の三つのステップは子ども兵士だけではなく元兵士全般によく使われるプロセスだが、元子ども兵士は武器のない、武器を使わない普通の生活に慣れる必要がある。家族がいれば家族のもとに、または親戚のもとに戻ることから始める。

家族の住む村の人々も子ども兵士に対する恨み辛みがあるかもしれない。家族や親戚が受け入れてくれるかわからない。子ども兵士に対する恐れもあるだろう。学校に戻り、仕事も探す必要がある。そのためには職業訓練も必要だし、仕事を始めるには資金も入用になる。ナイジェリアの武装集団ボコ・ハラムによって拉致された女子生徒の復帰は大きな課題だ。政府あるいは誰かが十分な支援をしないと無理な話だ。社会復帰できないと社会に対して不安定要因になる。挫折すると、また武器を取り子ども兵士に戻ってしまう可能性は大きい。子ども兵士を復帰させるための社会的コストは大きい。しかし問題を放っておくわけにはいかない。子ども兵士の背景には社会正義の欠如、紛争、家族の崩壊など貧困問題が絡んでいる。子ども兵士の問題は、人権の問題であり、法治国家をつくるという開発の問題でもある。ユニセフは中央アフリカ共和国、コンゴ民主共和国、ソマリア、南スーダン、ナイジェリア、シリア・アラブ共和国、イエメンなど二〇カ国で現在も、子ども兵士が確認されていると報告している[34]。

子どもの兵士は、命令にすぐに従うので、戦闘の現場では、大人の兵士よりも怖がられていると聞いたことがある。推定することが難しいが、子ども兵士の数は二五～三〇万人にも上ると言われている。[35]二〇〇七年には、子どもたちを戦争の道具にしないことを目的に、軍隊や武装集団に関与した子どもに関する「パリ原則」（Paris Principles）が採択された。その後、一〇年のあいだに、六万五、〇〇〇人の子ども兵士が解放されたが、[36]一億五、二〇〇万人の五歳から一七歳の子どもが児童労働に従事し（ＩＬＯ）、そのうち七、二〇〇万人が、危険で有害な「最悪の形態の児童労働」に就いている。ＩＬＯは第一八二号条約（一九九九年）によって、（子ども兵士を含む）最悪の形態の児童労働の予防措置、すでに巻き込まれている子どもの救出・リハビリなどの支援、また危険にさらされている子どもに対する国の援助義務などを条文に加え、児童労働からの解放を子どもの権利としてとらえた。しかし、いまだ解放されていない子ども兵士の数はまだまだ多いというのが現状だ。

児童労働と子どもの未来

前述したように、いま世界には一億五、二〇〇万人の児童（五～一七歳）が労働している。最悪の形態の児童労働をＩＬＯの一八二号条約（一九九九年）によって、以下のように定めている。[37]

34　ユニセフ、https://www.unicefusa.org/stories/unicef-working-free-child-soldiers-around-world/35474　二〇二〇
35　Washington Post, 22 January, 2016
36　ユニセフ、https://www.unicef.or.jp/special/childsoldier/
認定ＮＰＯ法人テラ・ルネッサンス、http://www.terra-r.jp/activity_childsoldiers.html
37　https://www.ilo.org/tokyo/areas-of-work/child-labour/lang--ja/index.htm

・人身売買、徴兵を含む強制労働、債務労働などの奴隷労働
・売春、ポルノ製造、わいせつな演技に使用、斡旋、提供
・薬物の生産・取引など不正な活動に使用、斡旋、提供
・児童の健康、安全、道徳を害するおそれのある労働

ストリートチルドレン[38]も児童労働の対象として考えられるべきである。その数は世界で一億五、〇〇〇万人（Social Issues, 2018）。人身売買の被害者の二五％、約一、〇〇〇万人が児童人身売買の被害者と推定されている（ＩＬＯ）。孤児が一億四、〇〇〇万人（二〇一六年ユニセフ世界子ども白書）。もうこれ以上付け加えたくないほど、子どもの置かれている環境は悲惨なものだ。そうした環境を改善する努力と投資がなければ、将来を担う人材は決して育たない。

「子ども一人を育てるのにも地域ぐるみで取り組まなければならない」と元米国国務長官のヒラリー・クリントンは、その著書『It takes a village』で述べている。子どもを育てるのに、ただ政策を決めて予算をつけても、それだけでは功を奏さない。たとえば、子どもの死亡率を下げたいと思って適切な行動が採れるかどうかである。子どもを死なせたくないという気持ちが最も強いのは両親だ。一時も目を外さず、病気の時も子どもの世話をしている両親。誰一人として自分の子どもが死ぬのを希望する親はいない。なぜ死亡率が高いのかという問いにはさまざまな答えがある。まず考えられるのは親の健康についての知識の不足と姿勢だ。次に家族を取り巻く地域社会だ。医療サービスへのア

クセスや助け合うコミュニティーの力がなくては、子どもの親だけでは子どもの命を救うことができない。また市町村レベルの行政組織がコミュニティーを医療や財政面でしっかり支えていかなければ成果は出ない。国レベルでの政策、予算、法制度は言わずもがな、家族、コミュニティーと市町村が主体となって子どもの死亡率を下げる体制を確立しければならない。

援助国や国連も含めた国際援助機関はこうした現実を考慮して支援をしてゆくべきであろう。開発援助の課題はお金だけでは解決できないことが多い。病院を建設しても、道路を建設しても、子どもを、人々を助けるという目的意識が明確でないと、政治に利用されるリスクを負うことになる。開発援助は人間開発を中心に行うべきであり、そのためには汗を流す国際協力の重要さが問われている。経済分野での国際協力は、経済連携協定やその他の経済、金融、財政分野で実施して、保健医療、教育、人道、人権、難民、災害支援など人道、社会開発と分ける政策も選択肢として考慮されるべきではないだろうか。そこには援助国の国民の意思と姿勢があってこそ成果が出てくるものだろう。

日本国憲法の前文には、「国際社会で名誉ある地位を占めたい」と明記されている。しかし、どういう形で名誉ある地位を占めるのか。ソニーやトヨタに代表されるような日本ブランドでなのか、国際的な政治的影響力でなのか、あるいは軍事力でなのか、名誉ある地位を占める選択技はさまざまだ

38　路上で暮らす子どもだが、大まかに二つのカテゴリーに分けられる。先ず実際に路上またはそれに近い環境に親から離れて暮らす子ども、次に路上または同類の環境で暮らすが、夜は自宅へ帰る子どもである。ストリートチルドレンはその生活環境から、犯罪行為に巻き込まれることが多い。

ろうが、私は日本国民が、この狭い地球で、恵まれない貧しい人々、特に将来を担う子どもたちに関心を寄せ、広い心で人道、開発協力の立場に立ち、考えを同じくする人たちと連携・連帯することによって国際社会での名誉を勝ち得ることができると信じている。

第2章　アラブの穀倉：混迷するスーダン

第2章は4節で構成されている。第1節（アラブの穀倉）はスーダン赴任中の一九八三年の調査の結果を当時筆者がまとめたものを中心に紹介してある。第2節（北ダルフール）は筆者がユニセフの東京事務所に勤務していた時代（二〇〇三―二〇〇六）のスーダン出張時に訪れた北ダルフールの国内難民キャンプに関しての記述だ。第3節（ダルフール紛争）では二〇〇三年に発生したダルフール紛争と当時のスーダンについて記述した。第4節（スーダンの春）では二〇一九年の民主化の動きを追った。第1節に記述したデータ自体は古いが、当時のさまざまな文献を参考にして執筆した文書なので、現状のデータと比べることにより、今のスーダンをよりよく知ることに資するものと考える。第3節で記述したダルフール紛争は、その後も継続し、二〇一九年一二月二八日にようやく終結の兆しが見えてきた。第4節では長かったスーダンの内紛がようやく終結した後のスーダン民主化の夢について私見を述べる。

ではまず一九八〇年代前半のスーダンから始めることにしよう。

第1節　アラブの穀倉

スーダンはウガンダのビクトリア湖を水源とする白ナイル（白く濁っている）がエチオピアのタナ湖から渓谷を通ってハルツームで青ナイル（青色）と合流する位置にある。スーダンの北部は乾燥した砂漠気候であり、年間降水量は一〇〇ミリに過ぎない。しかし、スーダン中部では雨季にまとまった降水量があり、特に白ナイル川以東のゲジラ地区などは肥沃な農業地帯となっている。南部のコルドファンや西部のダルフールでも雨季には農耕も行われ、さらに雨を受けて広大な草原となった土地を牧草地として、牧畜が盛んであった。二つのナイルと地理的な条件に恵まれた中部地方は「アラブの穀倉―ブレッド・バスケット」と呼ばれ、投資が盛んに行われた地域だった。

そうした地理的状況があったので、食糧の安全保障という側面から考えれば、スーダンの食糧バランスシートは、十分とは言えないまでも、一応黒字となっていた。換言すれば、近年とみに消費量の増加した小麦を除き食糧は辛うじて自給自足の状態にあると言ってよかった。したがって、食糧の国内供給分を人口で割った一人当たりの平均食糧供給量は、カロリーと蛋白に関しては一日の必要量にどうにか達していた。しかしスーダンの五歳以下の子どもの五人に一人以上は栄養不良であるという調査結果が出ていた。なぜこういう状況が生じたのか、さまざまな文献と私個人の経験に照らして説明していきたい。

筆者がスーダンに着任したのは、一九八一年の五月で、ひときわ暑さが厳しかったことを覚えている。スーダンでは教育レベルの偏り、そして貧富の格差が大きく、物資が豊富で近代的設備が見受けられるのはハルツームと二―三の地方都市だけで大半の地域では貨幣経済も十分に浸透していない非常に近代化の遅れたところであることがすぐにわかった。スーダン政府は、開発計画の中心に農業の近代化と石油資源の開発を置き、資本投資を行ってきた。しかし、当時は依然として石油輸入国であり、その外貨収入の大半を輸入した石油の支払いにあてているのが現状であった。農業の近代化も、機械化を中心に推し進めていたため、外貨の不足、そして技術の不足がボトルネックとなっていた。「アラブの穀倉」としての潜在力―ナイルの水と広大な耕作可能地―も注目されていたが、なかなかスーダン政府の期待に沿うまでには至っていなかった。インフラの不備、累積債務、アラブ産油国への頭脳流出、インフレーションなどがスーダン経済の停滞を長引かせていた。特に、物価の上昇はスーダン人の生活の質を低下させている直接の原因となっていた。

一方、政治的には地方分権化を推進し、ある程度の成果は得ていたものの、地方政府の統治能力は、まだまだ十分とは言えな

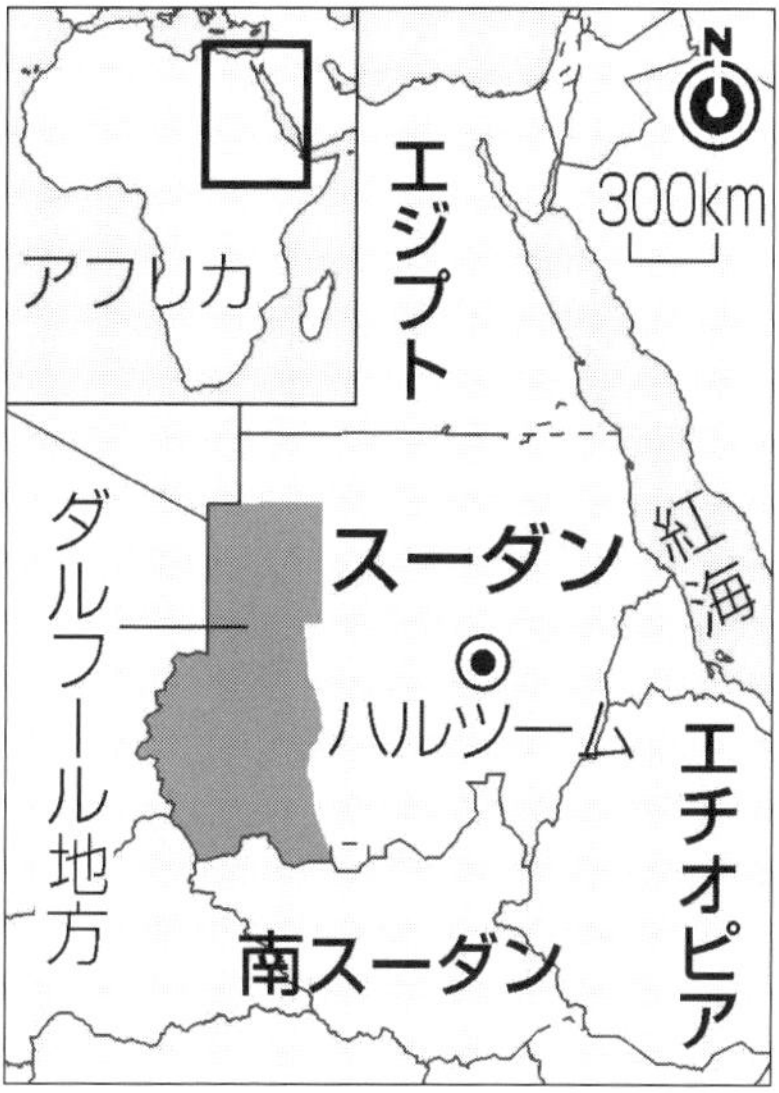

出所：時事通信社

かった。たとえば、地方政府の概算要求に対し、中央政府の財政経済計画書では、歳入と政策に照らし合わせて、ある一定額を地方政府に配分していたわけであるが、配分額は要求額を大きく下回るのが常で、その差額は税収で埋め合わせることになっていた。しかし、税制の不備のため税金が十分に集まらず、開発投資の資金もないままで、人件費だけが予算の大半を占め、結果として地方財政の硬直化を招いていた。一応成功したと言われていた開発事業の大半は、援助国及び国際機関からの資金導入を得て、中央政府機関が直接計画及び執行に当たっているものばかりであった。他方、一九八一年当時の乳幼児死亡率は出生一、〇〇〇人に対して一二五人（二〇一八年現在四二・三四人、また二〇一一年スーダン共和国より独立した南スーダンは六三・七人）と非常に高く、ある地域では生まれてくる子どもの一〇人に三人ないし四人は、一歳の誕生日を迎えず死亡していくとも言われていた。小学校への就学率は約四〇％であるが、ドロップアウト（中途退学）が非常に多かった。人口一人当たりの名目所得は一九七八年には三八〇米ドル／年であったが、その後の通貨切り下げ及び物価上昇を考慮すると、実質所得は世界で最下位に近かった。二〇一一年南スーダンの独立まではアフリカ最大の国土面積を有し、肥沃な農地とナイルの水には恵まれていたが、インフラの不備、人材の不足、低い人口密度、不安定な政治などの理由でスーダンでの開発事業は一般的にコスト高で、時間がかかるのは避けられなかったのであろう。

仕事を求めて都会へ

筆者のスーダン滞在時（一九八一―一九八六）と比べ、近年の人口の都市集中化は加速し続けている。二〇一一年の南スーダンの独立によって一時的には減速したが、増加傾向には変わりがない。二〇一三年のスーダンの総人口は三、七九六万人で、そのうち三三・四六％の一、二七〇万人が都市人口であった。都市人口は国の年間人口増加率二・〇四％より高い二・四八％の割合で伸びている。農村部の人口は減少傾向が続き総人口の一・八二％だ。重要な人口統計学的側面は、全人口の年齢構成への影響だ。全人口の約三八・九％が一五歳未満だ。この若い人口構造は、社会サービス、特に教育と健康に大きな負担をかけていることを意味する。

都市部ではすでに、水・電気・住宅・医療その他の生活に直接関連したサービスは一九八〇年当時から不足していた。一方、都市に移り住んできた人々は、以前何らかの形で農業あるいは酪農などの食料生産に従事してきたことから、その移動の結果、地域的な食料の不足、農村開発の遅延などネガティブな影響が出はじめていた。移り住んできた人々はまず職探しをするが、経済低迷下の状況では、なかなか仕事が見つからなかった。また、運良く見つかったとしても安い賃金で働く日雇い労働者の仕事しかなかった。賃金は必ずしも急速に上昇する物価にスライドすることなく、十分な食料さえ購入することができない状況で栄養不良児が増加していた。スラム化が非常に大きな問題となっていたスーダン東部の紅海に面する紅海州の首都ポートスーダンでは、移り住んできた農村人口とエチオピア難民との区別がつかない状況で、国際機関の援助による難民のための援助支援も、難民だけに対して提供することが難しくなってきていた。移り住んできた農村人口の栄養状態も、難民のそれとあまり大差はなかったようである。

人口の都市集中化の影響を総合的に検討する時期が来たと言われてから随分時間が過ぎてきた。国連は、二〇四〇年には都市化が一一〇％増加すると報告している。これらの人々はますます多くの社会サービスや消費基盤を形成する可能性があるが、同時に、若い人口構造は、今後二〇年間の労働市場の面で大きく発展する可能性を秘めている。とはいうものの、近年のスーダンの現状を見るといまだ解決策を模索している状況である。

弱者に厳しい農村部の環境

農村における食糧事情は、運送手段の不備、備蓄施設の不足等により地域間及び季節的配分調整がうまく行われていなかった。したがって食料の不足する地域が後を絶たなかった。また、これが食料の物価上昇を招いていた。なお、食糧備蓄施設に関しては、単に資本、技術そして労働力だけの問題ではなく、非常時及び食糧不足時に対する安全保障の問題としてとらえるべきことであったが、このことに対する政府、及び一般市民の現状認識不足も一因となっていると考えられた。現に、スーダン各地にあるサイロ（穀物貯蔵庫）は十分に使用されておらず、主食の粟（あわ）の代表的生産地でさえ季節的な食料不足で悩んでいる状況であった。主食の粟の生産は伝統的に家族単位の耕作に依存し、その地域で生産され消費されていた。降雨量の不足による不作を予測するシステムもまだできていない状態であった。

一方、家畜の数は人口の三倍とも言われていた。そのほとんどは、ラクダ、牛、羊、ヤギであるが、これらの家畜の大半は、個人または家族の所有するもので、非常時の際の保障、及び家庭用として消費されるほか、売買の対象となることが少なかった。このような経済活動ができる市場が整備されていない現状では、家畜飼育の機会費用は非常に大きい。雨量の少ない北部地方において、牧畜は遊牧の形態をとっていた。人為的に牧草地を開拓することのない遊牧は、砂漠化の一つの原因ともなっていた。このような遊牧民の生活の糧である家畜が、深刻化しつつある砂漠化問題の一要因であることは皮肉なものである。また、定住した人々と、常に牧草地を求めて移動する遊牧民とのあいだの土地の利権争いも、深刻な社会問題の一つとなっていた。過去何世紀にもわたり厳しいサバンナの環境に適応していく過程において、多数の脆弱な生命、特に女性、子どもの犠牲が払われてきた。ある説によると、これらの遊牧民は栄養価の高い家畜のミルク、チーズ、肉などを食べ、必要かつ十分な栄養を摂取していると言われているが、これは生き残った者に対してのみ言えることではないだろうか。

スーダンではない南部スーダン

二〇一一年に独立した南スーダンの人口は、一、〇九八万人（二〇一八）で、南北スーダンの全人口の四分の一で、アフリカネグロイド系の黒人が大半を占める。アラブ系の人種が大半を占める北スーダン（スーダン共和国）とは人種的にも異なり、宗教もスーダン共和国の回教に対して、アニミズムそしてキリスト教が主流である。また、南スーダンの開発の歴史は浅く、一九五五年には南部スーダンが自治・独立を求めて第一次内戦が勃発し、一九七二年まで続いた紛争[39]によって、もともと未発達ではあったが道路やその他の公共施設などインフラの大半が破壊された。戦後一〇年は、開発というよりは、復興の時代であった。食糧は絶対的に不足していて、北スーダンから食糧を輸送し不足分を補っていた。南スーダンでは、北スーダンに見られる砂漠化や水不足などの問題はないが、牛の遊牧のほか、これといった産業はなかった。牛の遊牧も、前に述べたとおり、経済的余剰を生み出すことも少ない。校舎や教材、教師の不足、教育に対する一般市民の認識不足などの問題をはじめ、社会政治問題化している部族間の対立、先に述べたとおり、債権問題、開発資金の不足、労働力の不足、その質の問題などが複雑に絡み合い、開発は非常に遅れていた。第6章において述べるようにユニセフ東京事務所に勤務中二〇〇四年に南スーダンを再び訪れる機会を得た。独立以前の南スーダンだが、七年後の二〇一一年に独立した南スーダンの実情をメジリ村に焦点を当てて述べたい。

一九九八年の調査結果[40]によると五歳以下の子供の六〇%が栄養不足の状況にあった。ここでの栄養問題は、飢餓などの緊急な事態に対する援助の対象にはなりにくい。慢性化した非常事態とも言えるこの状況に対する援助国側の認識は、まだ十分とは言えなかった。また南スーダン政府とユニセフなどが共同で開発した「総合食糧安全保障レベル分析」の結果によると、五歳未満の子どもの二人に一人が深刻な栄養不良で苦しんでいた。蛇足ではあるが、戦後の日本の栄養失調の問題は緊急の事態という認識があったし、問題は慢性化しておらず、また、国内紛争や人種・部族問題など複雑な側面を持っていなかった。後発発展途上国の開発問題を考える際、単純に日本の経験を応用するわけにはいかない。

栄養不良と貧しさ

当時のスーダンの子どもの栄養失調は、蛋白質、カロリー不足、ビタミンA不足による栄養不足、による夜盲症及び失明、鉄分の不足による貧血症に大別された。実際は、これらの症状がすべて同時に現れている例が多かった。栄養不良は、下痢症と並び乳児死亡率の第一の原因となっていた。乳児栄養不良の子どもは下痢症を併発しやすく、一方、下痢症は栄養不良の発端となりやすいという関係もあった。さらに、教育レベルの低さ、貧困などの社会経済面の後進性とともに、いわゆる「栄養不良症候群」の様相を呈し、問題が複雑であった。栄養失調病の直接の原因は、食べ物の摂取量の不足のほか、下痢症を含む感染症、離乳食、及び病気の際の適切な食事に関する知識不足とされていた。

39　紛争は、食糧生産を減少させ、家畜を奪い、代替食糧の入手を難しくしていた。乾燥期の長期化、洪水、穀物の病気、及び害虫被害が、主に雨水に依存する農業生産に深刻な打撃を与えていた。貧しい人々は特に、食料価格の高騰や市場で入手できる食料の減少に直面していた。

40　南スーダン政府がユニセフ（国連児童基金）、ＦＡＯ（国連食糧農業機関）及び国連ＷＦＰ（世界食糧計画）と共同して発表した総合的食料安全保障レベル分類（Integrated Food Security Phase Classification、略称ＩＰＣ）報告書間接的な原因は、交通、通信手段の不備、前述した食料の供給調整システムの欠落、灌漑設備の不足、食物市場の発達の遅れ、農民の大半が自給自足を原則として余剰食物をつくらなかったこと、実質賃金の低下、そして栄養に関する知識が不足していたことなどがあげられる。卵を子どもに食べさせるとうまく話せなくなる、など食生活に関する迷信も栄養に関する知識の不足からくることである。

イタリア政府からの資金援助

スーダンにおける栄養事業の歴史は比較的古く、FAO、WHO、そしてユニセフなどの国際機関の援助により一九六〇年代の初めから続けられてきた。しかし、十分な資金が投入されてきたとは決して言えない。問題の重要さ、大きさに比較して、優先的に検討されてきたとも言い難い。食料栄養事業が開発計画の中心に据えられたことはなく、また、事業そのものも十分な効果が出ていないのが現状である。さらに、限られた資金が広域にわたって分散され過ぎて、どの開発分野にも十分な投資が行われなかった懸念がある。教育省の実施する栄養事業として、国連の支援が始まってから二〇年間に約一五〇カ所の移動栄養センターを運営し、約二万五、〇〇〇人の農村に住む母親に栄養に関する知識の普及を行い、直接収入に結び付く技術の訓練活動を行ってきた。保健省はプライマリー・ヘルス・ケア・プロジェクト（基本的保健衛生サービスを提供する事業）の一環として、約二、〇〇〇人のいわゆる「はだしの医者」—Primary Health Care Worker—を村人から選出し、九カ月の基礎訓練の後、村へ送り返してきた。この「はだしの医者」は、軽い病気の治療、応急手当てのほか、各種の病気に対する予防策、及びその普及活動に従事している。この二つの事業の目的は、子ども及び母親の栄養改善で、その受益者は三八万人を数える。しかし、前述したように栄養失調という問題は、所得、農業の生産性、食物の価格の問題からも影響を受ける。したがって栄養事業は、多角的に各政府機関の協力関係のもとで、長期間継続していかなければ、なかなか効果が出てこない性質のものである。しかし、現場では、事業の進行状況を評価し、目的に沿った事業計画が施行されているかをチェックするシステムが確立されておらず、事業が問題の解決にどれほど貢献したかを知ることができない。このシステムの開発を遅らせている原因として交通、そして通信網の不備があげられる。限られた予算では、多額の資金を必要とするこのような経済社会インフラの整備に投資できない。

そこで考えられたのが、事業の評価及び進行状況をチェックする新しいシステムであった。従来のシステムでは中央政府の各省の専門家が直接現地に赴き、すべてをチェックし、情報を集め事業を評価してきた。これがうまくいっていないことは前述した。この新しいシステムは地方政府の役人や現場レベルの指導者が直接評価できる体制づくりを推進するものである。進捗状況をチェックし、事業を現場レベルで評価するためには、チェック及び評価方法を簡略化しなければならない。地方政府の役人、そして現場レベルの指導者を事業の計画時から参加させ、訓練することにより、交通や通信の不備を克服しようというものだ。これは単に事業の進捗状況のモニター及び評価システムの改善のためだけに考えられたものではなく、社会開発のアプローチそのものを変えていこうという動きの一環としてとらえられるべきものである。すなわち、事業の失敗理由として、受益者の事業目的及び内容に関する認識不足があげられる現場では、開発事業の受益者は単にサービスの利用者にとどまるだけではなく、事業計画及び実施の面からも、栄養不良という課題を当事者が主体的に自分の課題としてとらえる姿勢を培う参加型の事業運営を進めていかなければないと考えられる。

将来の社会開発に対する援助資金も、地方政府及びできるだけ受益者に近い組織―できれば直接村落―に対し与えられるべきものではないだろうか。複雑な栄養問題の解決には、問題を多角的にとらえ、総合的なアプローチで取り組むべきであることは前述した。官僚組織の複雑化した、各政府機関のあいだの協力関係を築きにくい中央官庁よりも、統合された形態で組織されている地方政府の方が総合的アプローチを実行しやすい立場にある。スーダンの栄養事業に参加した専門家のあいだでも同じ内容の討論がなされてきた。そして、一九八三年、タイミングよく、かねてからスーダンの社会開発に関心の高かったイタリア政府はタンザニアを含めたWHO／UNICEF JNSP (Joint Nutrition Support Programme) へ資金援助をすることになった。その一環としてスーダンには、八〇〇万ドルの事業資金が舞い込み、新しいアプローチを実施する機会が到来した。ユニセフスーダン事務所は、専門家と議論を重ね、基礎データの収集、事業案の作成、中央と地方政府の協力と理解を得て、現場参加型のアプローチを設定した。幸いなことには、時を逃さず、事業計画を完了させ、実施へと協力関係を推し進めていくことができることになった。この段階では、活動内容として、家庭レベルの食糧増産、体重モニターによる五歳未満の子ども及び妊産婦の栄養状況をチェックするシステムの導入、感染症に対する予防接種と下痢症の対策、収入増加へ導く技術訓練、マイクロファイナンス（貧困層向け少額融資貸付制度）、栄養教育などが提案されていた。事業は段階的に執行されていくことで合意が得られ、紅海州及び当時の南部スーダンのバヘル・ガザルにおいて実施されることになった。

干ばつ

元来、スーダンは国土の三分の一が砂漠で、南部には広い湿地帯を抱えているものの、北緯一〇度～四五度のデュラベルトと呼ばれる穀倉地帯では、デュラ（もろこし）を中心に年間三〇〇万トンの穀物を生産してきた。このデュラベルトは、「アラブの穀倉」といわれる所以であり、将来はアラブ諸国に食糧を供給できるようになると夢見られ、注目されてきた。しかし、一九八三年の五月から九月のあいだに、一滴の雨も降らない地域が広域にわたり、穀物の生産量は四〇～五〇％まで落ち込んだ。それにもかかわらず、アラブの穀倉だとの自負を持つ政府は、被害を過小評価する過ちを犯し、事の重大さを認識するのが遅れた。砂漠化は徐々に進行し、ある地域では干ばつの被害も一〇年以上前から確認されていたにもかかわらず、すでに取り返しのつかない状況になっていたことに気付いていなかった。この時は、三年前から被害が大きくなってはいたが、政府だけではなく、人々が事態の重大さに気付いたのは、九月になって遊牧民が水、食物を求めて部族ごと動きはじめた後だった。干ばつはついに穀倉地帯を襲った。スーダンにおける干ばつと飢餓の関係[41]を書いた国際食糧政策研究所（International Food Policy Research Institute）のレポート（一九八八）は、スーダンは一九七〇年代にも干ばつを経験し、再発した一九八四—八五の干ばつは、一九九〇年代まで続き、スーダンの政治経済に大きな影響を与えたと報告していた。

水と食物を求めて移動する人々

最初に移動を始めたのは、東部、紅海州に住む遊牧民のビジャ族だった。デュラベルトの北部の人たちも、水と食物、それに新しい収入源を求めて続々とナイル領域の農村地帯へ移ってきた。穀物の値上がり（四〜五倍）で、ヤギや羊を売り払っても穀物が手に入らず、食べていけなくなった人たちだ。

青ナイルと白ナイルにはさまれた三角地帯での綿花や穀物生産に従事する季節労働者たちも、例年よりもずっと早い一九八四年一〇月ごろから、多数移動しはじめた。加えて、エチオピアやチャドからも多くの難民がスーダンに流入した。慢性的に五〇％を超えていた栄養失調児の数が、さらに増えてきたこの時期、国連とスーダン政府は、いち早く危機的状況に気付き、農業開発のための予算を急遽食料三〇〇万トンと医薬品の輸入に当て、同時に迫りくる危機の現状を内外に報告した。真っ先に英国ＢＢＣが九月の放送によってビジャ族の乳児死亡率が異常に高くなっている現状を伝えると、赤十字（Red Cross）や赤三日月（Red Crescent）、ＯＸＦＡＭなどが次々と援助活動のための支援を始めた。雨季の到来が遅れ、雨がなかったために種の植え付けができず、一二月のわずかな収穫量では、せいぜい翌年の三月ないし四月までしか生き延びられない状況だと判断した援助国、国連その他の国際援助団体からの緊急援助物資が届きはじめた。ことの深刻さを訴えたユニセフなどの国際組織の報告に応えるように、「アフリカのこどもたちに救済の手を！」と訴え、"United Support for Africa：USA for Africa" の旗のもとにマイケル・ジャクソンやスティービー・ワンダー、レイ・チャールズ、ハリー・ベラフォンテ、ポール・サイモン、ティナ・ターナー、ダイアナ・ロス、ディオンヌ・ワーウィック、ボブ・ディランなど多数の世界のトップ歌手が「We Are The World」の曲を捧げたのもこの時であった。

　引き続きボブ・ゲルドフのバンドエイドや日本テレビの「二四時間テレビ」、そして黒柳徹子と森繁久彌が日本国民に呼びかけて「アフリカへ毛布を送る」運動が展開された。それは三・一一東日本大震災直後「花は咲く」で支援を訴え、悲劇を共有した状況を想像してもらえれば理解できるだろう。筆者もポート・スーダンの倉庫に山積みされた毛布をビジャ族に届けた。日本語の名前入りの毛布もあり、心のこもった贈り物だと思った。ただし、今でも気になることがある。寒気も終わりに近づいていた時期だったからか、市場で毛布の「一部」が売られているのを見て残念に思った。しか

41　DROUGHT AND FAMINE RELATIONSHIPS IN SUDAN: POLICY IMPLICATIONS, Tesfaye Teklu Joachim von Braun Elsayed Zaki　Research Report 1988, International Food Policy Research Institute, https://ebrary.ifpri.org/digital/collection/p15738coll2/id/125507

し、その売却収入で食べ物など生活必需品に換えることができるのも毛布のお陰かと考え直した。であるからこそ、世界から支援が差し伸べられた事実、物質的な支援だけではなく歌声で支援に対する連帯を語りかけた有志の自発的な行動に対し、援助の目的にそぐわない些細な出来事を理由に共感と連帯の事実を批判したくない。三代目のユニセフ事務局長ジム・グラントの訴え続けた貧困という「静かな緊急事態」に対する世界的な共感・連帯が近年欠けてきたと感じるのは筆者独自の感覚なのだろうか。

待望の雨の後のコレラ…

一九八四年五月某日、やっと待ち望んでいた雨が降った。ところが今度はコレラが発生したというレポートが届き、首都ハルツームからポートスーダンに至る九〇〇キロの幹線道沿いに約一万人のコレラ患者が確認されたとのことだった。私はすぐに点滴用の乳酸リンゲル液、バタフライ注入針、経口補水液、抗生物質テトラサイクリンをトラックに積んで、エチオピア国境沿いの町ガダーレフの難民キャンプに急行した。「国境なき医師団」から派遣された医療チームが砂漠の真ん中に設置したキャンプで、少なくとも何百という数のコレラ患者を看病していた。看病は専ら、脱水症状から命を救う治療だった。ベッドの近くには汚物処理用にドラム缶が幾つも置いてあった。風が強く、患者から排泄された汚物がうまくドラム缶に入らない。図らずも風下にいた私は、その飛沫を浴びてしまった。そのままハルツームにいる家族のもとに帰ることになっていたが、帰宅する前に事務所の浴場で消毒液をたっぷり入れた水を（染みる痛さを我慢しながら）何回もかぶって丁寧に消毒した。

コレラは、あっという間に四〇〇キロも離れた紅海州の首都ポートスーダンまで広がり、ようやく落ち着いたのは二カ月後の七月だった。話はそれるが、干ばつとコレラで、収まる気配のないダルフールの危機は、政治不安、西部と南部の紛争の深刻化、そしてイスラム原理主義者の圧力によるシャリア法の導入と続き、歴史に逆行する圧政が始まることになるのは時間の問題だった。

コレラが収束しはじめた七月は種まきの月だった。干ばつと紛争地域である西部から移動してきた人たちは種まきに戻らなければならなかった。この部族の移動にも物資の輸送にも最も有効な手段である鉄道が雨で破壊されている。雨は降ったけれど、種子がない西部ダルフール地方への援助が急務となり、そこで始められたのが、ＥＵとアメリカの協力によるエアブリッジ・コーポレーションで、ダルフール、エルファシャとニヤラの三カ所をヘリコプターでつないで援助物資を輸送しようというものだ。

なお、一九八三年イスラム法を導入したヌメイリ政権は一九八五年にクーデターで失脚し、アル・マハディ政府が樹立された。アル・マハディ新政府は飢餓問題を優先的に扱う方針を決定し、ようやく政府内で援助の組織化が始まったと聞いた。

流民化した一七五万人

干ばつの被害を被った人たちは、一九八四年三月の時点で四五〇万人、干ばつの影響を受けた人も

手押しポンプを押すユニセフ親善大使リブ・ウルマンとインド・マークII
中央は筆者。筆者の右はスーダン政府コルドファン給水事業プロジェクトマネジャー
ミルガーニ氏

含めると六〇〇万人に上るとみられた。流民化した人は一七五万人。雨が降ったおかげで開発の基盤もできたので、ユニセフは、復興と緊急援助と開発の三つを絡め合わせて進めていこうと考えた。まず開発を進めることで問題を根本的に解決できるような策を講じていこうという考えだ。根本的には砂漠化の問題に加えて、キャッシュ・クロップ（換金農産物）など農業生産物が国内に供給されずに輸出されている問題などが含まれていた。

飢餓問題を解決するというのは大それたことかもしれなかった。非常事態が続くスーダンでは、飢餓問題も含め根本的な経済社会課題の解決に専念する余裕がないし、その能力もなかった。それでも、現地でやらなくてはいけないことに集中する以外選択肢は残されていない。飲料水を提供するための井戸掘りをはじめとして、緊急を要する課題が山積していた。われわれは薬品を提供すると同時に保健所を設置し、臨時のキャンプではなく村レベルで、レンガを一個一個積み上げるように、保健衛生インフラを整備し続けた。緊急援助活動が終わった後も、多くの資金と物資そして外部からの専門家確保のいかんにかかわらず、そこに住む人たち自身が自立していけるようにすることであった。

　このアプローチに沿って、雨季の後、開発に着手した。現地の人にドンキー（ろば）と呼ばれている井戸があった。竪穴式の井戸につるべをつけてドンキーに水を汲み上げる方式だ。ユニセフの支援でつくられた手押しポンプをつけた井戸も、形は異なるが、現地の人にとって「井戸」に変わりはなく、引き続きドンキーと呼ばれていた。「インド・マークⅡ」[42]と呼ばれている手押しポンプは、もともとインド政府とユニセフが共同開発したもので、当時は世界中で使われていた。「インド・マークⅡ」は深い井戸であっても適応できた。まだ日本でもまれに見かける手押しポンプは給水用の弁（バルブ）がポンプの上部構造についている。したがって深い井戸から汲み（吸い）上げるには相当な力が必要なので多分深い井戸では使えない。「インド・マークⅡ」は井戸に打ち込んだシリンダーの底近くに吸水弁が設置されているうえ、梃子《てこ》を利用しているのでハンドル操作が子どもでも簡単にでき、ユニセフの関わった技術開発の中で特にすぐれものだ。

42　A Layman's Guide to Clean Water, http://www.clean-water-for-laymen.com/water-hand-pumps.html

親善大使リブ・ウルマンと南コルドファンのドンキー

一九八〇年代の中頃、ユニセフ親善大使のリブ・ウルマン氏（東京生まれのノルウェーの女優・映画監督）がスーダン南コルドファンの給水プロジェクトを視察した。ゴールデングローブ賞を獲得したハリウッドの女優は普段着のまま砂埃のひどい現場をランドローバーの窓から真剣な眼差しで見つめていた。筆者に対する質問から彼女の貧困問題に対する真摯な姿勢が伝わってきた。筆者は彼女の視察について行って、ユニセフの援助で設置された各所のドンキー（「インド・マークII」）を押し続けて実際に水が出てくるのを確かめた。エチオピアで飢えて死に瀕する子どもを抱きかかえている彼女の写真を見ると、同じくユニセフの親善大使だった故オードリー・ヘップバーンもそうだったが、貧困の実状を理解し、他の人間の苦境に思いを寄せる彼女の姿勢に感動する気持ちを隠すことができなかった。

また、二〇〇五年ジュバにある「徹子の部屋」を訪れたとき、黒柳徹子の写真や思い出の品の数々が展示されていたことを思い出す。いまさらながら、敬意をもって思い出す。人の置かれた状況に憐れみの情けをかけることができるのはその人の能力であり徳行だ。国境を越えて活動する黒柳徹子のような人物がこれからの日本の若者の中からも育ってきてほしい。ユニセフの親善大使のような人物が出てくる国は知らず知らずのうちに世界の人々から尊敬されることになるだろう。

常に緊急：課題を残す援助のあり方

国連によって決められたユニセフの担当分野（一九八三年当時）は水、医療・保健、栄養、初等教育、補助給食に関するサービスの提供と関連するインフラ整備だった。われわれはこれらの問題の解決策をスーダン政府の開発計画と絡めた形で進めようとしていたのだが、そこには多くの問題があった。まず、農業については、小規模な農家への援助がなおざりにされてきたことを指摘しておきたい。スーダンの農業を大きく分類すると①機械化され、灌漑設備も整備されている地域、②機械化されているが、灌漑の設備がない地域、③機械化も灌漑もされていない地域となるのだが実は③の地域が主食のデュラ（別名モロコシまたはソルガム）の七〇％を生産していた。砂漠化で最も被害を受けているのはこの地域であり、小規模農家への援助を優先的に進めなければならないのにもかかわらず、政府の対策は遅れていた。

また、スーダンの人口の六％を占めるビジャ族をはじめ、相当数の遊牧民の問題もある。干ばつ以前は、牛やヤギ、羊などの家畜が人口の三倍強もいたのだが、問題なのは、それらが市場に出回らず、経済的な余剰価値を生むような使われ方をしてないことだった。ビジャ族のあいだでは家畜を財産として扱い、結婚に当たっての持参金として贈るといった使われ方はしても、食肉用として換金することは考えられていなかった。信じ難いことだったがそのような経済になっていなかったのだ。たとえば、家畜の肉を売りたい場合、肉を週に一度開く市場へ売りに行くが、全部売れるとは限らない。持ち帰ると親戚にあげるか、家庭で消費することになる。牛一頭分の肉に対する注文があって初めて、牛を屠殺し、市場に出す方法が取られると聞いていた。農産物の売買も基本的な市場インフラがないとできない。また人口の分布がまばらで、需要が限られていたので、供給量の規模も小さい。

保健医療や農産物市場など社会経済的なインフラの重要さを痛感した。発展途上国の開発では、ただ一つの産業分野だけではなく、総合的にとらえるべき必要性を強く感じた。それには資金的なバックアップが必要であると同時に、そこに生活している人たちの認識も高めていかなければならないが、多くの場合、途上国からの視点で開発問題を考えることが大切だ。緊急のニーズに応えながら、インフラなどの長期的ニーズに、また経済開発にも考慮して、初めて持続的な開発が可能となるだろう。

中長期的開発戦略

一九八三年、日本は二国間無償資金援助（グラント）として、スーダンへ年間六〇億円を援助供与した。この大半が日本の商社によって実施される仕組みになっていた。一方、円借款と呼ばれる援助は長期間にわたる資金融資で、当時は紐付き「タイドローン」だったが現在は紐付きでなく、国籍を問わず、入札資格のある企業は誰でも競争入札に参加できる。当時は、ほとんどの無償援助が病院の建設など、いわゆる箱物の援助であって、教育や保健分野での社会インフラの整備や人材育成など人と基本的サービスの提供による援助が少なかった。もちろん機材の供与とともに機材の使用とメインテナンスに関する訓練も付け加えることはあった。すでに当時アフリカで走っていた車の七割が日本車だと言われていたが、援助として車を与え、その後にスペアパーツを提供して結果的に日本製品の市場拡大に貢献するというケースもあった。このシステムが、日本の経済的基盤を世界的規模で築いてきた一因なのだろうが、援助額のたとえ一割でも、人とサービスのために使われたなら、援助に対する当時のイメージの改善に役立ったのかもしれない。

教育や技術の面で人材の開発をする、すなわち人への投資をすることによって、国及び国民の能力開発に寄与すれば、持続可能な開発が実現する、との訴えには説得力があったと思う。日本政府からの六〇億円に対し、当時のユニセフの年間支援額は六億円に過ぎなかったが、ユニセフは教育、職業訓練など、人材の育成に投資していた。一方、日本政府は、無償技術協力の一環として、人材育成のため、直接、被援助国の優れた人材を日本に招聘したうえで、国際協力機構（ＪＩＣＡ）が受入機関と調整し、日本国内での各種の訓練施設で行き届いた訓練を施してきた。これは、日本の援助の中でも、非常に評価の高いプログラムだが、今でも世界の至る所で、日本へ招聘されたことのある人々が活躍する姿に出会ったことを懐かしく思い出す。

いつの時代でも、途上国のニーズは、短期的なニーズの充足を求めるものではなく、繰り返すが人材の育成、基本的サービスの拡充、社会・経済的インフラの整備など根本的なシステムづくりなのだろう。先進国のスタンダードで製造された機材だけを供与しても一過性のものになり、メインテナンスの施設がないなどの理由で、持続性がないことは明らかだ。また、医療に関しては、必ずしも大病院ということではなく国民のニーズに直結する保健所を村落レベルで設置していくための投資が大切だろう。人材育成より、いわゆる、箱物を好む傾向のある被援助国政府の要請もあるが、建造された病院の運転資金がないという事態が生じることもありえる。プロジェクトを設計するにあたり一〇年ないし二〇年のスパンで考えていくことが必要であるのは自明である。一〇年後、二〇年後にどうなっているのか、どうなっていれば、そこに住む人々が自立していけるのか、そういうところに目標を置いて、そのためには何をすれば良いのかを考えて、計画を策定していくしかない。

一九五六年の独立以前から国内紛争の絶えないスーダンの歴史では、「アラブ諸国の穀倉」と期待された時期もあったが、開発が緊急の課題に強く影響され、基本的な開発事業が置き去りにされた感がある。しかし緊急な課題の対応に際しても、長期的な視点で戦略を練ることはできる。ユニセフの担当分野の一つである医療保健においては、（簡素なつくりではあるが）保健所を建て、基礎薬品の製薬工場をつくり、それを運営していくための組織をつくっていく、といった基本的な事業を進め、一方で、病気や栄養不良に苦しんでいる子どもたちへの直接的な支援を同時に提供していくという方法もある。子どもの発育をモニターする体重測定、初乳の免疫効果を考慮した母乳での育児を奨励し、下痢症の子どもたちに経口補水液を与えることや、その他、定期的に基礎医薬品を輸入し、配給することからはじめ、予防接種の普及など、子どもの生命を守る事業が優先されるべきであろう。

予防可能な六つの感染症に対する予防接種を行ってきたが、予防接種への効果が広く認識されていなかったこともあり、普及率（接種率）はまだ低い状況であった。麻疹《はしか》の場合、接種率九〇％を達成し、このレベルを一〇年間続けると、やっと集団免疫ができて予防接種で防御可能な感染症を撲滅することができると言われてきた。成果をあげるためには、長い年月が必要だ。すぐに始めるしかなかった。これは絶対必要で不可欠のサービスだ。

四つの井戸で開発をリードする女性たち

ユニセフのプロジェクトのうち、当時、効果をあげているものに、井戸掘りがあった。スーダンの農業のサイクルでは、一二月の収穫時に得られた穀物は、四月ないし五月頃には消費してしまう。七月ないし八月に収穫できるものが、何としても必要になる。乾季のあいだに遊んでいる土地を利用して何かつくれないだろうかと考えたのが、この井戸掘りとそれに続く野菜づくりのプロジェクトだった。計画の枠組みは、政府の水事業担当者と教育省の女性教育活動担当者、それにユニセフの三者のあいだで作成したのだが、まず村の女性たちを集めて相談した結果、野菜づくりのための灌漑施設をつくることにした。ユニセフと政府で立ちあげた基金から彼女たちに資金を貸し与え、井戸を掘り、土地を耕し、囲いを設け、種を撒き、井戸水によって野菜を育てるという計画だ。

ノーベル平和賞受賞者のムハマド・ユヌス氏がグラミン銀行（グラミンはベンガル語で村落。貧困層対象の少額融資専門銀行）を設立したのも、ちょうどこのプロジェクトを立ち上げた頃だった。これには借入金の返済計画も立てなければならないし、根本的な農業指導も含め、野菜づくりの具体策やそれぞれ何をつくるか、肥料や殺虫剤はどうするかなど計画を策定する必要があった。でき上がった計画をマニュアル化して、活動の普及員と農業指導員にモニターしてもらいながら計画を進めた。計画は懸念したとおり複雑化することを避けられなかった。たとえば、化学肥料を使わずに栽培するにはどうしたらいいのか。化学肥料に代わるものを（飛行機で）運ぶ事態は避けなくてはならない。

さらに、配給や輸送路の不備で流通がうまくいかない場合どうするのか、といった課題が山積していた。家畜の糞尿を集めて肥料にしたらどうか。その方法は何かを模索していくわけだが、できるだけ外部に依存しないで、現地でできる方法を探った。これならば成功するという確信ができるまでリスクを下げ、可能な限り単純な計画を立てることにした。それでも準備に一年かかった。それが根付くのにさらに一年。その上に井戸掘りのための借金（井戸一基、約二、〇〇〇米ドル）の返済もあるのだが、せいぜい半分返済となるのが実状だった。

あくまでも、我々の目的は、農閑期に野菜が収穫でき、食いつないでいけるようにすることだった。しかも野菜は、換金が簡単だから、良い現金収入にもなる。ある程度の妥協が必要だった。できるだけ、少ない資金で大勢の人が恩恵を受けられるようにする。このような成果を達成できれば、一応成功だ。その時点で、四つの村でそれぞれ井戸ができ上がった。実際に人々が利益を得るようになるまでには、一年ないし二年の年月はかかるが、この計画をパターン化して各地に広げていきたいと願い続けている。

井戸掘り、野菜づくりのプロジェクトで中心になって活躍したのが村の女性たち。そもそも村の女性たちを組織化し、開発事業の担い手に育てようと考えたのが三年前のことだった。初めは学校の先生たちを中心に、その後は教師以外の女性たちも加わって、二〇—三〇人のグループをつくり、農閑期、一日の仕事が終わった夕方に、刺しゅうや籠づくりなどの技術を学ぶことから始めた。ところが、刺しゅう製品や籠は市場がなかなか見つからない。やはり換金するには食物をつくるのが良いということで、井戸掘りと野菜づくりのプロジェクトとなった経緯がある。

訓練を受けた女性を中心に女性ユニオン（生産者組合）が結成され、大いに活躍していた。ユニセフでは女性の社会参加、開発事業参加に力を入れているのだが、女性の参加で最も良い点は、女性の手にお金が入り、それが子どもたちのために使われることである。男性が一家の財布を握っているとタバコや飲み物といった嗜好品やラジオなどの娯楽品を買うのに使われるのが実情だ。それに比べて女性はまず子どものためを考える。女性ユニオンに限らず、組織づくりは社会開発で最も大切なことだ。組織が残ればサービスも残る可能性が高いからだ。組織がつくられることで、女性たちは社会的な信用を得、銀行等からの借り入れも容易になるといった利点もあった。

通常、何かのプロジェクトに着手するとき、その必要性や効用について理解してもらうためには、信頼性の高い組織のオピニオンリーダーを通して説得することで、村全体の支持を取り付けることができる。村には村長、イマーム（イスラム教の指導者）などの長老で構成されている村レベルの評議会があり、このような組織と協働するのが最適だが、そういった組織がない場合や統治の能力が欠けている場合、組織づくりから始めることになる。特に干ばつのため、河川や近辺に、各地から移ってきた流民や難民が移り住んだ村落では、社会構造が破壊されていることが多く、組織化が難しい。したがって、支援の方法を手探りすることになる。特にエチオピアからの難民が流入し、流民化したビジャ族の住む国境沿いの東部地域においては、組織化が大きな課題であった。

やりがい

このように、緊急援助活動と、開発援助活動を並行して進めるに際しては、課題が山積し、なかなか容易ではなかった。試行錯誤の連続だ。しかし、私自身、当時スーダンでの活動に大きなやりがいを持っていた。前任地のビルマでは、軍事政権による管理が行き届いていたが、スーダンでは、新政権による統治機構がいまだ不備で、国際援助を効率的に使う制度が未発達で、援助機関との調整も十分ではなかった。援助機関が政府機構の一部となっての働きを求められることも多く、まさに机を並べての協働作業だった。限られてはいるが、政府には予算があり、人材と社会インフラも、納得できるレベルではなかったが、不足はしていなかった。ユニセフにとっては、政府との協働作業は、政府の人的・財的資本を活用できる機会であり、目標を共有する仲間との大切な開発活動だった。アフリカの多くの国々が、海外からの支援を必要としている。スーダンは実のところ、過去、飢餓に繰り返し襲われた結果、発展はいまだ途上にあった。あるいは、むしろ後退している地域も多いと思われた。発展のための開発に少しでも力を貸すことができればそれが筆者の生きがいでもあったとスーダン・コルドファンで得心した。

第2節　北ダルフールの国内避難民

途上国の紛争の背景には、必ずといってよいほど貧困問題が絡んでいた。一九九〇年から二〇〇三年のあいだ、つまり冷戦終結からの一四年間に、世界各地で起きた大規模な紛争は五九件、そのほとんどが国内紛争だ。四〇〇万人といわれる犠牲者の九〇％が民間人で、その八割が女性と子どもたちだ。内戦が終結すると、平和維持軍が派遣され、緊急援助、人道支援活動が始まるが、紛争の原因を根本的に取り除くに至ることはほとんどなかった。むしろ多くの国で、内戦終結後に新たな内戦が始まっていた。紛争の根本的な原因である「貧しさ」を克服できなかったからだ。

次の写真は、私が二〇〇四年スーダンの東ダルフール州エルファシャの近くにあるアブ・ショウク被災民のキャンプを訪れた時のものだ。このキャンプには一〇万人近くが住んでいた。ダルフール全体では二〇〇万人の被災民がいた。停戦合意が安保理事会で決議されたにもかかわらず、武装集団による破壊行為が横行していた。

このキャンプで、現地の国連治安維持担当官に「一番の問題は何か」と聞いたところ、「婦女子への暴行」という答えが返ってきた。「女性がほとんど毎日暴行を受けて、しかも警察官が足りないために取締りが行き届かなかった」と言う。ここのキャンプでの問題は「食料」「医療」「教育」と認識していたが、「婦女暴行」が大きな問題の一つだと聞いて驚きを隠せなかった。一見平穏に見える難民キャンプだが、人々の安全が脅かされている現状は把握しにくい。婦女暴行が民族浄化の一端であ

北ダルフールの州都エルファシャの近くにあるアブ・ショウク被災民キャンプには2005年の4月当時9万人か住んでいた。
キャンプに設置された教室は子どもたちであふれていた。ダルフール全体で187万人の被災民が国際社会からの援助に頼っていた。　写真：筆者

る場合が多いとも聞いた。婦女子に対する暴行は他の紛争地においても大きな課題として浮上していたので、この悲惨な動きが継続していくのではないかと危惧している。

果たしてこうした事態を回避するにはいかなる制度が必要なのかよくわからない。人権条約、地域紛争回避の地域協定、国際刑事裁判所の権限の拡大、国際機関による監視の強化、あるいは持続可能な開発目標の実施の強化など選択肢は多いが、国際社会が条約と慣習で世界秩序がどうにか保たれている状況では多くは望めないのだろうか。しかし、そういった中にあっても、不安な状況下でもさまざまな活動が現場で繰り広げられている事実に目を向ける必要がある。そ

こに我々は実現可能な「夢」を発見していた。ノーベル平和賞も大切だが、開発の現場で輝いている活動に注視し、そこから夢を実現する勇気とエネルギーを産み出し、さらなるひたむきさを持って行動するしか術はなかった。

第3節　ダルフール紛争

筆者が二〇〇四年ダルフールの国内避難民キャンプを訪れた時、キャンプはすでに万単位の避難民であふれていた。突如砂漠の真ん中に出現した大きなスラム街のようだった。家を焼かれ、命からがらにキャンプまでたどり着くことができた人たちだ。キャンプ内には国連及び国際NGOの支援で建設された仮設の学校や病院、食料配給所、相談所などがあり、治安も安定しているように思えた。しかし薪拾いなどの

北ダルフール　アブ・ショウク被災民キャンプの仮設校舎にて　写真：筆者

図2：馬／らくだに乗るジャンジャウィード（馬に乗った悪魔）ダルフールの子どもの絵
Children's drawings of the genocide in Darfur, collected by Waging Peace (https://wagingpeace.info)researcher, 2007.
出所：WagingPeace

ため、一旦キャンプの外に出ると婦女子は暴行を受けるリスクが高く、事実、国連監視団員による報告ではほぼ毎日犠牲者が出ていた。

そもそも紛争は牧羊者（大半がアラブ系）と農民（一般に非アラブ人）との間に起きた水と土地に関する経済的な争いが発端とされる。アラブ系の住民を支援する中央政府（バシール大統領の率いるスーダン政府）に対抗し、黒人住民らがダルフール解放運動と名乗る反政府組織を結成し、軍や警察の拠点を襲撃した。スーダン政府は地域のアラブ系住民による民兵組織ジャンジャウィードによる地上攻撃を空爆によって支援した。ジャンジャウィードは黒人農民の村を一斉に襲撃し、人家の焼き打ち、婦女子に対する強姦、一般人に対する暴行・殺戮などを繰り返していた。対立する部族の双方に多数の犠牲者が出た。

二〇〇三年に始まったダルフール紛争は当事者のスーダン政府と反政府勢力のあいだで翌年、

二〇〇四年チャドのンジャメナで停戦に合意した。アフリカ連合（ＡＵ）は同地域に停戦監視団（ＡＭＩＳ）を派遣した。外務省によると、ＡＭＩＳは七、〇〇〇人に及ぶ兵士を派遣したが資金力や人員・装備の脆弱さのため、和平プロセスを進展させることができなかった。逆に、ＡＭＩＳは二〇〇七年に武装勢力から攻撃を受けたとの報道もある。二〇〇七年の末、国連安全保障理事会はスーダン政府の受け入れ同意を受け、ＡＭＩＳの活動を代替するダルフール国際連合・アフリカ連合合同ミッション（African Union/United Nations Hybrid Operation in Darfur：ＵＮＡＭＩＤ）を設立した。ＵＮＡＭＩＤの主な任務は、和平合意の履行監視と文民の保護だ。二〇一二年五月末現在、ＡＵ加盟国全体では二万三、四四八人の要員のうち一万八、一五五人（約七七％）がダルフール地方に展開していた。国連の推計ではキャンプ人口は二五〇万人とされていた。しかし和平合意に参加しなかった反政府組織との紛争は継続した。安全保障理事会はＵＮＡＭＩＤのマンデートを二〇一九年の一〇月までの延長を余儀なくされた。

第４節　スーダンの春

二〇〇九年と二〇一〇年、バシール元スーダン大統領に国際刑事裁判所（ＩＣＣ）より人道に対する罪及びジェノサイド（集団殺害）罪の容疑で逮捕状が出された。

外務省の発表によると「二〇一九年以降、経済情勢の悪化と高インフレにより、全国各地で政府

スーダンの与党軍事評議会と野党及び抗議グループの連合は、選挙に至る移行期間中に権力を共有することに合意し、2019年6月30日何千人もの人々による街頭祝賀会を開始した。
写真：AP／アフロ

に対する抗議デモが増加。二〇二〇年四月、軍がクーデターを起こして、バシール大統領を追放し、軍主導の暫定軍事評議会（Transitional Military Council：TMC）が国政を掌握した」しかし、その後も「第二のアラブの春」とも言われた市民の抗議活動は続いた。実権を握る軍事評議会は民政移管を求めるデモ隊を弾圧し、一〇〇人以上が死亡する惨事になった。その背後には、たびたび民衆に対して武力行為を繰り返し、民衆を弾圧した「緊急支援部隊」（Rapid Support Forces：RSF）の存在があった。RSFは二〇一三年バシール元大統領によって創設された。しかし、その前身はバシール元大統領に擁護され、ダルフール地方で反政府勢力を打倒するため残虐行為を繰り返していたジャンジャウィード民兵だった。ＲＳＦは国軍の下に組織されて統制を受けることになったが，ジャンジャウィードの性格はそう簡単には変わらなかった。

最終的にはアフリカ連合やエチオピアの仲介により、二〇一九年七月五日ＴＭＣの代表と「自由と変化宣言勢力」（Forces of Freedom and Change：ＦＦＣ）の代表が、軍民双方が参加する形で、バシール体制後の移行期間のあいだ、暫定的な統治構造に関する合意に至り、八月一七日に正式署名がなされた。これにより国内の緊張状態が相当程度緩和された。

にもかかわらず、南スーダンの独立により石油収入が激減し、物価高騰や燃料不足などの状況は変わっておらず、和平と新しい民軍共同の統治機構の構築には時間がかかるか、もしくは組織力がある軍の勢力に押され、努力して勝ち得た「スーダンの春」はチュニジアから始まった民主化運動「アラブの春」の二の舞を踏むことにならないよう祈ってやまない。

第3章

インドの伝統的社会構造を変える経済発展と教育改革

（一九八七—一九九三　インド⇒クロアチア⇒米国時代）

建築現場のスジャータ

インドに駐在時のある日、ボンベイ（現ムンバイ）の建築現場の視察に向かった際にスジャータという八歳の女の子に会った。両親は建築現場での仕事を求めて移動しながら生計を立てていた。建築現場から次の建築現場へと渡り続けているが、そのスジャータと言う女の子は一歳八カ月の妹を子守するために学校へ行っていなかった。「どうして学校へ行かないの？」と聞くと、指をさしながら、「あそこに働いているのは私の両親。両親が一生懸命働いて、私のためにご飯をつくってくれているのに、どうして私が学校に行けるの？　もし私が学校に行ったら、この妹の面倒は誰が見るの？」と、逆に質問された。解決策は簡単には見つからない。ユニセフも「子守はやめて学校に行きなさい」とは言えない。学校へ行くという自分の将来に対する投資よりも、貧しい家庭で両親や家族に対する思いを大切にする八歳のスジャータに感動したが、スジャータの置かれた立場を不憫だと感じざるを得なかった。悲しい現実だった。一九九〇年に出版されたマイロン・ウィーナーの著書

『The Child and the State in India』[43]には、当時「インドにおいて初等教育は義務ではない。また児童労働も不法ではない」という記述がある。「結果としてインドの六歳から一四歳の子どもの半数近くの八、二二〇万人が就学していない」。その後三〇年弱でインドにおける初等教育は質量ともに改善された。そのことについては、本章の「世界の注目するインドの教育改革」の節において説明を加えたい。

インドの義務教育（一九八〇年代）

インド共和国憲法（二〇〇二年改正前）は明確に義務教育を謳っている。また州の教育法も義務教育は州政府の権限だと規定している。にもかかわらず、一九八六年の新教育政策が実施されるまで教育は義務（compulsory）ではなかった。前述したウィーナーのインタビュー調査[44]によると一一二人の政府の役人、教育者、社会活動家などの有識者に質問したが、すぐに義務教育を実施しなければならないと答えた者はいなかったということだった。その理由はインドの社会構造を反映したものだった。貧しい人たちは手に職をつけなければいけない。[45]さらに貧しい人たちには選挙権など必要

43 The Child and the State in India, Myron Weiner, 1990, Princeton University Press
44 「The Child and the State in India, Myron Weiner」を執筆するにあたりウィーナー自身が行った調査　P16
45 Saiyidain, Naik, and Hussein, Compulsory Education in India, p.132. The Child and the State in India, Myron Weiner, 1990, Princeton University Press, p.106

ない。国づくりはエリートがすべきで、貧しい人たちは、我々（エリート層）が道を示し、先導すれば良いという考えだ。インドのカースト制度によると、最上位に司祭・僧侶階級のブラフミンがいて、彼らはヒンズー教の司祭であり、学校の教師、政府の要職にも就いている。ブラフミンは一般的に自らをエリートと意識していて、エリートが国をリードしていくという考えを持っているとの調査結果だった。[46] 小学校校長に対するアンケートでは、ほとんどの校長はカーストの地位の低い家庭の子どもは自身で物事を考える能力に欠けているし、読み書きの基本能力を身につけることを目的とする義務教育は必要なく、手に職をもつための基礎教育を受けさせるべきだと説いた。[47] 日本の義務教育は明治の初めに実施された。国づくりにおいては、国のリーダーシップの存在が重要だ。選択の自由、教育機会の平等、社会的流動性、人材の開発という概念が、発展及び開発に非常に重要な影響を与えることは言うまでもない。筆者はインド赴任中、普遍的義務教育の実施を訴えてきた。ユニセフの仕事はノートや鉛筆の供与を超えて、リーダーのマインド・セットを変えていくのものだと確信している。

一九八〇年代中頃のインド全体の初等教育の修了率（completion rate）は五〇〜六〇％だった。公立校であるボンベイ市立小学校に通う生徒の成績はお世辞にも良いとは言えなかった。誰も教科書を持っていないし、紙のノートの代わりに石版しか持っていなかった。テストでは良い成績を収めても口頭でしか親に報告する術がない。「生徒のほとんどは低いカースト（階層）の出身だから、学習する能力に欠けている」という先生がいた。公立学校への投資も十分ではなく、退学していく子どもたちが数多くいた。

筆者はボンベイに着任して間もなく、ボンベイの初等教育改善プロジェクトを立ち上げた。ユニセフのボンベイ事務所の教育担当のジュード・ヘンリックスと共に、修了率の低い原因を探りその対策を練るため、コンセプト・フレイムワーク（Conceptual Framework）という分析方法をつくり上げた。もともと、この分析方法は一九九三年に元ユニセフ職員アーバン・ジョンソンにより発表された後[48]、ユニセフにより採用されたもので栄養不良の原因と対策の

46 The Child and the State in India, Myron Weiner, 1990, Princeton University Press

47 The Child and the State in India, Myron Weiner, 1990, Princeton University Press', p.197

48 Nutrition and the United Nations Convention on the Rights of the Child, Urban Jonsson, UNICEF Innocenti Occasional Papers Child Rights Series, Number 5, 1993

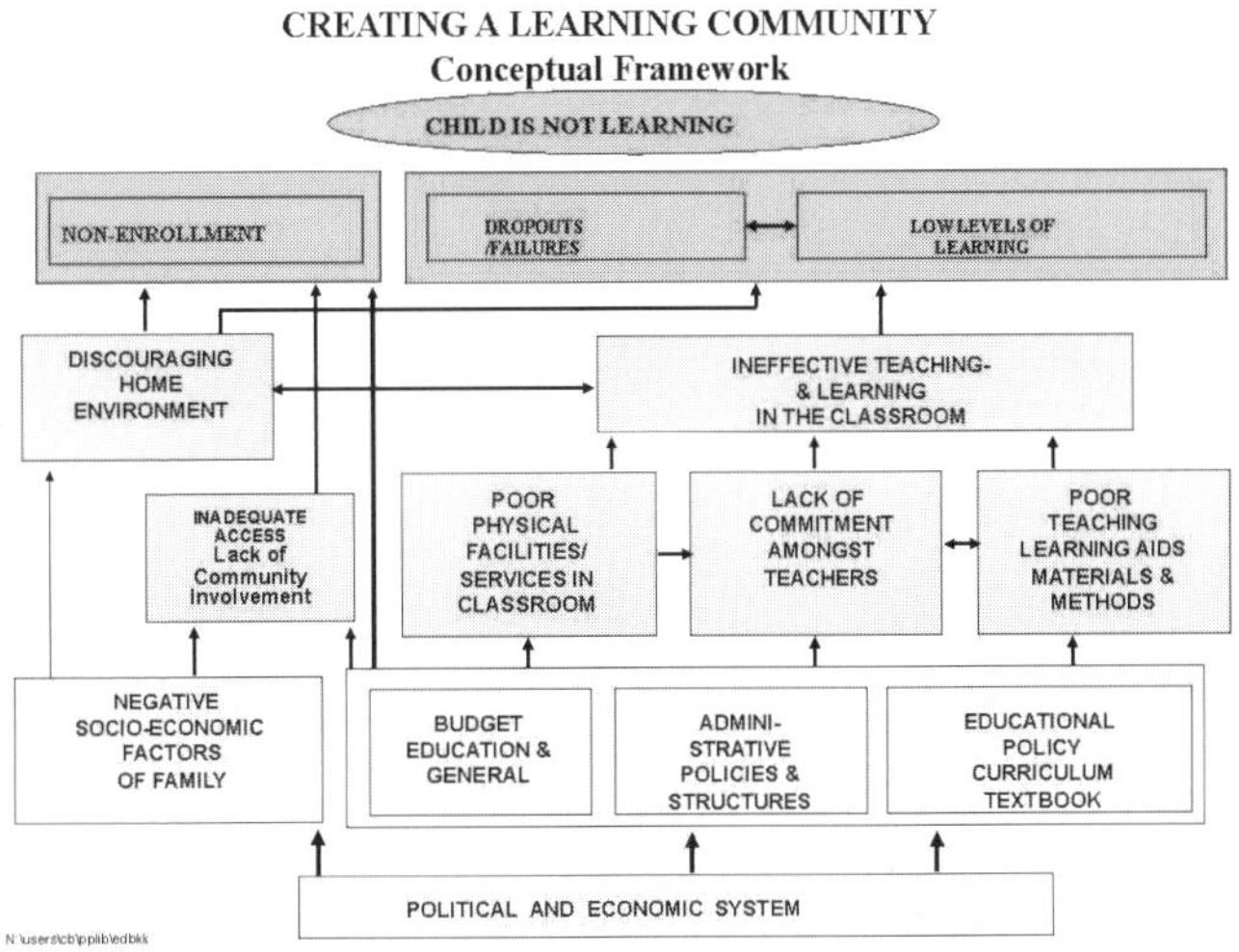

図3：学ぶ社会（Creating A Learning Community）

究明のためにつくられたものだ。原因を直接、間接、根本の三段階に分けて解決策を探るツールとして使われていたものを、教育に応用した。その後、もともとインドでつくられたこのコンセプトはインドネシアや東ティモールでも使われた。特に、二五年後に東ティモールのユニセフ教育プログラムの評価に、そして一九九八年のインドネシア経済危機の際に発生した小・中学校生徒の退学の原因の調査にもこのコンセプトが使われた。将来、教育制度の効率性の評価の分析に役立つと考え、そのコンセプトを以下に紹介することにした。

世界の注目するインドの教育改革：女子修了率一〇〇％達成

インド政府が教育改革のために重い腰をあげるには一九八六年に策定された新教育政策の実施を待たなければならなかった。この間、インドの社会経済と世界の状況は大きく変化した。政府はインドが知識の超大国になるという目的のために新政策を策定し、教育セクターを人々と国のニーズに合わせて調整することにした。

インド政府は第八次五カ年計画（一九九七／九八―二〇〇一／〇二）において、初等教育の機会、その継続と就学の普及という三つの重点事項に基づき計画を立てた。この計画の結果、「インドの非都市部における小学校（五年間）及び中学校（上級小学校）の設置が促進され、二〇〇〇年末には小学校が児童の自宅から一キロメートル以内にある比率が九四％になり、また中学校（上級小学校）が生徒の自宅から三キロメートル以内にある比率が八四％になった。また、指定カーストや指定部族[49]の子ども、そして女子の小学校及び上級小学校への就学が、第一次五カ年計画当時に比べると劇的に改善した。一九五〇年度に小学校へ就学する児童は三一〇万人に過ぎなかったのに対し、一九九七年度には三、九五〇万人に拡大した。他方、小学校及び中学校（上級小学校）の数は、一九五〇年度には二二万三、〇〇〇校であったのに対し、一九九六年度には七七万五、〇〇〇校と増加した。[50]二〇〇二年度の六歳から一四歳までの児童・生徒（女子）の就学率は八二％であり、二〇一四年度に一〇〇％を達成した。具体的な初等教育政策として、保護者の意識改革、地域の協力意識の醸成、経済的な支援策、県レベルの初等教育計画の作成、初等教育に対する国の責任の明確化、インド政府人材開発相を座長とする各州教育相の全国会議の開催、情報媒体の普及支援策が含まれていた。なかでも意識改革が強調されたのが成功した理由だと考えられる。教育制度におけるICTの普及や中産階級の台頭による教育に対する需要が伸びたのも理由に付け加えることができるだろう。

就学率は上昇したが、貧富の格差は学校選択の面で顕在化しているという報告[51]がある。富裕層は子どもを質のいい私立学校へ、貧困層は質の落ちる公立学校へ通わせているという実態は、大きな懸

49　https://ja.m.wikipedia.org/wiki/ 不可触民 # インドの取り組み
50　Indexmundi, India - Primary completion rate: Primary completion rate, female (% of relevant age group), https://www.indexmundi.com/facts/india/primary-completion-rate
51　「インド・デリー首都圏郊外農村における学校選択の実態と地域的要因」中條暁仁、静岡大学学術リポジトリー、二〇一八年

念要因である。

ボンベイ（現ムンバイ）の経済を支えるダーラビ・スラムの職人

一九八七年、筆者を乗せた飛行機がボンベイ空港の滑走路に着陸する直前、眼下に巨大なスラム街が目に入ってきた。当時も今もアジア最大のスラム街といわれているダーラビ（Dharavi）だ（実際はダーラビより大きいスラムはある）。推定人口七〇万から一〇〇万人が約二平方キロメートルの土地に生活している。ダーラビはインド第一の商業都市ボンベイの中心部に位置し、マングローブの沼地（ミティ川）を挟んで西岸にはボンベイの富裕層の住居が立ち並んでいる。

一九八〇年代後半はボンベイの貧富の差を象徴するような地域だった。「一九世紀後半まで、ボンベイのこの地域はマングローブの茂る湿地で、漁業を営む先住民コリが暮らしていた。湿地がココヤシの葉やゴミなどによって埋め立てられ、漁場を失ったコリたちは酒の密造に商売替えした。その当時、埋立地には余裕があったため、西部のグジャラート州の職業カースト『クムハール』[52]がやって来て、陶器職人の村をつくった。南部出身のタミル人は、皮なめしの作業場を開いた。北部のウッタル・プラデシュ州からも大勢が移住し、繊維産業で働きはじめた。その結果、インドで最も多様性に富む都市ボンベイの中でも、ひときわユニークなスラムが誕生した」[53]。

筆者がボンベイに赴任した一九八七年当時、人口はすでに一〇〇万人を超えていると言われていた。人口は増え続け、定住化したダーラビの周辺に流入する人々が多かった。ダーラビの中心街はほとんどアスファルト舗装され、水捌けを良くする工夫もなされていた。汚水が悪臭を放つような、悪環境の場所はダーラビの外側に多かった。ダーラビの廃棄物を収集する人々のほか、陶器職人、織工、皮なめし職人や石鹸づくりなどの職人が多数いた。ダーラビの住民の多くは、何十年もそこに住んでいた移民の第二世代だ。大商業都市ボンベイの中心部で経済活動の中心に位置しているので、あらゆる産業を支える労働者が移り住んできた。当時のダーラビの人口は流動的だったと言える。

トップ一〇％の人口が富の七四％を占めるインド、そしてより格差の大きいボンベイでは、皮肉にも安価な労働力は豊富である。ボンベイの中心部にあるにもかかわらず、住居は低価格である。また空港や地下鉄に近接しているため、現在ダーラビ・スラム街を住宅と産業の拠点とするスーパー・シティにする計画が浮上してきた。急成長する経済に食料を供給し、大規模なリサイクル産業で多大な経済貢献をし続けているダーラビ・スラムは、ボンベイに不可欠な存在となってきた。

スーパー・シティの実現には、さまざまな課題があるので時間がかかると予測される。しかし、産業を維持するという役目を担うダーラビを象徴とする高い生産性と経済成長は「スラム街の貧しい人々」というイメージを大きく変えた。これは既存のマインド・セットが大きく変わった例であり、インドの新教育政策がこの新しいトレンドに応えた成果だろう。

52　クムハールは素焼きの壺づくりを生業とする職業カースト。今では壺だけではなく燈明皿、チャイ用のカップ、風鈴、人形や貯金箱もつくる。

53　「シリーズ地球の悲鳴　スラムに流れ込む人々」ナショナル・ジオグラフィック・マガジン特集、二〇〇七年五月号

多民族国家ユーゴスラビアの崩壊

筆者は赴任地インドから紛争の真っ只中にあったクロアチアへ緊急援助事業を立ち上げるため、クロアチア共和国へ長期出張した。クロアチアの南端、アドリア海沿岸の都市ドブロブニクは、中世の都市に似た旧市街地があり風光明媚だが、セルビアの度重なる砲撃で大きな被害を被った。水や食料医薬品等の援助物質を届けるため、一九九一年一一月一四日、ユニセフはイタリアから船を借りて、アドリア海を横切って、相当量の医療物資をドブロブニクに運んだ。その際、紛争中のクロアチア軍やセルビア軍を説得して一時休戦と「人道的回廊」(Humanitarian Corridor)の設置を実現した勇気あるイタリア系スウェーデン人、ステファン・デ・ミスツーラ(Staffan de Mistura：元アフガニスタン国連特使)がいた。両軍部との交渉は困難を極めたが、ジュネーブ欧州地域ユニセフ代表サミール・バスタの交渉の成果であったことを指摘しておきたい。デ・ミスツーラはイタリア観光会社(Atlas Company)の一三隻の船を借りて、アドリア海に面したイタリア半島中南部の町から医療物資を含めた生活必需品三、〇〇〇トン以上をドブロブニクまで運んだ。交渉の拠り所はユニセフのミッションと信用のネットワークのみだった。これがクロアチア軍及びセルビア軍の承諾を得て、ヨーロッパ共同体、イタリア、フランス政府の協力のもとに設置された人道的回廊だった。一時休戦に合意し、戦闘行為のない回廊をとおして四、三〇〇人の子どもが戦闘地のドブロブニクから救出された。[54] 自己防御の手段も準備せず、安全を保障するものは、一時的ではあるが非戦闘地域(Zone of

Truce）を設定することに合意するユーゴスラビア軍とクロアチア軍の覚書だけだった。船は中立のシンボルであるユニセフの旗を掲げ、自衛の装備もなしに援助物資を届けた。その後相当の準備期間を設けて、ドブロブニクの自治会とも話し合いを続け、ユニセフが方針を示すのではなく、現地の自治会の参加のもとに援助計画を練ってきた。また市民自らの協力のもとにそれを推し進めてきた。ユニセフは自治会のメンバー、そして自治会のネットワークに登録されたメンバーと連絡を取りながら援助活動を続けた。

ドブロブニクの人道的回廊

筆者はドブロブニクの人道的回廊プロジェクトが始まった一九九一年一一月一四日の約一カ月後にクロアチアの首都ザグレブに赴任した。その後半年間、旧ユーゴスラビアで緊急援助支援のためクロアチアのユニセフ特別代表として緊急援助の企画と実施に関わってきた。ドブロブニクも二回ほど訪れたが、その時は街の北にある山間部では戦闘がすでに再開されていた。戦闘はドブロブニク旧市街に及び、貯水槽とその周辺は爆撃の被害を受けていた。筆者の訪問の目的は不発弾や、蝶々の形をして特に子どもを狙ったものもある「バタフライ地雷」の危険から身を守る訓練を子どもたちに提供すること、それと子どもたちの心の傷を癒す心理療法を紹介することだった。目の前で人が殺された

54　UNICEF Humanitarian Corridor to Dubrovnik, 13 November – 20 December 1991, The Inside Story, Staffan de Minstura, UNICEF Representative in Dubrovnik, 14 January 1992

り、親戚が負傷したりする現実を見ると、子どもの心には傷が残る。今まで、それは援助の対象に入っていなかったのだが、身体の傷を癒すだけで良いのかという問いに対し、我々は実態を調べ、専門家の意見を聞きながら積極的な対策を立て実施した。

医療教育と生活必需品の補給だけでは子どもたちの精神的な傷を癒すことはできなかった。精神的な傷を癒すためには子どものさまざまな面に注意を向け、あらゆるリスクから守っていかなければならなかった。精神面の援助、いわゆるサイコソーシャル・プロジェクトがここで創設されることになった。子どもの心の傷を癒すには、ドブロブニクの町全体の力が必要だった。まず自警団、学校の心理カウンセラー、ホテルの経営者等と協議し、ホテルを事務所にしても良いとの協力を得た。事実、学校の心理カウンセラー、ホテルの経営者、街のボランティアなど総勢でユニセフを支援してくれたが、もちろん無償だった。そしてそのホテルにユニセフのボランティア組織ができあがってしまったことには驚いた。そのホテルは、事実上ユニセフの事務所としても機能した。

クロアチア軍も支援の手を差し伸べてくれた。ドブロブニク市の市長、一般市民、特に母親は子どもたちの心の傷を癒すのに最大限の努力を払った。まず、子どもが内に秘めている傷を表現することから始めなければならなかった。表現させるために、さまざまな手段を使った。心理治療師によるカウンセリング治療の一環として使われることもあるが、ここで使った手段は、初歩的なもので、まず自分自身で表現することだった。自分がどのような体験をしたか――たとえばある男の人が立って鉄砲を誰かに向けて撃っているイメージ、飛行機が爆弾を投下したこと、自分の目の前で家族が被害にあったことなど、目撃した体験などを書き出す手法だ。体験談についての話を聞くうちに子どもは徐々に心を開き話しはじめる。内に籠もった体験を外に出すことが心の傷を癒す第一歩だ。その告白をする過程で、内に秘めたものが出てくるので、少しずつ心が軽くなっていき、その後臨床心理士による専門的な治療を始めるというプロセスだ。幸いなこと旧ソ連邦統治下から心理カウンセラーが学校に必ず一人は配属されていた。そのような人材がいたからこそ成功したと言える。これはユニセフにおいても画期的な発見で、この方法で支援しはじめた旧ユーゴスラビアの心の傷を癒すサイコソーシャル・プロジェクトがその後全世界に拡大することになった。

心理療法とは異なる話だが、当時、子どもたちは地面に落ちている鉄砲の弾を拾って、学校へ持ってきていたり、それをポケットに入れておいたり、不発弾なども持ち込んだりしたので、そのようなものは危険だと子どもたちに教える必要があった。異常事態とも言えるが、学校という教育の場で不発弾の説明と危険回避の方法を教えることになった。子どもの心の傷を癒すプロジェクトとこの不発弾教育プログラムの実践は、二〇一九年六月現在、世界の一六四カ国が条約国となっている対人地雷禁止条約「オタワ条約」（一九九九年に採択）[55]に発展したと信じている。

55　特定非営利活動法人地雷廃絶日本キャンペーン（ＪＣＣＢＬ）http://www.jcbl-ngo.org/database/landmines/mbt/

ハーバード大学で学んだこと

筆者は旧ユーゴスラビアで六カ月の長期出張を終え、本来の任地ボンベイに戻った後、ユニセフを休職し家族を連れて留学先のハーバード大学へ向かった。長女は英国のサセックスにある全寮制の学校に行くことになったが、休みは家族の住むマサチューセッツのケンブリッジにあるハーバード大学の家族寮で過ごした。アメリカに住むのは、高校三年の時に交換留学生としてカリフォルニアに住んで以来二四年ぶりだった。一年間のハーバード行政学修士課程では図書館で過ごすことが多かった。一四年間途上国で開発問題に携わってきた現場の経験は開発の理論や政策を学ぶのに役に立った。また、首相や大統領など国の要人の講演が頻繁に聴けたので、政治と開発の関連がよく見えてきた。「いかに理論的・技術的には正しくても、自分の主張が認められ、受け入れられなければ何にもならない」と、ある教授に言われたことが今でも印象に残っている。政策や事業案を採用してもらうためには、それらによって影響を受ける人々の立場を理解することから始めなければならないとの確信を得た。しかし、現実には政治家やさまざまな専門家など、政策案の採用によって得をする人あるいは損をする人をすべて満足させることは不可能に近い。では、果たして誰を満足させるのが一番いいのかという問いに対する答えは、背後に存在する目指すべき理念にあるだろう。夢を語る素晴らしい理念もあれば、偏狭な理念もある。偏狭な理念の実現に力を使う圧政者もいれば、民主的な対話によって理念の実現を図るリーダーもいる。私がハーバード大学ケネディー・スクールで学んだことは、理念と政策の大切さであった。素晴らしい理念があっても、政策やその実現を阻害している既存の制度や仕組みが平等性を欠いていることによって貧困や格差を生む現実が生まれることがある。他方、理念の実現の阻害要因となっている既存の制度や仕組みもまた間違った政策の結果であるから、政策の重要さを再認識することにもなった機会をケネディー・スクールが与えてくれた。

一九九三年六月ハーバード・ケネディー・スクールから修士号を獲得してすぐに私はニューヨークのユニセフ本部で働くことになった。一九九五年の一一月にインドネシアの首都ジャカルタに転勤するまでの二年半、西アジアの五カ国を担当することになった。ユニセフ本部で昇進もしたが、現場に戻りたくて、転勤することになった。

異文化体験

自分の国ではないところで開発の仕事をする際には、自ずと文化の壁に突き当たる。私の最初の異文化体験は一九六七年、一七歳でアメリカ、カリフォルニア州への留学だった。アメリカ人の家庭に、家族の一員として受け入れられたのだが、初めの三カ月は、「体は大人だけど、しゃべると赤ちゃんみたい」と子どもたちに笑われた。自分を育ててくれた言語・文化・価値観が通じない世界へ飛び込んでいった日々。毎日が自分の居場所を探す日々だった。しかしカリフォルニア州リンデンの人たちは優しかった。リンデン高校では唯一の留学生であったので、さまざまな催しに招かれ片言の英語で日本について話す機会があった。みんな熱心に聴いてくれたので自信もついた。どこに行っても快く迎えてくれた。特に私を受け入れてくれた家庭は家族の一員として迎えてくれた。リンデンの町を歩いていると、皆が声をかけてくれた。結果、（アメリカに比べると）近代化に遅れた東洋の国から来た青年は、常に日本人であることを意識したが，世界共通語の英語というパスポートを獲得した。そして、英語を話す自信に満ちあふれた若者に変身した。結果として宮崎の田舎で生まれた「山猿」が、糸の切れたタコのようにその後の四〇年間世界を跳び回った。多数の仲間たちと共に地球規模の課題に取り組む貴重な体験をすることができた。他の人種に対して抱いていた幾層もの偏見の殻から脱皮し続けた。日本人という殻からも脱皮したつもりだがルーツはまだ日本人だ。リンデンがよそ者の私を受け入れ、他者への関心・思いやり、他者の役に立とうとする意識を醸成したように、現代社会と若者の関係にそのような構図を期待するところだ。貧困・格差・環境問題をはじめとする地球規模の課題に果敢に挑み、解決策を他者と共に模索しようとする姿勢の基本は体験から学ぶことであり、書籍や教室での講義のみでは学べない。実際に他者を、異文化を、自分が生育した環境と異なった世界を体験することによって初めて自分がなすべきことがよく見えてくるものだ。

日本人とは何かと問うとき、外国に出て異文化の体験をすることが有効だ。京都大学高等研究院特別教授・霊長類研究所兼任教授で日本の動物心理学、霊長類学者の松沢哲郎教授は、人間の「心の進化」を研究していて、人間と共通の祖先を持つ「チンパンジー」には見られず、人間だけにある「心の動き」を研究されている。「文化」の壁だけでなく「種」の枠を超えてチンパンジーという「霊長類」を研究することによって「人」とは何者かを発見することにもつながるに違いない。

余談ながら、九〇年代の初めニューヨーク勤務時代、公共放送（Public Broadcasting Corporation）の番組で韓国大使の娘（仮名パティー）がアメリカでの体験を語る番組があった。現地の高校に入学したが、生徒のほとんどが青い目をした金髪の白人で東洋系は一人もいなかった。彼女は住んでいた地域や高校の環境にもなじみ、まったく違和感をいだいていなかった。自分が東洋系の顔立ちをしていることもまったく気にならないほど打ち解けていた。地域の人たちもクラスメートもみな彼女を仲間として受け入れた。また彼女自身も周囲と同化し、みなと変わらない様相だと信じるほどだった。しかし彼女は友達を家に呼ぶことをためらった。いったん家庭に入るとそこは韓国だった。友達とは異なる文化圏だった。現地の文化になじんだ彼女は文化の違いを揶揄されるのではないかと恐れた。

しかしパティーが大学に進学すると環境は一変した。そこはまさに多民族国家であるアメリカを象徴する人種の坩堝（るつぼ）だった。自分はどのグループに属するのか迷った。韓国系の学生も多数いた。彼らの意見は自分とは随分違っていた。パティーの知り合った韓国系の男子学生はアメリカで疎外感を感じていた。アメリカの価値・文化になじめず、アメリカの歴史の浅さを揶揄し、「一〇〇年前の馬小屋だって歴史的建造物とされるアメリカに比べ、母国の歴史は長い。私は韓国人であり、韓国の伝統や歴史を大切にして生きていきたい」と彼女に伝えた。事実韓国の国技であるテコンドーを学び、韓国の文化を身につけて自分のアイデンティティーとしている。一方、同じ大学で出会った韓国系の女性の意見は異なっていた。彼女は、「私たちはみなアメリカに住んでいるのだから、現地の文化に溶け込み、青い目の金髪と結婚し、アメリカそのものに溶け込むのが最善だ」と言う。アメリカで暮らし続けようと決めていたパティーは迷い続けた。私は何者だろう。答を探し続けたが見つからないうちに大学を卒業した。数年が経過したが、まだ迷っていた。パティーの自分探しは、その後も続いた。ある日パティーはアイデンティティーを模索し続ける自分を、そのまま受け入れることにした。迷い続けているのが私であり、それが自分だと納得したという話だった。

パティーの貴重な経験から学ぶことは多い。自分探しの旅は終わらない。四〇年海外に暮らし、おとぎ話の浦島太郎になってしまった筆者も日本に戻って六年目。さまざまな体験が私をつくり、どれが国産かどの部分が外国産かよくわからなくなるときがある。日本社会に疎外感を感じることもある。私は迷い続けていることがわかる。それでいいと自分に言い聞かせている。

第4章　インドネシアの民主化（一九九六―二〇〇一　インドネシア時代）

ジャカルタの朝

一九九五年一一月にユニセフの上級プロジェクト担当官としてジャカルタに着任した。ジャカルタの朝は早い。ほとんどの会社は午前八時から。ユニセフは朝七時から事務所を開く。時差の関係で毎朝三時には目が覚めていたので、夜型の人間の筆者には都合が良かった。ジャカルタの人混みや喧騒の中に新興工業国と言われはじめたインドネシア経済の力強さが感じられる。ジャカルタの中心街には銀行ビル、スーパー、デパート、ホテル、モール街が立ち並んでいた。過去二〇年間の輸入代替産業の奨励と輸出産業の多極化などいわゆる外向きの経済政策による成長の成果であろう。優秀な官僚も育ち、バランスのとれたマクロ経済の運営と、スハルト大統領の手腕による政治的安定も、インドネシア経済及び社会の発展に寄与してきた。中産階級も急増し、常夏の国インドネシアの首都ジャカルタは人口一、一〇〇万人の大都会となった。日本人一万人が暮らし、日本食レストランも多数あり、ジャカルタの中心街は遠くから見ると、一瞬、マンハッタンに似ていると思ったほどだ。朝夕のラッシュアワー時はバンコクほどではないにしても、通常の数倍の通勤時間を要することが多い。筆者はできるだけ通勤で苦労しないように、広さ、快適さを犠牲にして、家賃は張るが街の中心にアパートを借りることにした。通勤時間は車で一〇分。前任地のニューヨークでは、通勤時間が一時間だったので十分に満足していた。

中部インドネシアのジョグジャカルタで、二週間半のインドネシア語の特訓を終え、次の年一月からは、五―六カ月間、週三時間程度個人教授を受け続ける。学んだインドネシア語を実生活で使いながらの自習期間だ。六月には、再びジョグジャカルタに戻り、一週間の特訓を受けた。その後、インドネシア語のコースを正式に修了すると、評価表にインドネシア語の習得の合否が記されるので、必死の覚悟で取り組んできた。

八〇年代後半から九〇年の中頃までインドネシアの経済は絶頂期にあった。市場原理を取り入れるなど、開発独裁と言われたスハルト体制の絶頂期だった。世銀からも成長のモデルと称賛され、スハルト一家の政治的リーダーシップも絶賛された。こうした状況下、国連の開発課題や役割について、インドネシア政府とさまざまな意見交換がなされた。創造された富をいかに一般市民に再分配するか、経済の歪み、経済的格差をどう是正するか、教育、保健医療サービスをいかにすべての市民に提供するか、課題は山積していた。五年間の任期中にできることは何だろうかと考えを巡らせた。国連の財力には限りがあるので、まずは情報を収集し、分析することにより、課題の背後に潜む原因を明らかにし、解決策を模索し、政府に開発戦略を提供することが、最大の貢献であるとの結論を得た。ユニセフの資金を呼び水にして、政府予算をどう動かすかが、重要課題だ。これは政府も了解していて、政府側も、国際機関も含めたドナーの資金と技術的な支援をどう取り付けるかに真剣であった。

国連が比較優位を有するのは財力ではなく、限られた資金を呼び水として、より大きな資金力のある開発銀行や、さらに政府の予算を動かし、レバレッジ効果を高めることだ。ユニセフは情報の収集と社会開発の政策立案に関しては多少の知恵がある。政府の国勢調査は一〇年に一度だが、毎年行われるサンプル調査を利用して、新しい傾向や課題などに関する情報が集められる。国連の開発目標のモニターなどに必要な情報を集めたり、新しい指標に関する情報をサンプル調査に組み入れる。最終的には、国勢調査で収集した情報を、次の国家計画に使用するというアプローチだ。丁寧に収集された情報を詳しく分析するとユニセフが取り組む課題、すなわち子どもと母親が直面する健康・保健、教育、貧困、格差、児童の権利などに関する状況が良く見えてくる。状況が分析できれば、自ずと解決策が現れてくるものだ。そうして立案された国家計画に沿った形で、ユニセフと政府の協力プログラムを作成する。もちろん、これが実現するには、長年培われたユニセフの技術と能力が信頼される必要がある。

前国連事務次長の明石康氏が国連カンボジア暫定統治機構（United Nations Transitional Authority in Cambodia：ＵＮＴＡＣ）で国連事務総長特別代表を務めていた時、国連の情報収集能力の限界について触れた記憶がある。平和維持、紛争処理など政治的課題に関しての情報収集はその時々の国連の立場に左右される。国際政治が介入することが多い。国連の平和維持・紛争処理能力や政治的立ち位置が疑われた場合、紛争当事者は、情報の提供者を含め協力を拒否してくるだろう。しかし、平和裏における社会経済開発問題に関して国連は、その独自の立場を利用して、活発な情報収集ができる。

前にも触れたが、インドネシアにおける子どもの置かれている社会経済状況を詳細に把握することは可能であり、非常に重要なことである。子どもの生存、発育、教育、健康などは、貧困と直接関係してくる。貧困は、直接、子どもの生命や成長に大きな影響を及ぼす。したがって子どもに対する開発援助活動は貧困対策でもある。貧困の分布、程度などの情報を深く分析すれば自ずと解決策は出てくる。その解決策を土台にさまざまなプロジェクトをつくっていけば一つの貧困対策プログラムができてくる。

ただし貧困の原因を追求する際、情報の範囲が拡大し、事が一般政治や経済、人権問題に及んでくると、国内政治への影響もあり内政干渉の問題に発展しかねない。したがって情報の収集も国内政治の許す範囲で行わなければならない。しかし、人道上または人権法の立場からの干渉は許されるべきではないか、という疑問は残る。近年、情報のグローバル化に伴い、CNNを筆頭に国際マスメディアも人権などの国内問題に干渉することが多くなった。それが国内政治に圧力をかけている。将来この傾向が強まることがあっても弱まることはないだろう。

国際社会には、徐々にではあるが、一九九二年当時の国連事務総長だったブトロス・ブトロス＝ガリが「平和の課題」を発表したことをきっかけに、国連の介入が、平和維持が脅かされる事態において予防的に国連軍を展開する「予防展開」や「平和執行（peace enforcement-making）という名のもとに、より積極的に行われることになった。さらに二〇一三年には、国連のコンゴ民主共和国ミッションにおいて、「予防展開」をより進め平和維持のために先制攻撃も可能な制度も成立した。結果としてルワンダの虐殺を未然に防ぐことができなかったことを反省し、人道危機においてはより一層、国連軍の積極的な介入が正当化されるようになってきたことを筆者は理解している。国内紛争解決に向けて国際公益を守るルールや制度づくりはこれからも進めてほしいと思っているが、序章で述べたように大国の国家主義と（国連憲章第一条に述べられた平和・安全・人権と自由の尊重という国際公益の実現を希求する）国際協調主義が共生する国連の緊張はこれからも続くだろう。持続可能な開発目標やパリ合意をはじめ国際社会は国際公益実現のためルールや制度づくりを通して「国際公共財」の拡大に重点を置くので、絶対的な国家主権というものは制限され過去のものになりつつあるのではないだろうか。

ヨーロッパ、日本やアメリカ合衆国では人権に対する関心が、公的な分野だけではなく企業活動の分野でも重視されてきた。企業の社会的責任（Corporate Social Responsibility：ＣＳＲ）や責任ある投資原則（Principles of Responsible Investment：ＰＲＩ）などが創設され人権や環境への関心がビジネスの分野にも広がりつつある。

「子どもの権利条約」（The Convention of the Rights of the Child）もこうした国際社会のルールづくりの一環であり、子どもの生きる権利はすなわち貧困から解放される権利でもあり、また病気から保護される権利でもあるので、政府により貧困を増大させるような政策は改革されなければならない。インドネシア政府は一九九九年四月二五日、独立五〇周年を記念して地方分権事業に取り組む政策を発表した。地方分権の内容に関しては不明確な点も多かったが、（独立前の）東ティモールを含む二七州で実験的に行政改革を先行した結果、地方分権によって煩雑な中央の規制が弱められ単純化された。地方政府の財政的な力が増せば、地方のニーズ、特に貧困対策などの分野でより直接的に行政が対応できるので、インドネシアの貧困を解決する重要な契機となるとの見通しがあった。各省庁が直接管轄していた村レベルのサービス事業は、地方公共団体（州レベルではなく県レベル）が直接管轄することになった。中央官庁は特定のサービス事業に必要な財源、人材、ノウハウを地方公共団体に分権すると、中央レベルでの力の弱体化につながることもあるので、分権された事業の実施には強い政治的なコミットメントが必要であることは当然であった。

独立後、一万三、〇〇〇もの島々からなるインドネシアは多くの地方分権運動にさらされてきた。一九九〇年代前半には、経済基盤の安定や中産階級の台頭による社会の安定化が定着してきたこともあり、貿易の自由化、地方分権など自由化の波が感じられた。筆者の担当した四〇人余りのスタッフからなる部局は、新しい地方分権の動きの中で将来を担う子どもたちのためにと、情熱を持って貧困対策に取り組んできた。当時はまだ国連の技術的援助なしにできないことは数多くあった。国連の効果的な情報の収集と分析に基づいた貧困対策事業に関する政策提案は、有益でユニークな貢献になると自負していた。

飛躍的な経済成長と広がる格差

ヨーロッパ諸国では、一八世紀後半イギリスで産業革命が起こり、大規模な経済社会構造の変化が見られはじめた。近代技術の導入により凄まじいスピードで国民総生産が伸びた。しかし、その近代化の過程においては生産の手段を所有する者、すなわち資本家と一般市民とのあいだに大きな所得の格差が生じた。特に、ビクトリア朝時代（一八三七—一九〇一年）のイギリスでは、労働者の劣悪な生活水準及び貧富の差が、政治的、社会的問題となり、チャールズ・ディケンズはイギリスの貧困について書き続けた。そしてカール・マルクスが「資本論」を書き上げた時期でもあった。貧困層は強力な資本家の前ではまったく無力だった。学校に行けるのは経済的に恵まれた家庭の子どもたちに限られていた。貧困層はその立場を改善する方法を持っておらず、劣悪な労働条件のもとで働き続けるしかなかった。他方、このビクトリア朝時代は一人当たりの国民総生産が最も飛躍的に伸びた時代でもあった。筆者が赴任当時のインドネシアは画期的な経済成長、経済的格差の拡大、過酷な労働環境などビクトリア朝時代に似た社会的特徴を呈していた。

アジアの「奇跡」

さて、話を二〇世紀の末の東アジアに戻してみよう。欧米の植民地となったアジアやアフリカの国々の多くは、かつて先進諸国に後進国と呼ばれ、その国民性について、時間や約束事に関してルーズで、欧米資本が経営するバナナ・プランテーションの労働者として働く能力しか持ち合わせていない「Lazy Native（怠惰な原住民）」[56]であるというようなステレオタイプができあがってしまったようだ。このイメージが壊されるのは一九九〇年代、東アジア地域において、GNPの伸び率が一〇％にも及ぶ驚異的な経済成長が確認されるのを待たなければならなかった。この時、貧困層の絶対数を大幅に減らすというビクトリア朝時代には成しえなかった大命題も成し遂げられた。この発展の裏には教育の重要さを認識し、教育に投資し続けた賢明な政策があったことを忘れるべきではない。しかし一九九八年には、そのかけがえのない努力の成果が失墜の危機にさらされていた。アジアの奇跡は夢だったのだろうか。

破綻への歩み

一九九八年一月六日、スハルト・インドネシア大統領は新年度の予算案を国会に提出し、四五分間のスピーチを読み上げ、予算案は何の反対もなしに採択された。筆者は外交団の末席で目を凝らしてスハルト大統領の一挙手一投足を観察していた。前年四月より始まった通貨不安、大統領の健康不安説、三二年間も続いたスハルト体制に対する批判、経済危機を回避する能力に対する不安をよそに、大統領席に座るスハルト氏は至って健康そうで、手の震えも、顔面のチックもなく、年頭の国会も過去と同様、無事閉幕した。しかし、インドネシア国歌が国会で大きく演奏され、スハルト大統領が退場していくとき、時代の終焉を感じたのは筆者だけではなかったと思う。それを予期するように、予算案可決が発表されて間もなく、インドネシアの通貨ルピアは暴落した。そして、それを追いかけるように、資本の逃避（キャピタル・フライト）のニュースが飛び込んできた。経済は悪化の一途をたどり、一九九八年五月一二日の夕刻、ジャカルタのトリサクティ大学で治安部隊と学生が衝突し、学生七名が死亡した事件が発生した。この事件は一、〇〇〇人以上の死者を出す一連の暴動に発展、スハルト大統領は、五月二一日、ハビビ副大統領に大統領職を委嬢し、辞任した。しかし、経済混乱と社会不安は継続し、ルピアの価値は、前年七月の二〇％以下となり、一九九八年の経済成長率はマイナス一五％とも予測された。経済の下降傾向が続き、一体いつ底をつくのか予測も立てようのない状況になっていた。失業者は一、七〇〇万人を超え、人口の一一％だった貧困層は四〇％となり、絶対数では八、〇〇〇万人を超えた。単純計算すれば、貧困に喘ぐ子どもたちの数は一、二〇〇万人にのぼった。

激動の中で子どもたちは

インドネシアでは、一九八四年から九年間の義務教育制度が設けられ、教育の質にはまだ問題があったものの、筆者が赴任した翌年一九九七年度の小学校就学率は九五％、修了率は七〇％に達していた。中学への進学率も約五〇％に上がった。しかし、この経済危機の影響を受け、一九九八年度の

56 The Myth of the Lazy Native, A study of the image of the Malays, Filipinos and Javanese from the 16th to the 20th century and its function in the ideology of colonial capitalism, Alatas, Syed Hussein, Routlege, 1997

就学率と修了率は、小学校・中学校ともに下がり、インドネシア全体で少なくとも二、〇〇〇万人の児童（七歳から一五歳）が通学していない結果になると推測されていた。児童労働に従事する子どもたちの数は売春も含め一九九六年に二一〇万人だったものが、一九九八年の七月には五一〇万人に増えた。保健所の予算は何度も削減され、基本的な医薬品の供給にもこと欠くようになってきた。診断や治療には、費用のかかる病院を避けて保健所に出向く人が増えた。こうした時、しわ寄せは必ずと言っていいほど子どもたちに行く。それも貧しい子どもたちに。当時一日約四〇〇人の乳児が栄養不良などを原因として死亡していると推計されていた。

今こそ改革のチャンス

こうした状況下で、果たして何ができるのか？　筆者が会った政府保健衛生局長は、新しいプロジェクトの導入を断り、今までのプロジェクトで効果的なものに限り資金援助をしてほしい旨を強く訴えてきた。とにかく貧困層など弱者を保護してほしいと何度も繰り返し訴えた。実は、経済危機の今こそが、医療などの社会サービスを質量ともに改善していくチャンスだ。金融・経済危機は、生活必需品の値上がりや医療費の高騰で医療サービスの「質」や「量」に悪影響を与えていた。しかしその時までですでに質の悪さで定評があった医療サービスについて、経済危機を機会に抜本的な改革を期待する動きがあった。

生活の最も苦しい家庭の子どもたちに支援がたどり着くようにするにはどうしたらいいのか？　医

療サービスの質は、特に農村と都市のスラムで悪化していた。貧困のため医療費を支払えない人たちは、費用のかからない公共の医療施設に頼らざるを得ないが、そうした施設は補助金によって運営されているため、質の高いサービスを提供するインセンティブ（動機付け）が働かないのだ。患者は手術や投薬を必要としていても、その医療施設にとって収入増につながるわけではないので、診察後、治療を受けられないまま帰されるという事態が起きてしまっていた。貧しく弱い立場にある人たちは、質の高いサービスに対する支払い能力がないし、彼らの意見を政治に反映させる手段や経験も持ち合わせていない。

そこで抜本的改革のためには、まずサービスを受ける人たちの意識改革が必要だった。単なる受益者から、権利意識に目覚め、積極的に質の高い医療サービスを要求する消費者になるという意識改革だ。開発独裁との定評があるスハルト政権に対し、民主化を求める動きが活発になってきたのもこの頃だ。それまでは「権利」という言葉自体、使ってはいけないような政治的圧力があった。スハルト退陣後ハビビ新政権による民主化政策の導入を機会に、医療サービス改善のためには、政府も人々の権利意識を認めても良いという姿勢に変化するきざしが見えた。

スハルト政権は「腐敗、汚職、縁者びいき」の強権政治だったが、ハビビ新政権は自らを「開発・改革内閣」と名付け、民主化を奨励し、「腐敗、汚職、縁者びいき」の一掃を公約に掲げた。意識改革の環境はずいぶん整ってきた。さらに、競争原理を導入し、消費者の医療サービスニーズに応える制度づくりが必要になった。消費者の声が医療だけに限らず、すべての公共サービス分野において反映されなければならない。まずは教育制度の民主化、すなわち、学校レベルで校長の統治に注目し、PTAと一般市民に運営の実態を開示し、広く説明責任を問う制度づくりだ。キャンペーン用に制作したテレビコマーシャルの一コマが画期的だった。校長が資金の使い方に対して説明を求められているシーンを、校長室の窓から見ていた女性二人がカメラに向かって「あの校長先生、前もって私たちに説明してくれていれば、咎められずに済んだのにね～」というシーンは世論づくりに効果的だった。校長を含め政府の役人に対して意見を言うことのなかった状況から、一変して民主化の成果が現れたのだ。

このキャンペーンはユニセフがインドネシア政府、世界銀行、そしてアジア開発銀行と協力して一九九八年六月からスタートした教育プロジェクトの一環だった。総額四億ドルの資金を使い、貧困家庭の子どもに奨学金を出し、財政が厳しい学校に資金援助をするという計画だ。援助条件として、援助金はすべて政府を通さず、市中銀行を通して子どもと学校に直接支給することを要求した。奨学金を受け取る本人の名前が記入されたクーポンと引き換えにお金が支給されるので、誰の手に援助資金が渡ったかが明瞭で、記録も残る。こうすることにより、「腐敗、汚職、縁者びいき」を最小限に食い止めようという計画だ。さらに、マスメディアを通してプロジェクトの全容と、援助の具体的な実施方法を一般市民に公開し、援助資金が直接受益者に行き届くよう、一種の社会監視システムを導入した。

その後、日本政府をはじめ、世界銀行、アジア開発銀行、その他多くの援助機関が、金融危機克服のための援助の条件として、インドネシア政府に対して前述のような抜本的改革努力を要求していけば、インドネシアの社会サービスの質と量を同時に改善することも不可能ではなかった。それは、また貧困の改善、政治の安定、投資環境の改善にも役立つことが期待された。ハビビ新政権も教育・医療をはじめとする社会サービスの改善は、一九九七年に始まったアジア通貨危機からの復興と、スハルト政権後の社会不安を解消し、今後の政治の安定にとって極めて重要であることは承知していた。その証として、インドネシア政府の経済調整省（Coordination Ministry for Economic Affairs）は支援者会議を頻繁に開催し、ドナーの意見に耳を傾ける姿勢が顕著になった。またインドネシア政府の中にも同じような改善を求めている官僚はたくさんいた。結果から言うと、この教育支援プロジェクトへの反応は非常に良かった。三二年以上を経た今もまだ語り継がれている。インドネシアにおいてユニセフは経済的、社会的な危機の際に子どもたちを守る使命を負っているので、その実現に向けて政治の行方にも大きな関心があった。ユニセフの役割は、単に援助物資を提供するだけではない。こういった質の面での改善に向けて働きかけを続けている。

アク・アナック・スコラハン（Aku Anak Sekolahan）：教育制度の民主化

インドネシアの首都ジャカルタ出身の人々を通称「ベタウィ」と呼んでいる。ジャカルタ周辺の庶

Aku Anak Sekolahan ― Back to School ―キャンペーンを率いるユニセフのチーム。
左端はユニセフ公報担当の故ダラジャット　左側後方ホワイトボードの前が筆者。

民の生活を描いたテレビドラマ「Keluarga Si Doel―クルワルガ・シ・ドール」[57]で人気の俳優ラノ・カルノをユニセフの親善大使に抜擢し、Aku Anak Sekolahan（「学校に行ってるよ！」）キャンペーンの主役にとの依頼にラノ・カルノは快く承諾してくれた。これが結果的には大成功になった。

ラノ・カルノは自分の番組のほか、テレビコマーシャルでキャンペーンに協力した。経済危機の最中、通りで車の窓ガラスを拭いてチップをねだるストリートチルドレンに「君たち、学校には行っているか！」[58]と問いかけるテレビのコマーシャルは、インドネシア全国で知られるようになった。

一九九七年のアジア通貨危機を契機にインドネシア、特にジャカルタでは暴動が頻発し、三二年続いたスハルト大統領も政権を追われることになった。通貨危機は間もなく民主化を訴える政治運動に発展し、社会経済を混乱に陥れた。金融危機、経済危機、失業が深刻化し民主化の動きが一層強くなった。そのような中、ユニセフの「世界子供白書二〇〇〇」[59]は次のように報告している。

「親が学費を支払う余裕がないため、一九九八年にジャカルタの貧しい地域の女子の約二〇％と男子の一四％が中学校を中退した。教育を受けていない子どもたちの数の増加は、「失われた世代」を生み出す可能性があった。インドネシアの約四〇〇万人の小中学生は、Aku Anak Sekolahan—Back to School キャンペーンによって退学せず学校に通い続けた。キャンペーンは、インドネシア政府、世界銀行、アジア開発銀行、ユニセフの協力のもと、初等及び中等学校の生徒に奨学金を提供し、各学校に一三万口の口座を設け、ブロック助成金を提供して、学校通学と教育の質の維持を支援した。プロジェクト実施前には小中学校を修了できない生徒は最低六〇〇万人以上になるのではないかと懸念されていたが、Aku Anak Sekolahan のおかげで、二五〇万人に留まった」

学校を退学する児童も増加傾向にあり、退学を食い止めるため、ユニセフ、世界銀行、アジア開発銀行が中心になり、退学阻止のため一〇〇億ドル規模の教育支援プログラムを組むこととなり、小中

57　Si Doel Anak Sekolahan https://g.co/kgs/r5cvhw
58　Aku anak sekolah kyanpaign 1998, https://www.google.com/search?q=aku%20anak%20sekolah%20kyanpaign%201998
59　https://www.google.com/url?sa=t&rct=j&q=&esrc=s&source=web&cd=&ved=2ahUKEwjvpeznjYjrAhUJZt4KHZF6A5gQFjAAegQIARAB&url=https%3A%2F%2Fwww.unicef.org%2Fsowc00%2Fpanel2.htm&usg=AOvVaw19lzGoEs3l4z-gwQpb4Od8

学校の生徒全員に補助金を配布するという壮大な事業を行った。筆者とユニセフのチームはこのプログラムのコンセプトの作成と活動計画の企画に参画し、プロジェクトの進捗状況のモニター及び広報活動まで担当する大役を担うことになった。経済的な苦しさの中で「通学にかかる経費を節約し、親や家族を助けたい」という子どもの価値観と、退学を余儀なくされてしまうロストジェネレーションの出現を阻止する政府及びドナーの政策という二者択一を迫られる状況だった。過去の経済危機の経験からこのプロジェクトを発案したインドネシア政府の決断とドナーの支援は危機対応のモデルとして政策担当者の記憶に残ることになった。

ロンボクの生き血を吸う高利貸し

一九九八年インドネシアを襲った通貨危機以前は、インドネシア政府は東ティモールを含め東部の貧困率の高い地域で開発援助に力を入れ、ユニセフは開発の遅れている東部の州に現地事務所を置いていた。筆者はジャワ東部のスラバヤ事務所の所長に招かれてロンボクで活動しているアニサという団体の活動を調査しに行くことにした。バリ島の東にあるロンボク島まで空路で四〇分程度だ。西ヌサ・トゥンガラ州の州都マタラムはロンボク島に位置している。バリとは民族や宗教が異なり先住民ササク人が独自の文化を築いた。農業や牧畜が盛んであるが、立派なホテルが立ち並ぶ観光地としても栄えた。また、貧富の差が大きい州だった。筆者が一九九七年（通貨危機以前）にロンボク島を訪れたときの貧困率は高く三割を超えていた。人口の三割を占める人々を貧困から解放することは難しい課題であった。そこにカスミアティという女性が、一九九六年にアニサ（Annisa Karya NTB Foundation）[60]という財団を立ち上げ、ユニセフは設立当時から支援を続けていた。

カスミアティは、ロンボク島に住む貧しいササク族の女性が高利貸しから借金し、破格の利子を払わされている事実にメスを入れた。問題は次のようなものだ。露店で日用品や食料を売る商売は仕入れ資金が必要だ。まず高利貸し業者は、無担保で仕入れ資金の一万円を貸し、毎日一〇〇円の利息を払う約束をさせる。借りる方は一日一〇〇円なら払えるだろうと判断し借りることにする。元本の一万円は据え置き、一日たったの一%の利息は良い条件だと思わせる。高利貸しは貸した次の日から、毎日一〇〇円を取り立てにやって来る。元金の支払いが終わるまで。高利貸しが仮に一〇人にそれぞれ一万円貸したとすると、毎日一、〇〇〇円の利子収入がある。

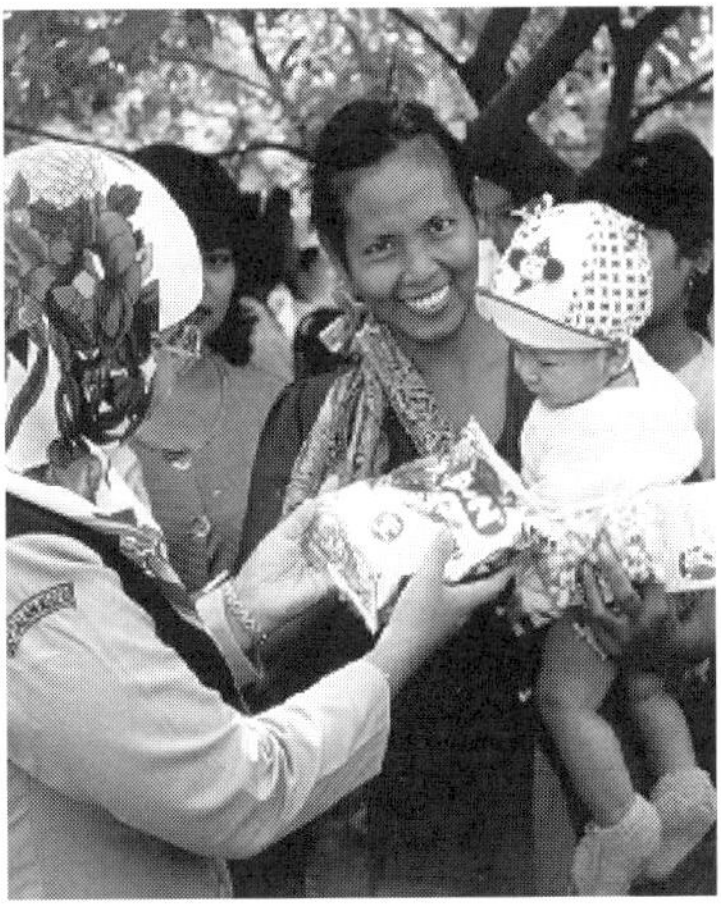

アニサのメンバーはお互いに助け合った
筆者撮影

60　NTB Annisa Karya Foundation は、一九九六年六月一八日にNPOの法人として設立された。ロンボク州の州都マタラムに本拠地を置く。設立当時、女性のエンパワーメントを行っていた女性組織はまだ限られていた。文化、社会構造、そして女性に対する暴力や不正に対して女性たちの一体感・相互協力・自助の価値観を推進しその撲滅に貢献してきた。

年三〇〇日店を開いたと仮定した場合、利子収入は一年間で三〇万円となる。貸した総額の一〇万円が三倍、三〇〇%の利息があったことになる。しかも、元本の一万円の返済義務も残されているのだ。銀行からは世帯主の夫しか借金ができない。したがって、女性だと年率二四%の金利でも借入れ自体ができない相談だった。世帯主の夫なら銀行から年二、四〇〇円の金利で借りられるのに、高利貸しからの利息の総額は、銀行で借りる場合の一二倍以上の年間三万円にもなる。高利貸しにとって貧困層の女性はまたとない投資先である。当然ながら借り手が増えるほど収入は増す。

　高利貸しはどこの国にもいる。インドネシアでは「生き血を吸うヒル：lintah darat」と言われ嫌われているが、カスミアティがアニサを立ち上げるまで、高利貸しはなくてはならぬ制度であった。アニサを立ち上げた頃は、会員が少額ずつ出資し、日本でも古くからあった民間互助組織で、順次お金を個人に給付する「頼母子講」的な組織だった。しかし徐々に規模が拡大し、資金源も多様化し、八〇〇人の会員を持つ組織に育った。その後は、銀行から資金を借りるなどして、より安定した融資制度を構築していった。ササク族の女性がアニサに支払う利息は高利貸しと比べると格段に下がった。銀行の金利にアニサの手数料を少々足した額だ。

　カスミアティのアニサと、ノーベル平和賞を受賞したバングラデシュのムハマド・ユヌスの創設したグラミン銀行の影響もあり、インドネシアの大手の銀行[61]も村落での貧困層向けの融資を始めた。組合員のほとんどが、読み書きもできず、育児も十分にできない状況なので、アニサはユニセフと連携して識字教室、保育園の運営などを始めた。一九九八年当時、カスミアティは、この運動をロンボクだけではなく、インドネシア全体に広げようとしていた。マハムド・ユヌスやカスミアティの始めたマイクロファイナンス（小規模金融）は試行錯誤を重ねながらも世界各地で成果をあげている。たとえば、ケニアの携帯電話会社サファリコムのモバイル送金サービス「エムペサ」の利用者数は拡大し続けている。二〇〇七年のサービス開始以来、それまで銀行口座を持つことができなかったがマイクロファイナンスによって貧困層や女性が金融サービスを受けられるようになり、起業の機会創出に資することになった。「エムペサ」はテクノロジーが途上国の社会問題解決に寄与した社会的インパクトの大きい事例として評価されている。[62]

県知事の評価表：情報開示と説明責任

スハルト政権下においては、広大な国土と多種な民族で構成されている、当時二億を超えるインドネシアの人口を統治し、独立を維持するための絶大な中央の権力を与えられていた内務省が必要だった。しかし、スハルト退陣直後、ハビビ政権下で、中央集権的な政治体制の改革の一環として「地方分権を擁立し、民主主義の諸原則と地方の多様性に留意して」[63]、一九九九年五月七日に地方行政法が制定され二〇〇一年に施行された。その結果、行政の権限が委譲されていた州知事と県知事、市町長

61　Bank Rakyat Indonesia, People's Bank of Indonesia specializes in small scale microfinance in Indonesia. https://www.ir-bri.com/

62　上田敬、日本経済新聞、二〇一三年七月七日、https://r.nikkei.com/article/DGXNASFK0401R_U3A700C1000000?s=5

63　地方自治の実施に関する一九九八年のＭＰＲ（国民評議会）令

県知事の評価指標
Bupati's Indicators
（貧困対策と人間開発）
— インドネシアの例 —

- 妊産婦の破傷風予防接種率
- 保健員の付き添う出産比率
- はしかの予防接種率
- 家族計画普及率
- ２歳未満児の栄養失調の比率
- 安全な水のアクセス率
- 衛生的なトイレの普及率
- 貧困層の割合
- 小学校修学率
- 女子の中学就学率
- 16 歳未満の女子の結婚の比率

図４：県知事の評価表

の公選制を廃止した。ただし、村長だけは直接選挙で選ばれることになった。また村の行政組織が正式に公務員として承認された。その代わりに地方議会と市民の監視を強化する村レベルの行政を監督する県知事の役割が重要視されるようになった。[64]これによりインドネシアの地方統治の所轄官庁である内務省は県知事に対して大きな権限を移譲することになった。内務省の役割は直接地方政府を指導監督する立場から、政策作成の支援など県政府をサポートする立場に変わった。[65]地方政府の行政、財務の指導監督をする権限を持っているのはブパティと呼ばれる県知事（Bupati）だった。

二〇〇四年の新地方行政法施行後も依然としてブパティの権限は大きかった。開発独裁と言われたスハルト体制下で、貧困率は一九七六年の四〇％から二〇年で一一％まで減少した。ただし、貧困人口の分布には偏りがあり、東部は特に貧困率が高かった。経済危機後、スハルトの退陣した一九九八年以降も、中央ジャワやジャカルタ首都特別区とその他都市部では、経済危機の影響で貧困率が依然として深刻な状況にあった。世界銀行によると、一日一・九ドルという貧困ラインのすぐ上に位置しているが、経済危機や災害などの影響で貧困層に逆戻りする「潜在的貧困層」の存在が報告されている。[66] その「潜在的貧困層」を含めると二〇一二年のインドネシアの貧困率は、三倍以上増えて一二％から三六〜七％になる。このデータを考慮するとインドネシアだけではなく貧困問題は重要な地球規模課題であり続けるだろう。二〇一〇年九月のインドネシア国勢調査（二〇二〇　Survey Sensus National：ＳＵＳＥＮＡＳ）によると、貧困層の特徴として、家族計画、教育、保健医療、ジェンダー、雇用に関わる問題が顕著となっていた。

そこで、筆者が提案したのは貧困と格差が大きな課題であり続ける中、議会と市民が県知事のパフォーマンスを監視・評価する制度をつくり、他県の知事とも比較できる評価表を可視化し、公に開示することだった。一一の貧困指標（インディケーター）を県ごとに数値で表記し、集積し、県の順

64　インドネシアにおける地方分権化の後退、一九九九年地方行政法から二〇〇四年地方行政法への村落自治組織の再々編、黒柳晴夫、椙山女学園大学研究論集第四五号（社会科学篇）二〇一四年

65　貧困プロファイル要約、インドネシア共和国、国際協力銀行、二〇〇一年　www.jica.go.jp

66　出所：世界銀行「Indonesia: Avoiding The Trap」Development Policy Review 2012 page47 https://www.worldbank.org/content/dam/Worldbank/document/EAP/Indonesia/Indonesia-development-policy-review-2014-eglish.pdf

位付けをするという提案だった。期限付きの数値目標を設定し、貧困対策の成果を評価する計画を始めたが、結果を見届ける前に東ティモールへ転勤してしまったことは残念だった。重責を担い、市民の生活に直接影響を与える知事の政策と成果は開示され、説明責任を負うべきだという考えには、ポスト・スハルト時代の民主化の影響が大きい。この評価制度は前にも述べた経済危機の影響による就学率の低下を食い止めるためのキャンペーンと同様、教育制度、特に小中学校の予算の開示義務や、PTAを通して市民社会へ説明責任を求めた民主化に対するイニシアティブだった。その後も県知事の評価表が継続して使われているかどうか是非現地を訪れて確かめてみたい願望に駆られる。

第5章　東ティモールの春と国づくり（二〇〇一―二〇〇三　東ティモール時代）

ギニアビサウと東ティモールの独立

一九七四年四月二五日、筆者がガーナに着任してまもない頃、四〇年以上も続いた独裁体制の変革を求める革命がポルトガルで起きた。無血の革命でカーネーションがシンボルになったことから「カーネーション革命」とも呼ばれ、別名「リスボンの春」とも言われている。この革命を機にポルトガルは幾つかの植民地を解放した。その結果ようやく独立できたギニアビサウからの一報に接し、ガーナの大手通信社に勤めるジャーナリストのテテ氏が、「独立は素晴らしいが、たいへんな時代が訪れた」とため息まじりにつぶやいたのを思い出す。独立したのだから大いに喜んで良いのではないかと思ったが、サハラ以南で初めての独立国家だったガーナの国民はみな植民地からの独立は容易ではないことをよく知っていた。ギニアビサウはその後内戦に突入し、最終的に独立を果たすのは一九七七年であった。一九七四年当時、同じポルトガルの植民地だった東ティモールも独立に至るまで、旧宗主国[67]からの支援なしに困難な道を歩かなければならなかった。

東ティモール：自立への第一歩

二〇〇二年五月二〇日、東ティモールの人々は、悲願の独立の瞬間を迎えた。国連東ティモール暫定行政機構（一九九九―二〇〇二）による統治のもと、独立に向けて歩み続けてきた東ティモールの過去と将来について考える時一九九九年の夏の独立をめぐる動乱、破壊された町や村、インドネシアとの国境を挟んで東西に分断された家族、両親を亡くした孤児、故郷に戻れない難民など多くの悲惨な状況は忘れることができない。東ティモールは独立に及んで一〇年後にはシンガポールの国家像を目指す開発に着手しようとしていた。行政制度を中心とした国づくりという点では、東ティモールの復興は、目を見張るものがあった。破壊された家屋は建て直され、道路は整備され、治安は回復した。街を歩いても身の危険を感じることもなくなった。難民として国を離れた人々の帰還も進んでいた。当時、国外にいる東ティモール人は一二万人ほどと言われていたが、その半分の六万人は、五月の独立前に東ティモールに戻ってくると予測された。これは国連と国際支援グループ（当時東ティモールを支援するドナーに対する呼称であった「Development Partners」の日本語訳）の復興支援の成果であり、そういう意味で、東ティモールはかつて例を見ない幸運な国と言えた。

そうした国づくりの過程で、筆者が代表を務めたユニセフの役割は多岐にわたった。独立に向けての憲法の起草に参画した。憲法に子どもの権利に関する条文を加えるように提案して、政府の関係者や国会議員、憲法学者などに対するセミナーを開催した。結果、子どもの権利に関する条文は草案に挿入された。世界各国で子どもの権利に関する法律の制定に関わった経験を踏まえ、憲法の条文以外にも少年司法制度などの法律を国会議員と協力しながら起草したのは、フランス人スタッフのアンマリー・デュフェイと東ティモール人のドゥルセ・ソアレスだった。ドゥルセは、教育大臣（二〇一八―二〇二〇）という大役を担っていた。法の執行面でも、青少年に対する特別の配慮が必要であることを説き、県レベルで警察官に少年司法制度の制定やその運営に関して丁寧に訓練を行い、子どもの権利への意識を高める活動を行った。こうしたことをとおして、これからこの国を担っていく国のリーダー、そしてティモール・レステ（東ティモールの正式名称）の将来を担う子どもたちを育てるための教育制度をつくることに努力した。

日本の国産みの神話ではイザナミとイザナギの二神が高天原の神々に命じられ日本の島々を創生したとされている。「ティモール・ロロサエ」と現地語のテトゥン語で呼ばれている東ティモールはクロコダイルに似た形をしている。現地の神話ではクロコダイルを助けた少年に対する恩返しとして自らがティモール島になったという神話がある。東ティモールでは国をつくるという作業の大変さを身

67　民族自決（Self Determination）の原則。一九一九年ベルサイユ条約で原則となったが、それ以前から民族集団が他国の干渉なしに民族には集団的権利として自決権があると認めた。この自決権はアジアアフリカの植民地を含めた領土・民族に対して認められた。その後一九六〇年に採択された国連憲章第一条二で民族自決の権利は独立の権利として国際法上で認められた。一九六六年の国際人権規約においては、規定締結国に対して自決権を保障する義務を負わせることとなった。以前は十分に経済及び統治能力が備わっていない植民地を独立させることはできないというのが通説だった。

に染みて感じたが、あっという間に国が生まれる過程を実際に見てきて、眼から鱗が落ちる思いだった。

住民投票では独立派が大半を占めたが、インドネシア残留派も存在したことは確かだ。社会が分断され、同じ民族のあいだで残虐な殺し合いにまで発展した紛争は終結したが、民兵の武装解除から始まった和解と復興の努力は続けられた。心の傷が癒えるには時間が必要だった。元大統領のシャナナ・グスマンをはじめ、国のリーダーたちは伝統的な慣習や習俗を受け入れ、二〇〇三年から始まったコミュニティー調停（Community Reconciliation Programme：ＣＲＰ）では、慣習法を採用した（宮澤哲、宮澤尚里）[68]。二〇〇六年にはインドネシアの国境に近い西部出身の元国軍兵士が退役後の処遇に不満を持ち、処遇改善を求めて内紛が発生し、一四万人以上の避難民を生むことになった。その中で特に注意すべきはティモールの伝統に基づく紛争解決法である。この方法では書面に記録されず、口頭による合意が村長の責任下で結ばれた（同）。教会の司祭を中心とした社会構成上、同一性の強い東ティモールで成功した事例は、状況は異なるが、伝統的な司法を取り入れる点でアフリカの紛争解決にも応用できるのではないだろうか。

マルタの夢

マルタは女の子の名前で東ティモール国民の代表だと仮定してみた。独立に至る過程で達成できたことを「今までの成果」とし、「マルタの希望」と比べてみた。以下の内容はこれまでいろいろな機会が与えられる度に発表したもので、国連機関やその他の組織を代弁するものではない。マルタの夢を記述する前に、以下、東ティモールについて独立前の一年と、独立後の二年の状況について述べておきたい。

前述したとおり、東ティモールは素晴らしい復興を遂げたが、実は、地方はまだまだ復興途上だった。中央の政府や議会の構築が最優先だったために、地方行政制度の整備は後回しにされてしまっていた。また、医療・教育といった大切な分野が、不幸にも取り残された点も大きな問題だった。東ティモールの人々を感染症から守る予防接種率はまだ三〇％程度だし、病気や怪我をしても、村や町レベルでは十分な治療を受けることができていなかった。

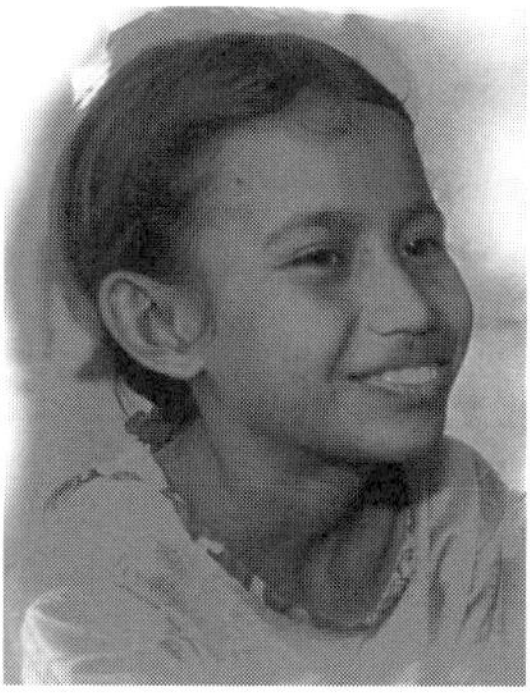

東ティモールの女の子、マルタ
筆者撮影

東ティモールは、国家予算の一一％以上を教育に充当していたが、国の財政自体が非常に厳しい状況にあったため、決して十分ではなかった。教育に関して言えば、インドネシア時代よりも状況は悪化していた。また国家としての教育方針やビジョンが確立していないうえ、教育法もなかった。現場の教師たちは不足しており、教師としての資格を持っている人は一割程度に過ぎなかった。校舎自

68　東ティモールの和解・調停プロセスにおける慣習法の適用、宮澤哲、宮澤尚里、http://101.110.15.201/content/001237890.pdf

マルタの夢		これまでの成果
村議会の設立と選挙	⇒	国会の設立と選挙
学校運営委員会に参加し、民主的な運営を計り、学習能力の向上に貢献	⇒	中央政府各省庁舎の建設
学校運営委員会を通じた参加型の予算作り	⇒	中央行政機構で働く公務員の任命とその能力の向上
住民のニーズをくみ、医療サービス受益者の声を反映する行政	⇒	効率的で透明性のある中央官庁の財政運営
基本的ニーズの充足	⇒	国家司法制度の拡充
中央政府の統治能力強化	⇒	警察の治安維持能力の向上

図5：マルタの夢

体も不足していたため、子どもたちが十分な教育を受けられる環境ではなかった。そのため、多くの小学生が進級できず、もう一度同じ学年をやり直すことになってしまった。ユニセフは、こうした問題に対処するため、独立前から学校の建設や教師への給料の支払いのほか、カリキュラムの作成、教師の訓練などにも力を注いでいた。子どもたちの成長は速く、教育環境の整備ができあがるまで待ってくれない。とにかくできるところから、教育環境の整備を実施していかなければならなかった。改革の日々だった。東ティモールで最重要課題の一つは教育だったので、教育に焦点を当てた活動を継続していくほかに選択肢は少なかった。当時はいかに教育が重要であるかをあえて強調する必要はなかった。国づくりとは、人づくりだ。人づくりは、子どもたちが学校で学ぶところから始まる。

東ティモール政府、ユニセフ、開発パートナーは、二〇〇二年九月の新学期に向けて、新しい教科書や教師用の指導書づくりに関心があった。ポルトガル植民地時代にポルトガル語で教育を受けた東ティモールの指導部は国語をポルトガル語にするという共通の認識があった。ポルトガル語を擁護する東ティモールの指導部とオーストリアを含む数カ国の支援国が言語問題に関して対立する場面が多かった。一方、独立まで四半世紀にわたりインドネシア語で育った青年層はインドネシア語と現地語のテトゥン語しか理解できなかった。ポルトガル語しかできない指導部と青年層との会話が成立しないこともあった。言語問題は紆余曲折を経て、初等教育前半の三年間は母国語テトゥン語を教授言語とし、初等教育の高学年にポルトガルを導入するという案で合意に達した。筆者は東ティモールの教育指導者と幾度か言語問題の調整役として努力したが、結局はテトゥン語とポルトガル語を併用することで教育体制を進めることに決まった。

教員の採用や訓練、教室の整備など基礎教育に関する課題は山積していたが、教科書づくりが重要なプロジェクトだった。ユニセフの支援で保健衛生の教科書ができあがるまでそれほど時間はかからなかった記憶がある。これが新国家東ティモールで作成された、東ティモール人の手による、初めての教科書であった。二〇〇二年内には、算数や理科などの教科書もできあがる予定だった。子どもたちが学校で学び、両親と一緒に健康で安心して暮らせることが、国の平和、安全、さらには発展の基盤だ。東ティモールの将来について思う時、国民が独立できたことを評価し、誇りに思える成果を残したいと思った。二〇〇二年五月二〇日の独立の瞬間から、東ティモールは自立の道を歩きはじめた。独立への困難な道のりを、この国の人々が、自分たちの手で国をつくるのだという初心を忘れず、強い気持ちで切り開いてくれればと願った。また経済的にも大きな負担を抱えての出発になるので、国際社会からの支援が引き続き必要だった。

ティモール・レステの統治

前述したマルタは「警察・軍隊・裁判所・国会・大統領府・内閣・省庁はできたけれど、まだ村議会も村長さんも選ばれていない」「病気になっても、保健所は遠いし、なかなか治療してもらえない」「小学校では生徒の半分しか卒業していない」と言う。

村落レベルの伝統的統治機構はあったが、国レベルの制度はなかった。インドネシア時代にはインドネシアの州制度が導入されていたが、新しい国づくりをした経験はなかった。まずは、選挙で大統領を選び、三権分立の民主制度を確立し、公務員を採用することから始める。インドネシアから受け継いだ社会インフラの一部は残ってはいるものの、独立時の動乱で破壊され、ほとんど残ってなかった。教会も破壊された。数多くの住宅も壊された。

ユニセフの復興支援事業は学校建設から始まった。筆者の前任者は建築中の学校で寝泊りしていた。病院や保健所への薬品や機材の提供も同時に始めた。教育と保健医療のサービスの提供にも関与していたので、町や村役場にはユニセフの事務所があった。一九九九年九月の住民投票で独立支持派が大勝した後の大暴動の直後、国連安全保障理事会の決議によって国連暫定機構（United Nations Transitional Administration for East Timor：UNTAET）が設置され、UNTAETに平和維持活動の枠を超えたレベルで国づくりのマンデートが与えられた。UNTAETは半年に一度国連の安全保障理事会の指示を仰ぎながら、まさに独立まで東ティモールの統治機関であった。セルジオ・デ・メロ国連事務総長特別代表は大統領と同様の権限を持っていた。カンボジア、旧ユーゴスラビア、その他地域での事例と比較して、東ティモールは国連の平和維持活動のモデルとされた。将来もまた、そう言われ続けるであろう。

　そのような国連の実績にもかかわらず、マルタの希望を叶えたとは言えない状態であった。東ティモールの建国の課題とも言えることなので、以下、マルタの希望は果たして現実的に可能だったか自問してみたい。

　結論から述べれば、政府その他の官庁、学校、病院などの建設は、五年以上続いた。国連とドナー諸国の支援があったので、それほど困難な仕事ではなかった。

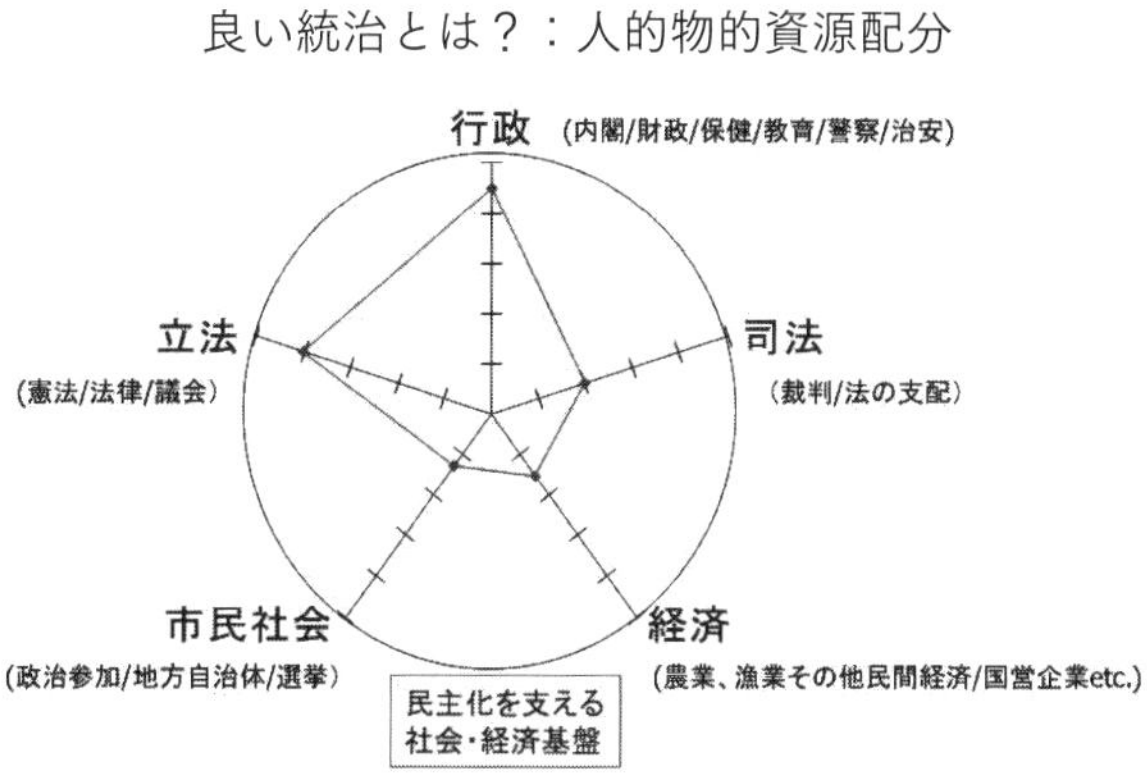

図６：東ティモールの統治

時間がかかるのは人材の育成だ。すでに適材がいる場合もあるが、新規採用しなければならない役職が多いし、それをこなせるだけの人材はまだ育っていなかった。建国のビジョンがないと組織はできても方向が決まらない。経験がないので専門家に頼る。マルタの希望を実現するには、長期的視野が必要だし、数多くの課題に優先順位をつけなければならなかった。図6は、筆者個人の考えで作成したもので、十分なエビデンスはないが、数多くの聴き取り、話し合い、また自らの経験も含め、さまざまな状況を総合的に考慮したうえで作成した。

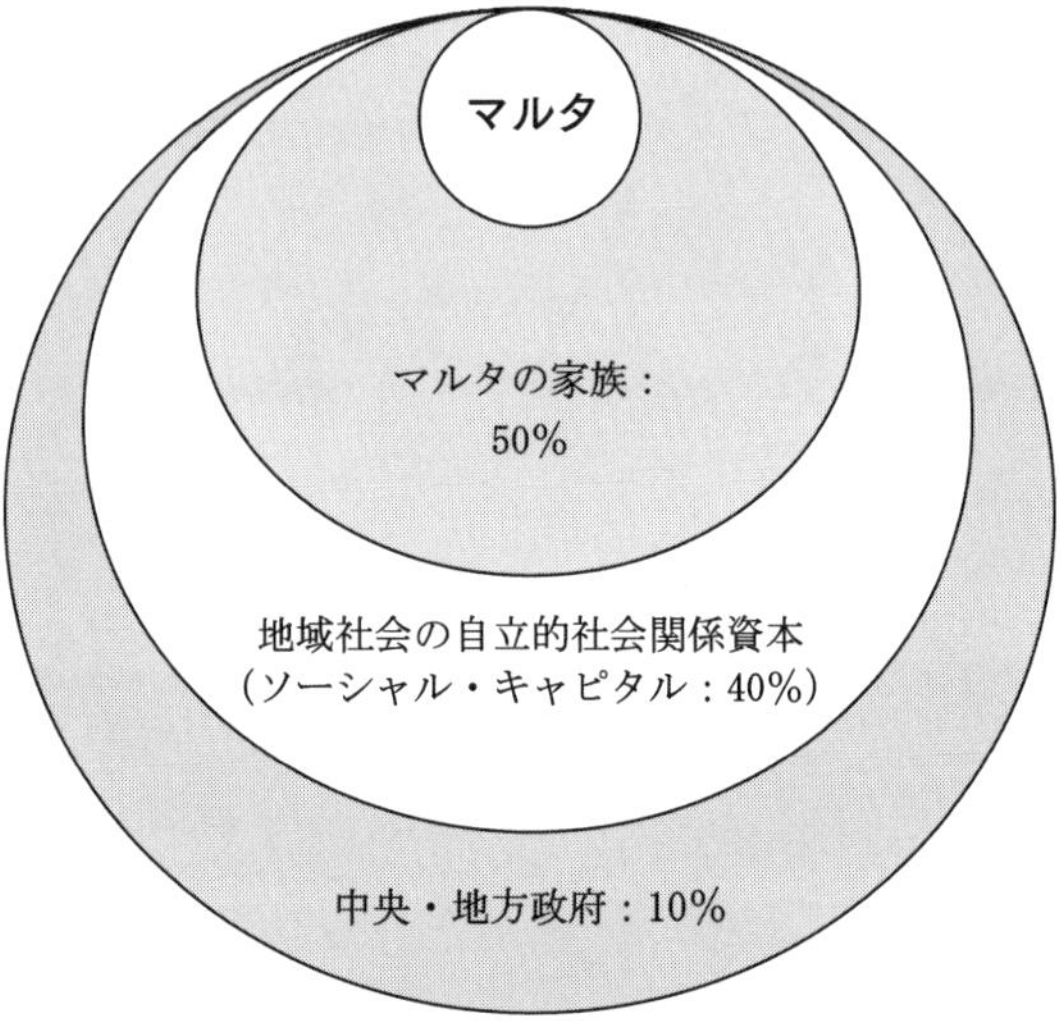

注）数字は基本的ニーズ充足のため必要な人的・知的・社会経済的資源の大まかな貢献度を示す

図7：マルタを支えるのは誰？

この図で指摘したいのは、東ティモールの国づくりには、市民社会と経済の分野での準備期間が足りなかったことが原因なのか、はたまた人々の努力が足りなかったのか、いずれにしても成果が十分ではないという点だ。また、国のかたちについての長期的な視点が必要だった。独立以前から、市民社会と経済に関しては、国民に対して明確に実情を説明しさまざまな建国の課題について優先順位を伝え、その承認を得ることが大切だった。また、国民の協力と支持を得るためには、国民との対話が必要なことは明確であった。

国づくりに際しては、四つの重要な点がある。それは、マルタが代表する社会の発展を考える際、どの社会構成メンバーが、社会の発展に対して、いかなる貢献をしているかを考慮することである。マルタの成長を支えるのは誰かということを念頭において開発プロジェクトを企画する提案をした。その際に使ったのが図7だった。もちろん。教育や保健サービスなど、マルタ自身に対する投資やサービスを提供するのは、まずマルタの家族だ。そのほか、マルタの衣食住の世話をするのも、非常時にマルタの安全を保障するのも家族だ。家族の負担は最低五割と推定した。

二番目に、マルタのコミュニティーを代表する町や村役場、教会の役割だ。マルタと家族に対して学校や保健所で公共サービスを提供すること、農繁期に農作業を互助すること、安全を保障する村役場、教会の提供するサービスなどはマルタの村や町の役割だ。七割以上のインフラが破壊された東ティモールで頼れるのは、眼には見えない町や村の社会資本（ソーシャル・キャピタル）だ。事実、新憲法でも認知かつ保護され、二〇〇三年以降に全国規模で実施されたコミュニティー調停（Community Reconciliation Programme：ＣＲＰ）が採用されたのは、東ティモールのコミュニティーが持つソーシャル・キャピタル[69]だった。

このソーシャル・キャピタルの一つである村落司法：ナヘ・ビティ（テトゥン語 Nahe Niti）は、民事・刑事事件から、他村との行政に関する争いまで調停する村の組織であった。似たよう事例だが、ソ連邦の崩壊後、モスクワによる中央集権制度に依存していた地方政府はなす術を知らず、教育・医療やその他の社会サービスは一時麻痺した。理由は政府の役割だった教育や保健医療サービスなどを代わって行う市民社会の組織が崩壊して存在しなくなってしまったからであった。七〇年にわたる中央集権制度下、市民社会に存在した社会資本は消滅していたと言っても過言ではない。しかし、東ティモールでは村落司法という社会資本が生き残っていたのは素晴らしいことだった。

図7で説明したソーシャル・キャピタルは東ティモールの国づくりに不可欠な要素だ。ナヘ・ビティなくしては紛争後の調停の成功も、和平もあり得なかった。

三番目に重要なのは中央及び地方政府の役割だ。社会インフラの整備、すなわち学校や保健・医療施設の建設、人材の登用、農業道路や下水道、河川、環境の整備、治安の維持などで、社会のニーズに応えるインフラの整備と運営面である。

四番目は国の役割だ。国策を決めるのは政府であり、それを実施するのも政府だ。図7で説明したが、マルタの夢の実現には地方の住民に基本的サービスを提供することが必要であるが、振り返ってみると、図7で示したように、マルタの家族と町や村への国からの支援はもっとあっても良かったと考えられる。独立後に教育や医療、子どもの権利といった視点から検証すると、東ティモールのニーズは多かった。民主主義を確立する過程にある東ティモールは、独立後の二〇〇六年には内紛が再燃した。国連の統計では内戦の終了後再び紛争が発生する確率は高い。この国の将来をしっかりと見つめていかなければならない。

傷を負った子どもたちが語るティモール・レステの歴史と夢

東ティモール独立翌年の二〇〇三年、独立までの出来事をティモールの子どもたちに書き残してもらおうという企画を提案した。ユニセフのスタッフも賛同したので、子どもたちへのインタビューを始めた。子どもたちの目に映っていた出来事は衝撃的だった。放っておくと心に傷を負ってしまう。心に傷を負った子どもに対する基礎的な心理療法として当時使われていた方法は、絵を描かせることだった。心に焼き付いて離れない経験を表現することにより不安を取り除くという手法だ。

前述したが、これは旧ユーゴスラビアの内戦時、子どもたちが受けた心の傷を取り除くのにも使われた手法だ。思い出したくないが消えない衝撃的な戦時の体験が日常的に蘇って心を蝕んでいく。まさに過去の経験があたかも現実に起こっているように繰り返され心を蝕んでいくのだ。そのようなトラウマから子どもたちを守るためには、辛い体験を表現することでまずは自分の外に出してしまい、過去のものとして語ることができるようにする心理療法を施すことが重要だ。そうすることにより

69　「哲学する民主主義」、ロバート・パットナム、ハーバード大学政治学教授、一九九三年

Tuir
labarik
sira nia
haree ...
Through the eyes of the children

この本は実際に紛争を体験した子どもたちの記録だ。生々しい殺戮の絵も含まれている。東ティモールが独立した年（2002年）に作成された。
直訳すると「子どもの目を通して」という題名で、独立に至る歴史でもある。この絵を描くことによって悲惨な体験がこれ以上子どもたちを苦しめず、心の傷が少しでも癒されたことを信じたい。初代大統領のシャナナ・グスマンも寄稿してくれた。

心の傷の原因である体験を精神的に過去の出来事として理解させることが大切だ。すべてのケースがうまくいくとは限らないが、初期段階には効果があることは証明されている。体の病気を治療することはもちろん大切だが、心の傷は発見しにくいし、また治療が難しい。内戦当時のユーゴスラビアは社会主義体制下にあり、各学校に臨床心理士が配置されていたので「Psycho-Social Project」（社会心理的支援プロジェクト）をすぐに立ち上げることができた。しかし東ティモールでは臨床心理士などの人材不足のため、課題が多かったが、どうにか始めることができた。その一環として作成した本を紹介したい。

第6章　東京からできたこと（二〇〇四―二〇〇六　東京時代）

南スーダン、メジリ村

メジリ村は、南スーダンのセントラル・エクアトリア州の首都ジュバから車で南へ三時間半ほど行ったところにある。筆者が訪れた二〇〇八年の時点では、メジリ村の住人の九八%は読み書きができなかった。学校、教師、教科書、すべてが不足していた。スーダンは二〇〇五年にケニア主導の調停で南北間に和平が成立し、スーダン支援国会議では和平合意に基づいて新しいスーダンをつくっていこうという合意がなされた。スーダン独立以来、紛争の絶えなかった南スーダンの開発は〝ゼロからの出発〟だった。国連は農村ごとに学校、保健所、井戸などの生活基盤を築き、それぞれの村落共同体の絆を強化し、人材を育成しながら開発を進めていく考えであった。メジリ村にも、この機会を最大限に利用してがんばろうという意気込みが見受けられた。国連も村人との協力関係の強化を願っていた。

メジリ村の村長選挙は二人の候補者の後ろに、何人の村人が並ぶかで決まる。無記名で投票する選挙と違って、誰がどの候補者を支持しているかが一目瞭然だ。隣村の人は選挙に参加できないが、周

筆者撮影：メジリ村の村長選挙

りで選挙監視団として成り行きを見守る。

この村には伝統的な裁判制度がある。ある村の男性が貰った「持参金」の牛の数が少ないと嫁の家を訴えた裁判の事例では、村の長老会が双方の意見を聞いて、長老会のメンバーがそれぞれ意見を述べた後、議長が判断を下す伝統的な慣習による手順だ。結果は嫁の持参した牛の数が少ないと言う訴えが取り入れられた内容だった。何頭だったか記憶していないが、嫁の家がすでに持参した牛に加え何頭か付け加えるとの長老の決定が双方に受け入れられ、無事ハッピーエンドに終結した。筆者は現地語が話せないので同行したユニセフの現地職員の通訳の世話になった。ユニセフではどこでも現地調査に出かける時、その地方の言葉を話す現地職員が同行してくれるのでとても助かる。もっと長く滞在すれ

筆者撮影
南スーダンのメジリ村の井戸掘りの現場で出会った子どもたち

ば、メジリ村にも民主的な制度が他にも存在することが証明できたと思う。あるアフリカ人の知り合いが、「アフリカは確かに近代化には遅れた。しかし、それぞれの国の文化に優劣はない。土地の文化に優劣をつけることはできない。誰もが尊厳を持って生きる権利がある」と主張していたのを思い出した。私はこの意見に賛成だ。しかし、貧困は人の尊厳を蝕む。足りないものや物質的に不足していることを意識すると劣等意識を持つ可能性が出てくる。グローバル化によりコミュニケーション手段が発達し、より豊かな生活の存在が、さまざまな形で貧しい国や貧しい人々にも知らされる時代になった。いったん知ってしまうと、自らの貧しさを他と比べて自分を不運だと思い、自分の置かれた境遇に不満を持ち、怒りさえ感じる可能性もある。確かに、この村で病気になったら大変だ。この村で生まれて育ち、医療の発達した地域のことを知らないならば、病気で死亡しても、その死を自分も、他の村人も、運命だとして、受け入れるだろう。

メジリ村の貧困の状況について付言すれば、教育制度が充実していないことである。それに加えて、農業も非生産的で、唯一牧畜が経済の基盤だ。しかし、牛は市場が不備なため売買の対象とはなっていなかった。牛からはいろいろな恩恵を受けているが、物々交換の対象や持参金として使われることはあった。他方、人々の暮らしについて言及するならば、いつ近代的な環境で暮らせるのかわからない中、もし交通網が発達し人々が移動の手段を得ることになれば、若者は村を離れ、より良い生活を求めて都会へ、国境を越え、さらにヨーロッパへと移動していくだろう。家族と豊かな生活をしたいと考えるのは当然のように思える。ただし、南スーダンの現状を知れば、都市化の進む町々では仕事のない若者があふれ、社会不安が増幅し、政治が不安定化し、いつ暴動が起きてもおかしくない状況になる可能性があるだろう。

南スーダンは二〇一一年七月九日独立した。アフリカの国の数が五五カ国に増えた。国連の推定によると、サハラ砂漠以南のアフリカにおける人口増のペースが世界最速だとの報告がある。二〇一九年の一〇億六、六〇〇万人から二〇五〇年には二一億一、八〇〇万人に倍増し、二一〇〇年には約三八億人と世界の人口の三人に一人はアフリカ大陸に暮らすことになるとの見通しだ。一度は克服したと思われた人口と生活資源、特に食料に関する『人口論』(An Essay on the Principle of Population)

の著者マルサスの課題の再来だとも取れる事態が危惧される。いかにして人口急増に対処して経済成長を達成できるか。基本的な医療保健などの社会サービスを提供する能力をいかにして育てるか。たとえばだが、新型コロナウイルス感染症の発生や拡大を制御できなければ国は社会不安に陥り、将来地域の大きな火種を抱えることになる。

巨大なアフリカ大陸は民族、言語、宗教、文化の面で最も多様性に富んだ地域である。スーダン（南スーダンを含む）は一九五六年に独立したのだが、その前年から南北間で紛争はすでに始まっていた。当時は南スーダンの国民のほとんどは国家の概念、機構も役割もよくわかっていないと思われた。部族が国境で分断され、宗主国の都合で国家がつくられた背景はこれからも引き続きアフリカの負の遺産として残るだろう。

筆者は七年間アフリカに暮らした。その後も国連工業開発機関（United Nations Industrial Development Organisation：UNIDO）勤務時代に、引き続き頻繁に訪問したアフリカの今後の変化を考えると、私たちがかつて思い描いた「文字がなく、文明に取り残された地域」というアフリカ像は消滅している。さまざまな技術革新はアフリカでも起きている。課題は多いが潜在能力も大きい。アフリカで受ける印象の一つが、躍動感溢れる文化だ。あの生き生きとした生命力に溢れたエネルギーはどこからくるのだろう。あの喜怒哀楽を表現する自然な解放感はどう受け継がれてきたのか？　川田順造氏の言う「おおらかな自己肯定感」は、どこから生まれてくるのだろう？　我々にはアフリカから学ぶことが無数にある。

バンダ・アチェの津波と母の赤い衣

子どもの心理は専門家でもよく理解できない。特に心の傷を負った子どもたちは口を閉ざし、表情が極度に乏しい。二〇〇六年一月のインドネシアの大地震の後、津波災害復興の事業の一環としてスマトラ島のアチェの小学校を訪問した時、教室の中程に一人だけまったく表情のない男の子がいた。先生に尋ねたところ、津波で母親を亡くしたとの返事だった。ショックを受けると子どもは泣いたりするものと考えがちだが、実際は無表情で、体が硬直しているようだった。多分、自分を守るために心の傷の原因を思い出さないようにしているのだろう。トラウマから子どもを守るには専門家が必要だ。紛争や災害時の子どもは心身ともに無防備だ。いろいろな対策は取られているが、心理的な予防と治療に関してはいまだ十分とは言えなかった。

バンダ・アチェから海岸沿いに東へ車で移動中、道路脇には黒いプラスティックの袋に詰められた遺体が転がっていた。海岸沿いの跡形もなくなった民家の後方に、椰子の木が数本残り、津波による瓦礫が垣根のように積み重なっていた。私が車から降りたのは、そこに小さな女の子を連れた女性がヤシの木に絡んだ瓦礫を眺めていたからだった。事情を聞くと白いヒジャブをかぶった女性は黄色のワンピースを着た女の子の叔母にあたる人で、津波の前日、バイクで姪を自宅に連れ出したので、津波の被害を免れたとのことだった。女の子の母親の行方がわからなかったので、叔母と一緒に家族の住んでいた家を見たくて訪れたと言う。「お母さんは大丈夫だった？」と聞くと、首を横に振って、

筆者撮影
母を亡くした姪を連れた叔母と筆者（2004年1月バンダ・アチェにて）

ヤシの木に絡まった真っ赤な布を指差して、小声で「お母さん」と言った。子どもは母の衣装をよく知っていた。私の心は揺れた。言葉にならなかった。時間が止まったようだった。二人はバイクで去っていった。彼女の心の傷は誰が癒してくれるのだろう。

話は東ティモールに戻るが、独立前の東ティモールの住民は、インドネシア残留派と独立派に分断されていた。残留派は少なかったがインドネシア軍が独立阻止に動いたため、東ティモールは戦場となった。子どもたちは家族が殺されるのを見た。隣人同士が殺し合うのを見た。住宅が燃えているのを見た。果たして子どもたちはどうやって心の傷を癒したのだろう。東ティモールの暫定政府のリーダーだったシャナナ・グスマンは長いジャングルでの戦いの後インドネシアの牢獄にいた。紛争後出所し、カリスマ的リーダーとして建国に努力した。初代大統領に就任した彼に「子どもの語る東ティモールの歴史」の序文を書いてもらった。ティモール誕生の話から始まる絵本は、紛争から建国への道をたどる子どもたちの絵で綴られている。この絵を描くことによって子どもの心の傷が少しでも癒えて、トラウマにならないことを願った。子どもの健全な精神的成長も開発の重要な課題だ。

北朝鮮への人道支援

筆者は北朝鮮（朝鮮民主主義人民共和国）に二度行った経験がある。初訪問は二〇〇四年九月。援助プログラムをつくる準備のために一人で行った。二度目はその三カ月後で、ともに八日間の短期出張だった。二度目の時は、日本政府派遣のモニタリング・ミッションの一員としての訪問だった。その年の五月、拉致問題で金正日総書記と日朝首脳会談に臨んだ小泉純一郎首相は医療支援一〇億円と二五万トンの食糧支援を約束した。世界食糧計画WFP経由の食糧、次いでユニセフと世界保健機構WHOが担当した医薬品は一一月から一部、北朝鮮に到着しはじめていた。しかし日本国内では、食糧が軍部に優先配布され、一般の人々に渡っていないのではないか、といった疑念が強かった。そこで、支援物資がきちんと配られているかを確認しようということになったのである。メンバーは筆者も含め外務省の国際社会協力課（当時の名称：WFPとユニセフを担当）、北東アジア課、在韓国日本国大使館の担当者と医者など七人。メンバーはマスコミや国会で質問された時に明確に答えられるように詳細な情報を収集しなくてはならないということで、北朝鮮側にとっては相当、厳しいモニタリングになった。

咸興（ハムフン）港にはＷＦＰの食料が山積みになっていた。とても倉庫に収まり切れないほどの量だった。それがどんどん運び出されている。運送システムがよほどしっかりしているのか、飢餓状態がよほどひどいのか、あるいは、その両方だろうという印象を受けた。

北朝鮮政府の公社（配給担当の組織で名称は記憶していない）による配給システムを視察した。各県には多数の配給所があり、市民はそれぞれ配給通帳を持っていて、そこに判子を押してもらい、バスケットに落ちてくる食料パッケージを受け取る仕組みだ。配給システムは効率的に運営されている様子だった。公社の職員は記録を取っているのだが、問題が三つあった。一つは配給を受け取る人のリストを見せてくれないことだ。支援物資を受け取っているところや、その人の家の様子までは見せてくれるのに全部のリストは出さない。これでは、どの範囲のどういう人たちに届けられているのかを確認しようがない。もう一つは、軍が別の配給ルートを持っていることだ。こちらは実際に見ることができなかった。三つ目は貧しい家までは見せてはもらえなかったという印象がある。善意に解釈すれば、貧しさは政府の経済政策の結果を象徴するものだという思いがあり、見せたくなかったのだろう。病院を訪問した時には、点滴にビール瓶を使っていた。院内では日常のことで、恥ずかしいと思っていなかったはずだ。しかし、ある時、その光景を見た外国人が驚いてビール瓶での点滴を行う写真を撮った時、病院では事態を悟り、点滴場面を二度と部外者に見せなくなってしまった。

食糧と医療品は届いたのか

国連世界食糧計画（World Food Programme：ＷＦＰ）は「少なくとも到着した食糧の七割がちゃんと行き渡っているのを疑う余地がない」と説明している。ＷＦＰは限定的だが一貫してモニターをしていた。月に五世帯分確認できるとすれば、二〇カ月で一〇〇世帯はモニターできる。配給記録もきちんとノートに手書きで記載してあり、それを繰りながら、過去の支援について担当者より的確な返事が返ってくる。もし、本当に届いていないのならば、餓死者が出たり、暴動が起きたりするはずだ。しかし、そんな兆候は見られなかった。むしろ逆だ。栄養状況は改善していた。五歳未満の子どもの死亡率（出生一、〇〇〇人当たり）は、一九九八年の五〇％をピークに漸減、栄養不良児も一九九八年の六二・三％から二〇〇〇年は四五・二％、二〇〇二年に四一・六％と下がる傾向にあった。

こうしたことから、監視団は「支援物資は届いている」と判断したし、日本政府にもそう報告した。しかし、同時に、北朝鮮国民が大変に厳しい生活を強いられているということは痛いほど伝わってきた。地方を訪問した時、雪が降って寒かったにもかかわらず、燃料不足のため住民がオンドルを使うのは食事の時だけだった。燃料は枯れ木、石炭と練炭だった。これで料理と暖房の両方を賄っていた。アパートの外見は一見きれいだが、水道管が古く腐っているので水が出なくて困っていたところ、ユニセフが共同住宅の前庭に水道をつくった。狭い階段を昇り降りして一階から三～四階までバケツで水を運ぶ労力から解放されることはなかったが、断水からは解放されていた。

人道主義の行方

拉致は許しがたい犯罪で速やかに解決しなければならない課題だとは思う。しかし、北朝鮮については三つの人権問題があり、これを当事者が認識しながら話をしないとまとまらない。三つの問題とは、まず国連の設置した人権調査委員会において報告された北朝鮮における日本軍の徴用の問題など、日本の統治下での人権問題、次に日本人拉致被害者の人権問題、最後に現在北朝鮮で過酷な生活を強いられている人たちの生存権などの人権問題だ。

国連人権理事会は二〇一四年二月七日に開催された二五回目のセッションにおいて北朝鮮（朝鮮民主主義人民共和国）における人権調査委員会の詳細な報告書を提出している。[70] ユニセフは当時の北朝鮮国内における子どもの人権に関心があった。北朝鮮の女性、子ども、一般市民が栄養失調で、生存権をはじめとする基本的人権が侵されている問題を看過できなかったからだ。

北朝鮮の国民に対する人道支援に関して筆者の意見を述べるが、何十年か後に、日朝の国交が正常化したと仮定した場合、北朝鮮の国内人権問題に対して日本がどのような態度をとってきたかについては、北朝鮮の一般国民層も知ることになるだろう。拉致問題が存在したにもかかわらず、日本が人の道、つまり他国のことであっても人道問題を優先したという事実が残っていれば、将来国交回復後の両国にとって大きなメリットになるであろう。人権の基本は誰に対してもどこででも守ってほしい。日本国憲法の前文で明記されているように、「国際社会で名誉ある地位を占めたい」と考えている国民なのだ、と国連や北朝鮮の人が知ることで、日朝関係が良い方向に向かう可能性もある。筆者の考えが甘いと批判される向きもあるだろうが、どこかで人権における徳を積み上げていくことが、国際的に名誉ある地位を築いて行くことにつながっていくと信じる。前述した三つの人権問題の解決には関係当事国の立場をお互いが理解しない限り解決の糸口を見つけることすら難しいだろう。

私が東ティモールに在任中のこと、独立前の東ティモールで開催された日本大使館主催のレセプション会場の前で、日本のNGOも含めた市民団体が日本占領中の東ティモールにおける慰安婦問題について責任を求める抗議をした。しかし、その翌日、当時外務大臣だったラモス・ホルタ氏は、「今までの日本のODAの実績からも明らかなように、日本はすでに多大の貢献をしており（罪は償ったとして）東ティモールに対して賠償責任は負わない」と宣言した。日本は経済制裁下のビルマに対しても国連を通して人道的立場から開発援助を提供し続けた。状況はどうであれ、北朝鮮に対しても人道主義は貫いてほしい。

日本と朝鮮半島との関係は東アジアの安定と成長にとって意味をなす。国は違っても人道と人権に

70　国連人権調査委員会は二〇一四年二月七日の国連人権理事会二五回セッションに「評議会の注意を必要とする人権状況について朝鮮民主主義人民共和国における人権調査委員会の詳細な調査報告」を提出した。内容は国連文書A/HRC/25/CRPに記載されている。レポートの第3章において日本の植民地時代の人権問題を、第4章では北朝鮮国内での人権問題と拉致に関しての報告をしている。

関しては国境を越えて双方が対処すべき課題であろう。女性、子ども、人道支援、社会開発の分野で活動するユニセフは人道と人権に関して選択肢を提供できるかもしれない。経済制裁は理解できるが、人道支援は切り離して考えたいものだ。ユニセフの存在意義はこのような考え方に基づいていると思う。

遠のくパレスチナの春
パレスチナ自治区

ブッシュ米大統領が中東問題の打開策として提案したロードマップが発表されて以来、パレスチナに対する関心が高まり、ユニセフの現地での活動が活気を帯びてきた。ユニセフは二〇〇三年、日本の無償資金を使ってパレスチナ自治区で予防接種のプロジェクトを始めた。筆者はヨルダンの首都アンマンでユニセフ地域事務所のイラクサポートチームとの会議の後、二〇〇四年六月、初めてパレスチナを訪問することになった。

パレスチナ自治区で見た現実は、私の想像を超えていた。イスラエルの入植地は数多く見られ、そのほとんどは八メートルの高い壁で囲まれて、時には電流を流したフェンスさえも張り巡らされていた。そこまでしないとユダヤ人の安全は守れないのだろうか。入植地を増やすことがイスラエルの国家安全保障政策かと思われる中で、すでに入植したイスラエル人のガザからの撤退を約束したシャロン・イスラエル首相の決断が国家政策の反映なのかどうかはっきりしなかった。

筆者撮影：８メートルにも及ぶイスラエル入植地を囲む壁

シャロン首相の撤退発言に反対するイスラエル人の大規模な「人の鎖」のデモは日本人の記憶にも新しい。国内の強硬派と柔軟派のそれぞれの圧力によって政策が揺れ動くイスラエル国内政治だが、最終的には入植を肯定しているように思えてならなかった。テロで抵抗するパレスチナ人は、イスラエル強硬派に格好の口実を与えていたようだ。イスラエル政府がイスラエル人だけの居住を目的とした入植地をパレスチナ自治区である西岸に数多く開拓してきた状況を目の当たりにすると、いつの間にか取り返しのきかない陣取り合戦に負け、あきらめかけていたパレスチナ人への同情心が湧いてきた。もちろん全員があきらめていたわけではないし、イスラエル側にも入植地開拓に反対している人もいると耳にした。軍事力では圧倒的なイスラエルに対し、パレスチナ人ができることは武器なしで反抗するゼネスト的な「インティファーダ」(Intifadah：民衆蜂起）の運動であった。

西岸での予防接種は安全保障問題

ユニセフのパレスチナ自治区事務所はエルサレムにある。自治区の何カ所かに地方事務所もでき、治安状況が悪化している中、草の根で活動できるような組織を持っている。筆者がエルサレムに到着した翌日は、麻疹《はしか》の予防接種のナショナルキャンペーン初日であった。実はこのキャンペーンを実施するのは二度目。通常であれば一度で十分なところを二度必要な理由は、ワクチンの効果に問題があったからだ。各地の道路で厳しい検問が行われていたためである。予防接種用の麻疹のワクチンをクーラーボックスで運搬中に、検問で何回もクーラーを開けて調べられるのでワクチンの効力が失われてしまうのだ。第一回のキャンペーン後に麻疹の予防接種の効果を調べると、十分な抗体ができていないことがわかった。ワクチン運搬中に効力が失われていたのだ。そこで再度予防接種を実施することになった。同じ過ちを繰り返さないように、ユニセフはチェックポイントの管理をしているイスラエル防衛軍（Israel Defense Force：ＩＤＦ）と交渉し、検問時にワクチンのクーラーを開け閉めしない措置を取ることに成功した。これは、ユニセフのパレスチナ自治区代表のコネクションで、ニューヨーク出身のイスラエル防衛軍の有力者との話し合いができたことが功を奏したと聞いた。こうして最悪の事態は避けられたが、予防接種の妨害はパレスチナの子どもたちが生存を脅かされた事件の一例だ。

筆者が日本大使館の野田参事官とラマラ地区でキャンペーンの口火を切ったと同時に、ガザ地区ではイギリス出身のハリウッド女優ヴァネッサ・レッドグレイヴが予防接種のキャンペーンを始めた。ヨルダン川西岸の村々では、キャンペーンの時間と場所を何度も連絡しなければ人が集まらないと聞いた。いつ何が起こるかわからない状況ではこれも無駄とは言えないが、安全な環境で教育、保健衛生サービスが行われている日本では考えられないことであった。

未来を担う若者

パレスチナの将来に対する期待感が薄れていく中、イスラエルのユニセフ国内委員会事務所を訪問することができた。反イス

筆者撮影：パレスティナ　ラマラで出会った子どもたち。
筆者とパレスチナ自治区ユニセフのデイビッド・バシール代表

ラエル決議を繰り返している国連への反感があるので、ユニセフに対してもなかなか十分な理解が得られていないと聞いていた。パレスチナ滞在中には数多くの若者に会った。彼らは、共存への希望をまだ強く抱いていた。この国内委員会が将来を担う若者同士の交流を深める具体策を企画することにより、将来への展望を開くことができるのではないか、と提案し、二〇〇四年六月イスラエルを後にした。

増える西岸への入植者

二〇二〇年六月三〇日の毎日新聞に「イスラエル併合の構え」という見出しで、五月に発足した連立政権がヨルダン川西岸のユダヤ人入植地の一部をイスラエルに併合する法整備を始める見通しであるというニュースが掲載された。イスラエルは、一九六七年以来ヨルダン、シリア、エジプトの領土を占領してきた。過去に東エルサレムとゴラン高原を併合したことについて、グテーレス国連事務総長は占領地の併合は国際法違反であり、イスラエルとパレスチナの二国家共存を著しく困難にすると宣言し、イスラエルに併合計画を放棄するよう求めた。エルサレムをイスラエル[71]の首都と認めたアメリカ合衆国トランプ大統領がどう動くかにより、国際社会が支持する二国家の共存の実現に影がさすことになるだろう。二〇一六年一二月二三日、国連安全保障理事会はイスラエルがパレスチナ占領地で進めている入植活動を批判し、活動の即時停止を求める決議（二三三四号）を賛成一四、反対〇、棄権一（米国）で採択した。安保理が、イスラエルの入植政策を批判する決議を採択したのは三六年ぶりと言われた。

二〇一七年七月の時点で、ヨルダン川西岸の推定人口は二七四万七、九四三人[72]のパレスチナ人、約三九万一、〇〇〇人のイスラエル人開拓者がおり、東エルサレムは約二〇万一、二〇〇人のイスラエル人開拓者がいる。国連は二〇五〇年のパレスチナ人人口を九七〇万人と予測しているが[73]、イスラエルは一、一八〇万人と予測している。

オバマ政権はより厳しいスタンスを採用し、二〇一六年後半に、イスラエルの入植地の廃止を求める国連決議に拒否権を行使しなかった。しかし、トランプ政権ははるかにイスラエルに寛容であり、国務長官のマイク・ポンペオは「西岸におけるイスラエルの民間人入植地の設立は、それ自体、国際法と矛盾しない」と述べ、彼らの地位はイスラエル人であると述べた。パレスチナ人は交渉しなければならない。パレスチナとの平和共存を訴えるイスラエルの民間団体、Peace Now が発表したイスラエル中央統計局のデータによると、西岸地区に住むイスラエル人入植者の数は一九七〇年代後半から着実に増加しており、二〇一八年には四二万七、八〇〇人に達している。[74] パレスチナ自治区の占領地の一部をイスラエルに併合する手続きを二〇二〇年七月から始める、とイスラエル政府は発

71　イスラエルの人口は九一三万人、イスラエル中央統計局（Central Bureau of Statistics）
72　パレスチナ自治区のパレスチナ人人口五一〇万人、UN World Population Report (2019 Revision)
73　二〇一二年版世界人口展望、国連人口部
74　niall.mccarthy@statista.com, Statista Infographics Bulletin, 30 June 2020

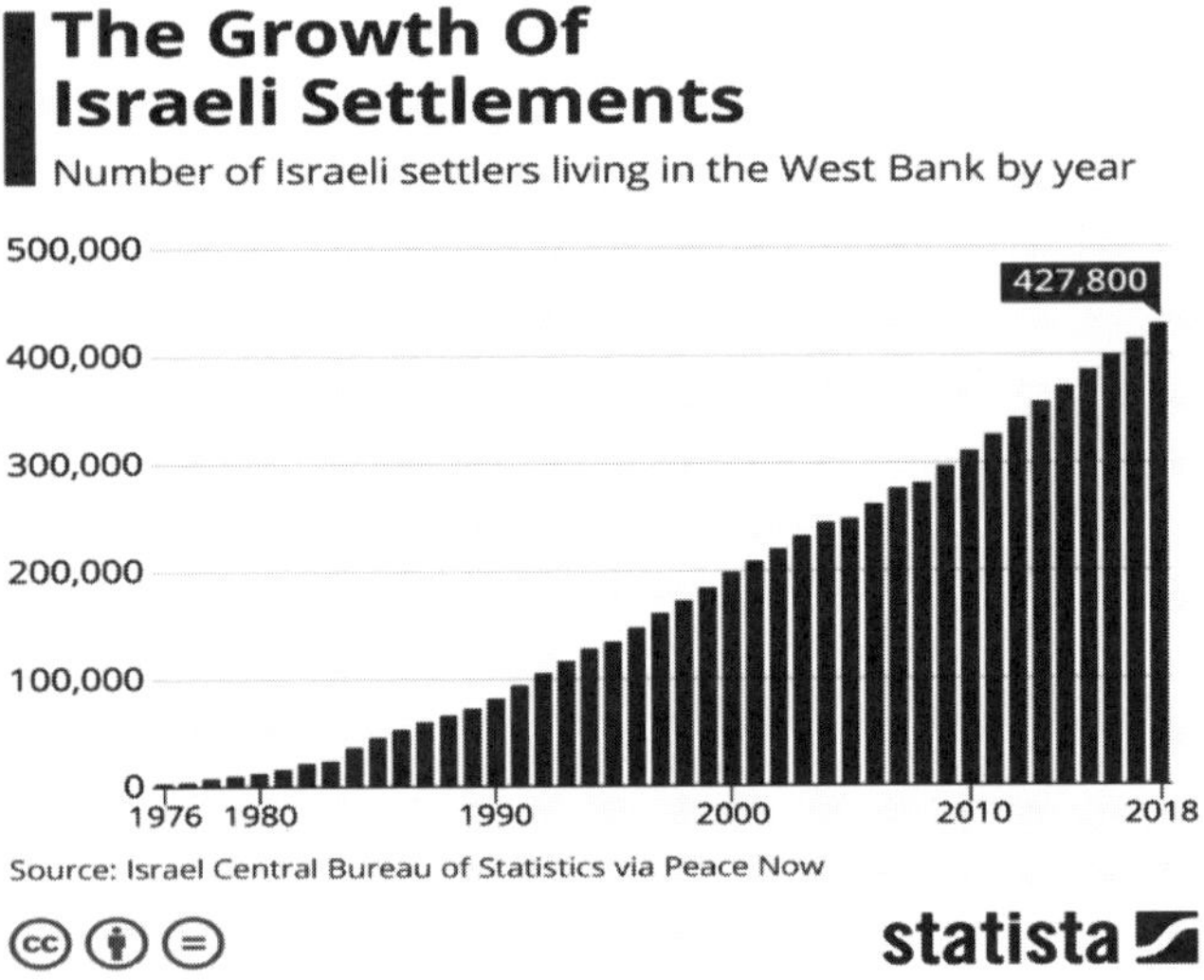

図８：ヨルダン川西岸への入植者

表した（ニューズウィーク、二〇二〇年七月二日）。しかしその後、イスラエルとＵＡＥ（アラブ首長国連邦）が国交正常化に合意し、同時にヨルダン川西岸のパレスチナ自治区におけるイスラエル人入植地の併合は、一時停止すると発表した（毎日新聞朝刊、二〇二〇年八月一五日）。イスラエルの入植は、国連の立場からはそもそも国際法違反であり、撤回されるべきであるが、既成事実化を狙っているとしか思えないイスラエル政府の方針は本質的に変化しないのではないだろうか。

第7章　貧困と格差の生まれる背景

弱者と権力

一九八〇年代は世界銀行やＩＭＦの活躍した時代だった。一九七〇年代二度にわたるオイルショックに端を発する国際的な経済危機は、アフリカ諸国の低迷していた経済をさらに深刻化させ、特にサハラ以南のアフリカにおける経済の停滞は慢性化の様相を呈していた。世銀はその根本的原因を経済政策と制度の弱さの結果だとし、ＩＭＦと協調し、いわゆる「構造調整融資」の導入を決めた。構造調整融資の特徴は多額債務、特に政策改革の計画の策定と融資承認にあたっての条件（コンディショナリティ）を設定することだった。しかし、通貨切り上げ、財政赤字削減、非関税障壁の撤廃と関税化、農業補助金の廃止、市場自由化、公営企業における合理化、民主民営化、金融の引き締めなどの実施の結果は援助国の貧困層に深刻な影響を与え、大きな批判の対象となった。さらに政策を提案してもそれを実現できる「良い統治 — Good Governance」も重要視され、公正な選挙の実施など政治的民主化に関する事項も融資条件に加えられ、アフリカ諸国の政治構造や制度における転換もコンディショナリティに盛り込まれることになった。

この構造調整政策の実施により、さまざまな公共サービスや生活必需物資に対する補助金の削減など、影響は広範囲に及んだ。その結果、教育や保健医療サービスの低下、子どもの栄養状態の悪化や死亡率の上昇、初等教育への就学率の低下など一般市民に対してもネガティブな影響が出た（「人間の顔をした構造調整：Adjustment with a Human Face」Cornia A and Francis S, Oxford University Press, 1987）一方、財政・金融などの改善は財政赤字の解消や経済成長には結びつくかもしれないが、貧困の撲滅や国民の生活レベルの改善、ひいては公正な所得の分配に対しては効果がないか、もしくはネガティブなインパクトがあるのではないかという批判も頻出した。

一九八〇年代にサハラ以南の西アフリカに導入されたＩＭＦ・世銀による構造調整政策は、厳しい非難に晒され、植民地主義の復活とも言われ、その導入に際しては被援助国の統治の改善をトップダウン的な姿勢で臨んだことにより、内政干渉だと非難されながらも世銀とＩＭＦの権力は肥大化した。

貧困問題を考える際に、単に物資がない、資金がない、技術がない、という問題以外にも考えなければならないことがある。以下、一七九ページ左側の写真は、一九八〇年代の開発の実態を研究したポール・モスレイ氏ら三人の経済学者の共著『開発援助と権力』(Aid and Power, Paul Mosley et al.) の表紙だ。伝統的な衣装をまとった被援助国の人物らしい男性が、体格の良い、カジュアルな服装をした援助機関の代表らしき人物に相対している写真だ。ポール・モスレイら三人の経済学者は『開発援助と権力』の中で、世銀の構造調整計画は経済成長に対して効果がなかったと主張している。著者の意図したことではないであろうが、筆者は皮肉にもこの表紙から被援助国の「弱者」と援助機関の

左　ポール・モスレイらの著書「Aid and Power」の表紙（写真：世界銀行）、右　マッカーサー元帥と会見する昭和天皇（写真：時事通信）

「強者（権力）」との力関係が見えてきてしまう。

時代は太平洋戦争敗戦後の日本に戻るが、モーニング姿の昭和天皇がマッカーサー元帥と会見した上右の写真はあまりにも有名である。筆者があえてこの写真を選択したのは弱者と強者（権力）の構造が如実に現れていると思えたからだ。この写真の解釈に意見が分かれていることは承知しているが、筆者は周知の意見をここで繰り返す気持ちはまったくない。この写真が筆者に語りかけるのは、日本は敗戦で初めて被占領地となり「支配される」という「弱者の立場」を体験したという事実だ。この写真はそうした力関係の構図をよく模写しているようだ。

筆者が訴えたいことは、援助の背後にある力関係である。筆者は構造調整が必要なのは被援助国であるアフリカやアジアの途上国だけではなく、援助する側とされる側との関係であると考える。

今の世界経済構造は、持てる強者が利権を掌握し、強者優位な資本主義の経済構造ができあがっている。既存の構造を変えるのは難しい。多数の開発途上国は独立以前には宗主国（強者）に植民地支配されていた。さて、独立後はどうなったのか。コンディショナリティに象徴されるＩＭＦや世銀、あるいはその政策を支持したドナー及び強大な経済的権力を持つ多国籍企業と被援助国との関係は独立後も援助の名において宗主国（権力）と植民地（弱者）というかつての構図から脱却できていないようだ。

国連に置き換えても安全保障理事会における「大株主」の五常任理事国とその他多勢の中小国とのあいだにも同じ構図が見え隠れしている。世の中に格差が発生するのはやむをえないだろうが、極端な格差は社会を蝕み人心を損ねていく。その歪みが社会を不安定化する。格差が普遍化してくる現状を何としても軌道修正する必要がある。かつて日本は植民地を持ち権力を行使する立場にあったが、敗戦の体験から学ぶことが大きかったと認識している。弱者の立場を理解した経験を持ち、「弱者」に寄り添うことのできる国になったはずである。将来もそうあってほしいと思うが、現実は日本国内でも格差が大きな問題となっている。国外に目を転じても格差は拡大し続けている。世界はこの状況を転換する方法を模索しているようにも現状を是認しているようにも思える。事実、貧困削減、保健や教育の分野での一定の成果から少しばかりの勇気を与えられるが、世界全体を俯瞰すれば、一歩進んで二歩後退しているような状態がいまだ続いていることを危惧している。

日本は戦後、力強い復興期に恵まれた。しかし、途上国の紛争には復興期がない。あっても、すぐに消えてしまう。内戦が再発することが多いのは根本的な原因である貧困や格差の構造的な要因が存続しているからだと認識している。

国連は、米国のジョン・Ｆ・ケネディ大統領の提案により、開発途上国のために、一九六〇年代を「開発の一〇年」と定め、途上国全体の経済成長率五％という目標は達成した。しかし、先進国と開発途上国との経済格差はますます拡大し、さらに途上国内での貧富の差も拡大した。そのような中、一九六五年国連開発計画（ＵＮＤＰ）が技術協力の資金供与機関として設置された。しかし、第一次国連開発の一〇年は効果的な行動もとれず、期待した成果もあげられなかった。その後、引き続き一九七〇年代を第二の「開発一〇年」とした。先進国の政府開発援助額の努力目標をＧＮＰの〇・七％としたのもこの時期だった。

世界に蔓延する貧困問題は昔も今もさまざまな学者がその原因と対策を論じてきた。スウェーデンの経済学者グンナー・ミュルダールは、一九七〇年代に出版された『貧困からの挑戦』（The Challenge of World Poverty：A World Anti-poverty Program in Outline, 大来佐武郎監訳）の中で、「貧しい人は積極性に乏しく、無気力で、はっきりものを言わないことが多い。彼らが（自ら自分の）利益を守るために組織化されることは滅多にない」と開発途上国の貧しさの原因について言及した。元駐インド米国大使ジョン・ケネス・ガルブレイス（元ハーバード大名誉教授）も『大衆的貧困の本質』（The Nature of Mass Poverty. 都留重人監訳）の中で、「罠にはまったように繰り返す貧困の悪循環」に関して貧困からの脱出の難しさを説いた。貧しさを蔓延する風土病のようにとらえていたようだ。

世界には経済だけでは解決できない社会的課題が山積している。米国の経済学者ジョセフ・E・スティグリッツ（コロンビア大学教授）は著書「Price of Inequality」（『世界の99％を貧困にする経済』楡井浩一、峯村利哉訳）で次のように貧富の差をもたらす不平等について言及している。「市場が（貧困を）解決できないことはすでに証明されているとして、公害など外部不経済をもたらす市場に、いまだ公正な資源と富の分配ができると言い続ける経済学者の考え方を変える必要があるのではないだろうか」。さらに、市場が富の分配機能を持っていないことは明白であり、市場をつくっているのは経済だけではないとも述べている。[75] グローバルな課題の解決にはＳＤＧｓに象徴されている（格差の解消など）国際公益を保護し、推進していく国境を越えた制度がない。世界の経済格差が原因で、一割の富裕層が九割の富を所有する状況を生み出した。これを受け入れない九割の世界人口が世界経済構造に不満を抱き、世界秩序の変革を求める動きをする可能性は大いにありうる（スティグリッツ）。そうした動きは社会の不安定化を招くことがある。それを止めるには差別、不正義、弱者の人権問題、移民問題、社会的流動性の欠如、構造の硬直化など社会の歪みを是正することが必要だろう。

貧困と富の分配に見られる問題や、権力と経済構造が変わり難い問題の背景には既得権益を維持しようとする強者のマインドセット（考え方）が存在していることは明白である。インドでは、筆者が滞在した一九八〇年代以前より、第3章でも述べた当時（一九八〇年代）のインドの有識層[76]が義務教育に対して抱いていたマインドセットは貧困・格差の問題の重要な要因だと認識する。また、前述したガルブレイス氏が指摘した世代間で繰り返される貧困の文化、『怠惰な原住民』[77]を書いたサイード・フセインの視点は、のちに訂正されることになるが、当時の通念を反映したものであり二人の有識者のマインドセットだった。貧富の差や不公平を解消する制度改革を訴えた人々は「ウォールストリートを占拠せよ」[78]と連呼したが、時とともに関心は薄れた。不公平の是正によって既得権益を失うことを恐れる富裕層の考え方が変革を阻止してきたと言えるのではないだろうか。生産過程がグローバルに分散する中に（第8章で詳しく述べる）サプライチェーン上の人権問題、地球温暖化を

75　The Price of Inequality, Joseph Stiglitz, 2012,『世界の99％を貧困にする経済』、楡井浩一、峯村利哉訳、二〇一二年

76　The Child and the State in India, Myron Weiner, 1990, Princeton University Press, p.105, p.197

77　The Myth of the Lazy Native; a Study of the Image of the Malays, Filipinos and Javanese from the 16th to the 20th Century and Its Foundation in the Ideology of Colonial Capitalism, Hussein Alatas, Syed, Routledge, 1977

78　「ウォール街を占拠せよ」という呼称で拡がったグローバル化と格差の拡大に対する市民の抗議運動の発端は、一九九九年、ジョージタウン大学のキャンパスで学生がグローバル化を推進するＩＭＦとＷＴＯが世界中の労働者の尊厳と生計を奪った悪者だとしてグローバル化に反対する集会だった。二〇〇三年のメキシコ・カンクンでのＷＴＯ会議は進行が行き詰まり事実上閉鎖された。反グローバリゼーション活動は、労働組合、宗教団体から、繊維工場、人権団体まで拡大した。二〇〇八年後半に始まった深刻な景気後退もあり、ＷＴＯでの貿易交渉の復活に期待できない状況だった。(Rivoli R. The Travels of a T-SHIRT in the Global Economy, John Wiley & Sons, Inc., 2009)。一方、二〇一一年九月一七日からアメリカ合衆国ニューヨーク市マンハッタン区のウォール街において発生した「ウォール街を占拠せよ」の抗議活動では、アメリカ経済界、政界に対する抗議の合言葉になった。ジョゼフ・スティグリッツは『世界の99％を貧困にする経済』で、「二〇〇八年の金融危機以降、大勢の人々が家と仕事を失う一方で、銀行家が巨額のボーナスを手にする、と言う不公平な現状に対する（抗議者の）怒りがつのっていた」と述べている。

認めない政治勢力、その背景には企業経営者あるいは国家指導者が共有するマインドセットが存在する。改革はまず概念を共有することから始められるべきであろう。格差の解消も格差をなくすのに有効な概念を共有することが大切だという認識を痛感している。

世の中には、現状に不満を持つ民衆が立ち上がり、変革を求める時がある。世界レベルで起きることもあれば、特定の地域のみで起こることもある。筆者は共産主義者ではないし、革命を希望しているわけでもない。ただ、目に余る格差の是正と不平等を解消し、平和な安定した世界が広がることを望んでいるだけだ。

特定の地域で起こった例として、インド・ラジャスタン州のティロニア村をあげたい。インドへ赴任していた頃、ＮＧＯを設立したバンカー・ロイ[79]のプロジェクト「自立する村」の視察のためティロニアを訪れた。そこでは村人が総勢で松明を手に取り、村の開発のため、技術の習得、識字能力の獲得、不平等解消などを求め、国や地方政府に対し制度改革を主張していた。筆者が「自立する村」の設立集会に参加した時、まさにティロニアの不平等是正のうねりがラジャスタン州あるいはインド全域に波及し、「ティロニアの春」の到来かと我が目を疑うほどの衝撃を受けた。

もう一つの例をあげると、筆者がＵＮＩＤＯの事務局次長を務めていた二〇一〇年のこと。西アフリカのベナン共和国を訪問し、ナイジェリア人のゴッドフリー（Godfrey Nzamju）神父の立ち上げたソンガイ・プロジェクト（Songhai Project）を視察した。ゴッドフリー神父は米国で教育を受けた後、開発が遅れているベナンに、環境に優しい持続可能な農業を目的とした総合的なアグリビジネス地区を設立した。一九八五年に設立されたアフリカの環境に根付いた農業、家畜の育成・販売、食料の加工、農機具の開発、無農薬栽培など、多岐にわたり活動を続け、西アフリカの住民の社会経済的自立を推進している。筆者は二〇一〇年頃、このプロジェクトを訪れ、その成果には驚かされた。ソーセージの作り方や販売のしかたに関する実務訓練、家畜の飼育事業の立ち上げ支援など、地域に根付いた事業であることはすぐにわかった。商業ベースで運営しているので財政的にも採算はあっているとのことだった。どの援助団体からも支援を得ることなく、自力で立ち上げ運営している例は、西アフリカでは珍しい将来開発モデルにしていくべきプロジェクトで、ここから学ぶべきことは多い。事実、数多くの国連機関や民間組織がこのプロジェクトを訪れ多くを学んでいる。ソンガイ・プロジェクトの存続と成功を願ってやまない。読者も機会があれば訪れて、ゴッドフリー神父の成し遂げたすばらしい成果をぜひ見てほしい。

ティロニアとソンガイの二つの事業は、それぞれ長年続いているが、ローカルな活動を通してグローバルな課題に挑戦し、成果をあげている良い例だ。このプロジェクトが徐々に西アフリカ及びアフリカ全域にも広がることを望む。

「世界の所得不平等は二〇〇四年以降減少傾向にある。理由は中国やインドなどの巨大な新興国

79　バンカー・ロイは、一九七二年にＮＧＯ「The Social Work and Research Centre（ＳＷＲＣ）」をインド　ラジャスタン州のティロニア村に立ち上げた。

の経済発展が関係している。その一方で国内の所得格差は広がっている」[80]。その理由として、「最上位の所得層の労働所得が上がり、その他の労働者の所得が減少しているからである」とILOが二〇一九年に報告している。[81]

OXFAMの報告書[82]によると、二〇一七年に生み出された富の八二％を世界の最も豊かな一％が独占していた。つまり、世界の富豪二、一〇〇人が世界人口の半分に当たる最貧困層の四六億人の資産を上回る。人口分布はほとんどが貧困層で人口ピラミッドの下の方に集まっている。すなわち発展途上国のほとんどの人々は貧困層だということになる。

多国籍企業と富の分配

スティグリッツは、ギリシャの歴史家トゥキュディデスの次の言葉を引用[83]した。「一般的に言うと権利が問題となるのは、力が同じ者たちの間だけである。好き勝手に振る舞える強者の前では、弱者は苦しみを甘受するしかない」。国連大学マーストリヒト経済社会研究所のアダム・シルモイ（Adam Szirmai）は著書『Socio-Economic Development』の中で次のように記述している。古典的な経済学者が自由市場を好むのは、ハーバート・スペンサー（一八二〇—一九〇三）とその支持者が社会的ダーウィニズムに影響され、自然淘汰・適者生存を、社会的進化へ適用し、市場と市場の競争は、適者生存を促進するものと見たからであろう。最後に残るのは、最も効率的な企業であり、社会のさらなる変化と福祉の向上に貢献すると主張している。一方、政府は市場への介入を控えるべきであるとした。この思想の流れは、すべての福祉システムや最低賃金制度の拒否、国の文明または民族グループの優位性などを主張し、こうした偏狭さが深刻な社会的影響をもたらす可能性があると指摘する学者もいる[84]。

世界の富に話を戻そう。グローバル化の負の側面が先鋭化する中、野放しにされている資本主義の現場に対する警告が頻発している。特に巨大な多国籍企業の財政力・影響力は圧倒的だ。そのルーツが一七世紀初頭に設立された東インド会社に見てとれる。一六〇〇年に設立されたイギリス東インド会社は小さな株式合弁事業から巨大な世界的規模の組織になり、軍隊を率いて各地の支配者を失墜させ、ムガール帝国を傀儡化し、「世界で最も先進的な資本主義組織」となった（ウイリアム・ダルリンプル）[85]。設立されてから四二〇年ほどが過ぎたが、一企業が国を支配し搾取する体制をつくり上げたモデルは現在にも受け継がれている。現在は軍隊を持つほどではないが、その資本力により現地の権力者と手を組んで、植民地ではなく新興国との貿易で暴利を得る体制は変わっていない。巨大な多国籍企業にとって国際市場は無政府地帯に等しい。

80　出典：国際労働機関（ＩＬＯ）「Just 10 per cent of workers receive nearly half of the global pay.」2019
81　同右
82　ＯＸＦＡＭ 報告書「資産でなく労働に報酬を（Reward Work, Not Wealth）二〇一八年
83　スティグリッツ、ジョゼフ、『世界の99％を貧困にする経済』、徳間書店、二〇一二年、楡井浩一、峯村利哉訳、p.73
84　Socio-Economic Development, Adam Szirmai, Cambridge University Press, 2015, p81-82
85　The Anarchy：The Relentless Rise of the East India Company, Dalrymple, W. Bloomsbury Publishing, 2019

援助の対象国：後発開発途上国

二国間援助や、国際機関が開発支援をする際には、通常、国を対象とする。どういった国が援助の対象となるかについては、国際的な基準が設けられ、その基準に沿って国を分類している。開発途上国とは、経済発展や開発の水準が先進国に比べて低く、経済成長の途上にある国を指す。一般的には、経済協力開発機構（ＯＥＣＤ）の開発援助委員会（ＤＡＣ）が作成するリストに記載されている国や地域が該当する。開発途上国の中でも特に貧しい国々は後発開発途上国と言われ開発援助の対象国として特別の配慮を受けている。

国連経済社会局（ＤＥＳＡ）人口局によると世界の人口は二〇二〇年現在約七八億人と推定されている。今後世界の人口は増え続け、二〇三〇年には八五億人、二〇五〇年には九七億人に達すると予測されている。他方、二〇一八年の国連総会の決議[86]によると、後発開発途上国（Least Developed Country：ＬＤＣ）のグループには四七カ国が含まれている。（アフリカ三三カ国、アジア・太平洋一三カ国、ラテンアメリカとカリブ海一カ国）。一六のＬＤＣが内陸にあり、一〇が小島嶼開発途上国だ。国際連合人口基金が第四回後発開発途上国会議（二〇一一年五月開催）のため作成した報告書によると二〇一一年のＬＤＣの総人口は八億五、一〇〇万人で、世界人口の一二％だが、二〇五〇年までに倍増すると予測している。加えて、ＬＤＣの人口は二〇一一年以降の四〇年間、世界人口増加のほぼ四〇％を占めると報告している。八億五、一〇〇万人のＬＤＣ人口は、一人当たりの年平均収入が一、〇二五米ドル以下で、教育・保健・経済の脆弱な国である。

ちなみに、世界銀行は国民総所得（Gross National Income：ＧＮＩ）に基づき、世界の国と地域を四つの所得グループに分けた。[87]二〇二〇年七月現在、一人当たりの国民総所得ＧＮＩが一、〇三五ドル以下である国を低所得国とし、一、〇三六ドルから四、〇四五ドルの間を下位中所得国と位置付けている。高位中所得国は、一人当たりのＧＮＩが四、〇四六ドルから一万二、五三五ドルの間であり、高所得国とは、一人当たりのＧＮＩが一万二、五三六ドル以上の国だ。付言すれば、この報告書の基礎データは前年（二〇一九年）のＧＮＩ実績であることから、ＣＯＶＩＤ–19の影響はまったく反映されていない。一年後にはこの所得グループが大きく変容するに違いない。この報告により、世界銀行は途上国というカテゴリーをなくし、一人当たりの国民総所得で国のグループ化を図ることにした。残念だが所得だけで援助対象を決定しかねない危険な統計指標政策だと筆者は懸念する。

86　ＬＤＣのリストは国連開発委員会（ＣＤＰ）の規定「一人当たりのＧＮＩの他、栄養不足人口の割合、幼児死亡率、妊産婦死亡率、中等教育就学率、成人識字率などの人的資源開発の程度を示す指標（Human Assets Index）や人口規模、地理的要素、経済構造、環境、貿易のショック、自然災害のショックを指標化した経済的脆弱性（Economic Vulnerability Index）」に基づき国連経済社会理事会の審議を経て、総会決議により設定される。ＬＤＣリストは三年に一度見直され変遷し続けているがＬＤＣの数は二〇一一年の四八カ国から二〇一八年には四七カ国に減少した。アジア・太平洋地域では一カ国減って一三カ国になった。

87　World Bank Country and Lending Groups, Country Classification, https://datahelpdesk.worldbank.org/knowledgebase/articles/906519

一方、国連開発計画（UNDP）はマブーブル・ハック[88]を引用し、「所得や成長率のように即時的・同時的に表れることのない成果、つまり、知識へのアクセスの拡大、栄養状態や医療サービスの向上、生計の安定、犯罪や身体的な暴力からの安全の確保、十分な余暇、政治的・文化的自由や地域社会の活動への参加意識などに価値を見出す。開発の目的とは、人々が、長寿で、健康かつ創造的な人生を享受するための環境をつくり出すことである」とし、人間開発指標の採用を奨励している。しかしながら、現実的には、開発や発展の度合いを数値で表すのは難しい。

いかなるとらえ方をするにしても、開発の段階を測る物差しをつくるに際しては、開発の指標となる貧困層の多さと貧富の格差の大きさから逸れるべきではない。特に最下層にいる八・五億と言うLDC諸国の人口の存在は否定できない事実であり、無視することができない。LDCは世界銀行の分類する一人当たりの年平均収入である一、〇三五米ドル以下の低所得国とほぼ一致する。しかし、世界銀行が定める貧困層を区分するラインは、そもそも多数の者の収入の平均によって決められている。個々の収入は刻一刻と変わるものであり、季節によっても大きな違いがある。特に、低所得国、LDCのいずれも、経済危機、自然災害、新型コロナ感染の拡大などに対する貧困層の脆弱性に着目すると、貧困人口のカテゴリーを一過性の特定指標で決めてしまうのは問題であろう。事実、世界食料計画（WFP）はこの脆弱性に注目した分析を始めている。また、第4章で述べたがこれを裏付けるインドネシアに関する世界銀行の調査報告は説得力がある。OXFAMは新型コロナの拡大により五〇億人が貧困層に陥るとの報告をした（二〇二〇）。事実、貧困層は、すでに倍増している可能性が高い。

昔日、筆者がハーバード大学ケネディー・スクールで指導を受けたオックスフォード大学のポール・コリアー教授は、二〇〇七年に『どん底の一〇億人』[89]という著作で、「援助には限界があり、貧困はお金だけで解決されるものではない」ということを強調し、どん底の貧困層の人々や貧困層が蔓延する社会問題の解決には国自らが改革を推し進めていかなければならないと述べている。どん底の一〇億人が生きる地域には、勇敢に改革を志す者がいる一方、既得権益に守られ、改革や国の発展を望まない者もいる。どん底の一〇億人が生きる地域で、紛争が頻発しているのもその影響だ。どん底の一〇億人を無視することはできない。彼らのためばかりではなく、この状況は巡り巡って「先進国」にいる我々の「平和と安全」を脅かすことになる。

資源の呪い

さて、もう一度、話をアフリカに戻してみよう。アフリカは資源豊かな大陸だ。プラチナは世界生産量の七七％、クロームは四八％、コバルト六〇％、マンガン四七％、金の一七％がアフリカで産

88　Mahbub-ul-Haq（一九三四―一九九八）、パキスタンの経済学者、パキスタン財務大臣、世界銀行を経て、ＵＮＤＰの人間開発報告書の執筆責任者

89　The Bottom Billion: Why the Poorest Countries are Failing and What Can Be Done About it, Paul Collier, Oxford University Press, 2007『最底辺の10億人』、中谷和夫訳　日経ＢＰ社、二〇〇八年

出されている。[90] しかし、アフリカでは紛争が絶えない。前述のコリアーはアフリカが豊かな資源に恵まれているにもかかわらず、経済的に低迷が続いている原因を「どん底の一〇億人」の中で四つあげている。

「どん底の一〇億人」からの脱却を妨げる四つの障害

まず、第一に「紛争の罠（Conflict Trap）」。頻発している内戦とクーデターが、国に大きな経済的コストをもたらし、加えて再発の可能性が非常に高く、国の紛争状態は長引けば長引くほど、一部の者が内戦の騒動状態から（非合法に）利益を得ることが常態化され、状況がますます悪化すること。

第二に「天然資源の罠（Natural Resource Trap）」。資源国の経済は、資源が豊富ではない国と比べて悪い（豊富さの逆説）。天然資源は直接政府が

グラフ５：貧困人口の推移

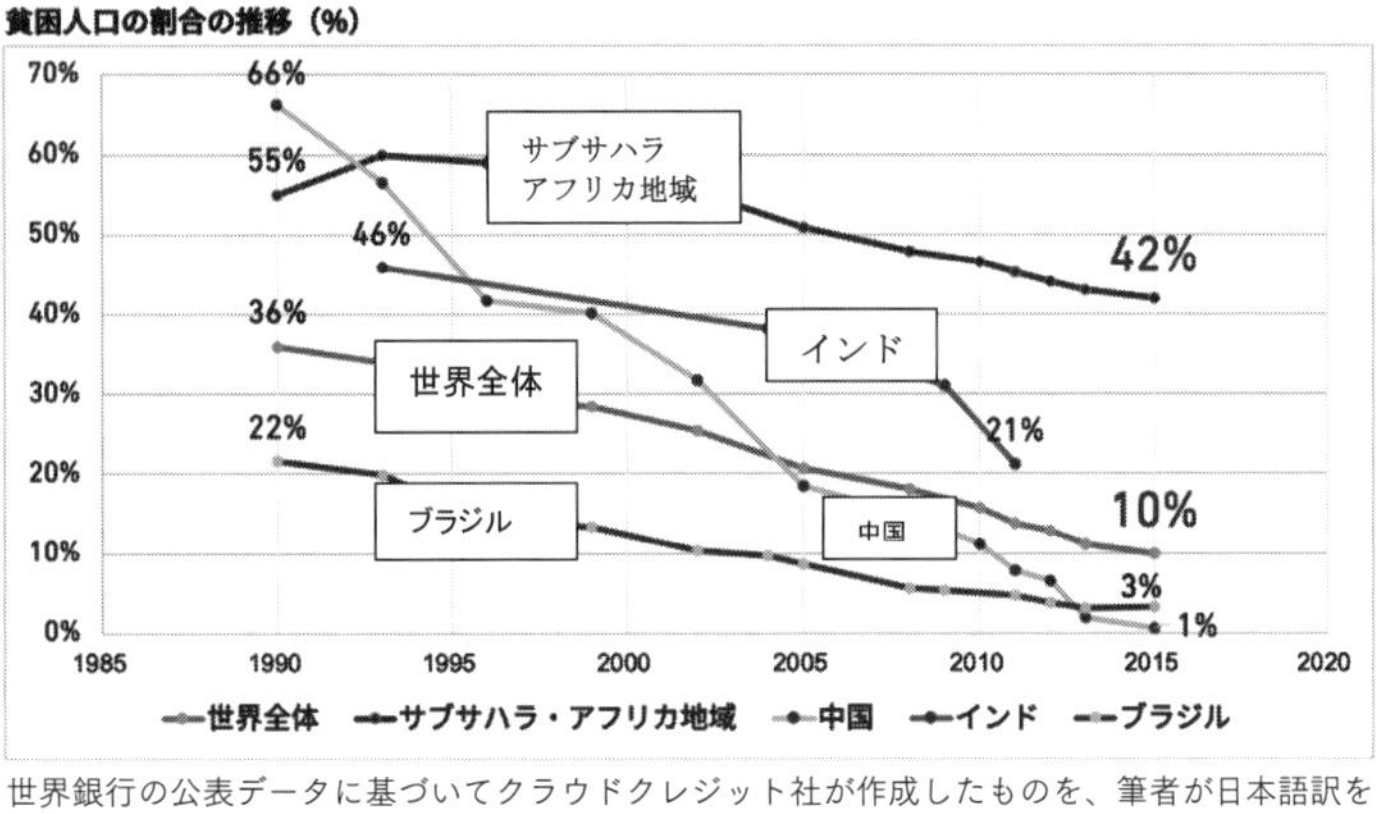

世界銀行の公表データに基づいてクラウドクレジット社が作成したものを、筆者が日本語訳を追加して修正

管理することが多くなったにもかかわらず、政府が財政的説明責任を負うことは稀だ。したがって密室で意思決定がなされることが多いのが現状である。資源を自らの利益のために使用する政府高官とその管理体制の不透明さにより、資源の利権争いが絶えない。豊かな資源が経済を低迷させる逆説ともいえる現象だ。加えて資源を資金に還元し、武器を購入することも紛争長期化の原因になる。資源に恵まれていることが、紛争の直接の原因になり、逆に貧しさを産み出しているケースは、コンゴ民主共和国のような資源立国が典型例であろう。一方、先進国においても天然資源の輸出収入が国内経済に悪い影響を与えることがある。オランダ病と呼ばれ、天然資源の輸出による外貨収入が急増し、国の通貨が高騰することによって、自国内の製造業が国際競争力を失い、衰退し、失業者が増えるという現象だ。この悪影響を回避させるため、東ティモールは独立時、オーストラリアとの交渉でサンライズ油田の権限を手に入れ、莫大な資金が手に入ることとなったが、オランダ病を避けるため、その収入を直接国庫に入れることはせず、「石油基金」として独立の管理下に置くことにした。この石油基金はノルウェーの政府年金基金をモデルにしたが、賢明な措置だった。

第三に「内陸国の罠（Land-locked with Bad Neighbours）」という地理的条件。貧しい隣国に接した内陸にある貧しい国々は、世界の経済成長の恩恵を受けにくい。隣国も同じようにインフラ接続が不十分であるなど経済的なチャンスが限定されていると停滞を余儀なくされる。ちなみにアフリカの

90　Mineral Commodity Summary 2016, OECD/NEA-IAEA Uranium 2014, World Nuclear Association

人口の三〇%は内陸国に住んでいる。

第四の理由として指摘されるのは、「小さな国の悪い統治（Bad Governance in a Small Country）」である。ひどい統治と政策は驚くべきスピードで経済を破壊する可能性がある。小国が不利な理由は、その経済規模の小ささもあるが、統治が悪いため地元のリスクに精通していない「潜在的な」投資家を落胆させ、資源先を中国やインドなどに向けさせている。

解決の糸口

前述したとおり、ポール・コリアーは、紛争、天然資源、内陸国、統治の悪さなどを「どん底の一〇億人」の経済的低迷の根本的原因としてあげているが、その解決策は抜本的な制度改革が必要なものばかりだ。

制度的な改革案として、コリアーはまず「援助機関（国連、世銀その他国際機関やドナー国）に対しては、「どん底の一〇億人」を抱える国々へ援助を集中し、強化すると同時に、より多くのリスクを受け入れる準備が必要だと訴えている。また、民主主義政府に対するクーデターを防止するためには適切な軍事介入（英国のシエラレオネ介入）を奨励する必要があるとし、優れた統治を促進し、手本を提供するには、条約化された国際的な憲章（Charter）が必要なことを強調している。貿易政策は、自由貿易を奨励し、「どん底の一〇億人」の対象国に輸出への優先的アクセスを与える必要があるとしている。

もちろん誰も前述の解決策が容易に実施できるとは考えてない。抜本的な解決を模索することも大切だが、同時に現場（ローカル）のレベルで成功例を積み重ねることによって、それらの点が面になり、さらに地域あるいは国レベルまでスケールアップされる可能性があるので、開発の現場における取り組みには強い動機付けになる。現場で少しの成果も出せないのでは世界規模で成果をあげようとしても徒労に終わりかねない。以下いくつかの試行錯誤と成功例をあげたい。これらの事例の中には必ずしも成功例とは言えないものも混在していることをあらかじめ明記しておく。

リスクの多い一次産品輸出依存体制

サハラ以南のアフリカに代表される、どん底の一〇億人にとって、貧困と紛争から逃れる糸口はあるのか。二つの例をあげてみよう。以下は、二〇一〇年にカメルーンの首都ヤウンデを訪れた時の写真だ。この写真のとおり、ここは大きな熱帯雨林地方なので、木材はふんだんにある。材木を加工して、ベニヤ板をつくる工場では、豊富な資源を加工して、付加価値をつけて輸出する。カメルーンは、中央アフリカで最も工業の発達した国の一つだった。

ところが、あるとき中国のバイヤーが、この会社の社長に「ベニヤ板はもう輸入しない」と通告してきた。なぜだと訊いたところ、「あなたのところのベニヤ板は値段が高い。木材は加工しないで、そのまま輸出してくれ」ということだった。工場主はコージェネレーション方式でバイオマス発電により工場の電化を、バイオ発電の際発生する熱で木材を乾燥している。また近年最新の製材機を輸入し生産過程の効率化に投資してきた。しかし欧米の市場に直接輸出せず、中国とベトナムのバイヤーを通しての輸出形態をとってきた。この相反する事例からも、現地発のベンチャー企業は、売値を叩かれ、質の改善を要求され、ついに原木を加工して付加価値をつけることなくそのまま輸出することになった。それまでの投資と、木材という一次産品に価値を付加したうえで輸出するという努力は期待された成果をあげることができなかった。一方、本社がイタリア企業である現地の下請け工場は本社が損失を一時的にカバーすることで危機を乗り切った。現地発のベンチャーは課題が多いと気づかされた。

ヤギや牛などは、アフリカにはいくらでもいるが、一次産品として「皮」だけが輸出され、ベル

カメルーンの木材加工工場　　写真：筆者

カメルーンの木材加工工場経営者と筆者　写真：筆者

ブルキナファソの皮革産業　　写真：筆者

トやジャンパーなどの加工品が輸出されていないことも、同じような問題だ。あるヨーロッパの皮革製品会社が、アフリカの企業に対して「皮だけを送ってくれ、カバンもベルトもジャケットもいらない」とした取引事例もあり、一次産品輸出依存体制からの脱却にはさまざまな課題が残されている。

途上国が質の良い商品を製造し世界の市場に輸出するためには、さまざまな障壁を乗り越えなければならない。ＵＮＩＤＯ（国連工業開発機関）が途上国で輸出促進支援を始めたのは、途上国からの輸出品が世界市場で拒否されないための商品づくりと輸出対策を練ることからであった。欧州共同体（ＥＵ）は一般特恵関税制度の一つである「武器以外のすべて（ＥＢＡ：Everything But Arms）」をＬＤＣ（後発開発途上国）に与え、武器以外のすべての品目について輸入関税を無税とし、輸入割当ても行わないとしたが、環境、食品の安全、衛生、麻薬、人権などに関する規制が多く、ＥＵ市場へのアクセスは規制当局で拒否されるケースが多かった。これを改めるには、まず途上国からの輸出品の生産技術や管理を改善する必要がある。その際ＵＮＩＤＯの技術援助が求められることが多かった。例をあげるとＵＮＩＤＯは途上国に対する技術援助の一環として、日本、ＥＵと米国の市場で途上国からの輸入品が拒否された理由を明らかにする調査を行った。規制当局からの拒否の理由を明らかにし、途上国からの輸出品の改善を図ろうというプロジェクトで、各国からの高い評価を得た。

ＵＮＩＤＯ／Ｍｉｃｒｏｓｏｆｔ投資促進プロジェクト（ＡｆｒＩＰＡｎｅｔ）

こういう事情を受けてＵＮＩＤＯは、一次産品の輸出に頼るアフリカの国々の企業に対して、生産品の質の改善と産業の多様化に向けた支援を続けた。二〇〇七年三月、UNIDOとマイクロソフトは、AfrIPAnet（African Investment Promotion Agency network. アフリカ投資庁ネットワーク）[91]という事業を始めた。アフリカの企業の情報をウェブ上に開示し投資を募るプロジェクトだ。このプラットフォームを使って現地企業の詳しい情報を入手できることになった。さらに、潜在的な投資事業案に関してアフリカの各国政府の投資担当の部署（投資庁：Investment Promotion Agency）と現地の会社とも直接連絡が取れるビジネス・マッチングの役割も果たせる仕組みになっていた。加えて、投資家同士のコミュニケーションもできるようになったので、関係者同士が他のチャンネルでは手に入れることができない情報をオープンな形で交換ができる利点があった。五年計画でカメルーンの中小企業九〇社の競争力を高め、投資環境を整備する計画もAfrIPAnetの実績の一例になった。

カメルーンの木材加工、エチオピアの繊維産業も試行錯誤を続けながらグローバルな市場に参加してきた。重要なことは、途上国がAfrIPAnetなどを使って、グローバル・サプライチェーンに参加し、まずは付加価値の小さい原材料、素材や縫製作業のなどの「川上」の役割から始めたとしても、徐々に知識や技術を学習しながら、衣料のデザイン化や新しい縫製技術（ジーンズを古く見せる技術など）を導入することにより、付加価値の高い「川下」へ移行していくことが重要なことだった。

異なる例をあげるならば、UNIDOをとおしてイタリアのデザイナーの支援が実現しエチオピア独自のブランドをつくって、皮革製品を欧米の市場に出したこともあった。そういったＵＮＩＤＯの努力もあって、今エチオピアではアパレル産業のグローバル・ブランドからの委託生産事業が急成長している。[92]

91　Africa Foreign Investor Survey 2005, UNIDO　https://www.unido.org/investing-technology-and-innovation/competitiveness-business-environment-and-upgrading/information-and-communications-technology/programmes/afripanet

92　順調な成長を続けるエチオピア、グローバルマーケティングラボ　https://www.global-marketing-labo.jp/sp/column/?id=1553583275-254318

第８章　ビジネスと人権（二〇一二―二〇一四　バンコク、バングラデシュ　ＩＬＯ時代）

最後の国連勤務：ＩＬＯアジア太平洋地域事務所

二〇一二年一〇月一六日付けで、国際労働機関（ＩＬＯ）のアジア太平洋総局長に就任した。この時まで国連で勤務した三四年間、ＩＬＯとプロジェクト・レベルで協力した経験はあるが、ＩＬＯの職員として働くのは初めてであった。就任一週間後には、ベトナムのハノイで開催された第九回ＡＳＥＭ[93]労働大臣会議に出席し、アジア各国の労働大臣、労働者側及び雇用者側の代表にも会い、意見を交換することができた。高い経済成長を続けているベトナムで、ＩＬＯが雇用関係の情報を収集するプロジェクトの調印式にも参加した。当時、アジアはヨーロッパ及びアメリカでの景気低迷にもかかわらず高い成長率を保っていた。そして、就任一カ月目には、ジュネーブの本部で政労使の参加するＩＬＯの理事会に参加した後、本部で各部局の活動内容を聴き、ＩＬＯの特殊性を再確認し、自らの重責について思いを新たにした。

世界人口の五割以上が集中し、世界の総生産額の六割を占めるアジア太平洋地域は、ＩＬＯが活動する地域の中で最も活発で活動規模の大きい地域だ。すなわち、今世紀になり中国やインド、インドネシア、ベトナム、タイなど、アジアの新興諸国の経済成長には著しいものがあり、グローバル化した経済に同化し、ヨーロッパ及びアメリカ経済の回復を支え、世界経済のリード役を勤めるほど重要な地域であった。したがって、世界最大の投資先として、今世紀最大の成長地域になることは間違いなかった。

そのような状況にもかかわらず、この成長の恵みを受けている人口はそう多くなかった。高度成長によって富と所得は増えたが、格差の拡大に対する不満が増幅する一方で、景気の過熱による物価上昇に見合う賃金の上昇はなかった。アジア諸国では、このことに対する不満からストライキが頻発していた。しかし労働者の生活基盤を守っていく手段である結社の自由や団体交渉権が確立している国は少なく、民主主義の基本理念がいまだ十分に浸透しているとは言えなかった。所得の再分配が効率的になされず、不平等感が蔓延すると、経済制度の安定性が失われ、経済成長が阻害されるようになる。本来ならば、アジアにおいても未曾有の経済成長の成果を、労働者の生活レベルの向上、社会保障など労働環境の改善に還元する時期にきていた。

他方、アジア太平洋地域の労働者のほとんどはいわゆる「インフォーマル・セクター」で働いていた。インフォーマル・セクターとは、企業登録もされていない事業体、あるいは小規模の自営業者、中小・零細企業の総称だ。彼らは、正規の企業労働者と違い、労働生産性が低く、社会保障などの

93　アジア欧州会議（Asia-Europe Meeting）はアジアと欧州の二つの地域の政治、経済、社会の三分野に共通の関心事につき、対話と協力関係の構築に貢献する日本も含めた四九カ国と二機関の地域間協力枠組み。

制度が脆弱で、失業保険の適用も受けられない非正規労働者で、厳しい労働条件下で働いている層だ。インフォーマル・セクターで働く労働者には、製造業に勤める者もいれば、小規模な小売業、農・林・漁業で働く人々も含まれる。貧富の差が拡大する中、彼らは「貧」の層を代表していた。統計上から判断しても、アジア太平洋地域では、雇用創出が重要だが、被雇用者の労働条件の改善にも焦点を当てるべきであろう。

ＩＬＯは条約の制定・履行促進・監視等の活動や、雇用環境整備のための支援などを行っている。労働の分野で政府・労働者・使用者間の対話を促進し、不平等を是正し、経済を持続可能なものとして発展させることに貢献している。労使間の紛争の仲裁に関わることもあるし、条約不履行に関する報告を受理し、ＩＬＯの委員会で討議し、不履行国への勧告をすることも頻繁にある。メンバー国は勧告された案件に関し、順次、定期的に報告する義務を負うことになる。

二〇一二年の一一月に開催された第三一六回ＩＬＯ理事会においては、ミャンマーの強制労働と集会・結社の自由について討議した。ミャンマーの政府代表の報告によると、ミャンマーでの労組法も改正され、すでに数多くの労働組合が結成されていた。したがって長年続いた経済制裁も含め、集会・結社の自由に関する勧告は取り下げられることになった。この背景には、それまで何年にも及ぶＩＬＯの努力があったからであり、このことは忘れられるべきではない。ミャンマー国民連合のアウンサンスーチー氏が最初の国外訪問先としてＩＬＯ本部を選んだこともミャンマーの民主化に貢献したＩＬＯの業績を認めたからだろう。国際社会に復帰しようと、その門戸を開いたミャンマーでは賃金が非常に低いが、労働者の質は高く資源の多い国なので、すでに海外から民間企業が殺到し競争は激化していた。しかるに、労使ともに団体交渉の経験は少ないし、労働組合もまだ十分に組織化されているとは言えなかった。いずれは海外投資をとおして雇用の創出や技術の移転がなされ、そうして経済成長が続けば「新しいミャンマー」が生まれると期待されていた。当然ながら、この局面においてミャンマー政府や雇用者も労働者の不当な扱いや搾取を望んではいない。ＩＬＯは政労使三者構成の制度を導入すると同時に、労使間の対話をとおして労働者の権利を保護する法の整備など、さらに民主化を推進するためにミャンマーでのバランスの取れた発展に寄与する役割を担っていけたらと考えていた。

ミャンマーのほかにもアジア太平洋における労働問題は山積していた。二〇一五年のＡＳＥＡＮの経済統合に際してＡＳＥＡＮ経済共同体内での労働者のスキルと資格の相互承認という大きな課題に直面していた。二〇一四年当時、ＡＳＥＡＮ域内の移民労働者は五〇〇万人と言われていたので、その重大さは推測できるだろう。またＡＳＥＡＮのほか、南アジアからアラブの湾岸諸国への移民労働者の人権保護も逼迫した課題であった。

無意識のうちに国際公務員の自分としてだけではなく、ある意味では日本人のアジア太平洋地域総局長として三七億人が住むこの地域の人々が働きがいのある仕事につけるよう努力していきたいと思った。

こうした抱負を持って二年半のＩＬＯアジア太平洋地域総局長の任期を務めた。赴任時の抱負で言及したアジア太平洋の課題、①アジアの高度成長と富の分配、②ミャンマーの強制労働の問題と③ASEAN経済統合の三つのうち、ミャンマー問題は残念ながら本部が直接管理する課題として、アジア太平洋地域総局長の管轄から外れたが、残りの二つは満足な成果が出せたと思う。しかし、その他にも南太平洋のフィジーの労働問題など、幾多の本部管轄の課題に従事することがあった。いずれも条約の制定・履行促進・監視に関することで、条約不履行に関する報告の受理、ILOの委員会での討議、不履行国への勧告、そして、勧告された案件に関し順次定期的に報告するメンバー国の義務の履行の監視など一連の流れがある。これはILO自体のミッション、存在意義に関わることなので、当然のことながら地域事務所との連携を密に行わなければならないが、必ずしも順調とは言い難かった。遠因として、国連専門機関にありがちな中央集権的な統治の影響があり、これはなかなか改善することが困難な事柄であったからだ。

国連機関の人事、特にトップの選出に関しては政治的な要素の影響を受けやすい。ユニセフや国連世界食糧計画、国連開発計画、国連難民高等弁務官事務所、国連人口基金などは国連総会の決議によって国際連合の機関（funds and programmes）として設立された。そのトップは国連事務総長が任命する。任命に際して、国連事務総長が各国連機関の執行理事会と協議し、国連総会で承認されるのが一般的である。しかし、実際はトップのポスト任命に際しては政治的なかけひきがある。また選出されるトップの国籍が固定化している場合も多い。たとえばユニセフのトップは設立以来アメリカ人である。国連世界食糧計画のトップも一九九二年以来アメリカ人である。一方、国連難民高等弁務官事務所（ＵＮＨＣＲ）のケースは、過去一一人のうちオランダ人とスイス人だけが二回以上トップの座を占めた。国連トップの人事には透明性が欠けているとの批判があるのも肯ける。かたやＩＬＯやＵＮＩＤＯ、ＷＨＯなど専門機関のトップは選挙で選ばれ、投票権はメンバー各国一票である。フェアな決定方法ではあるが、どの方法が優れたリーダーを生み出すかは一概には論じられない。選挙の場合は優秀な候補者が出馬することが大切だ。任命される際は任命に至るプロセスが明確なうえ、誰がそのプロセスに関与しているかがわかれば、任命者の説明責任は果たせるのではないだろうか。

筆者がＩＬＯへ赴任する一カ月前の二〇一二年九月まで、ＩＬＯのトップはチリ国籍のファアン・ソマビアだった。ソマビア前事務局長は「働きがいのある人間らしい仕事：Decent Work」を世界的に推進し、「公正なグローバル化のための社会正義」などＩＬＯのブランドを築いた人物だった。筆者のＩＬＯアジア太平洋地域総局長選考人事の最終責任者は彼だった。人望が厚く素晴らしい経歴の持ち主で尊敬に値する人だったが、任期の後半に南米出身者を幹部のポストに抜擢したことに対して、「縁故主義」だと批判されることがあった。その傾向は現在も変わらず、ＩＬＯでは英国人のライダー事務局長下では、重要な本部ポストはアングロサクソン系の者で埋められる傾向がある。

国連機関で成果をあげるには信頼できる優秀な人材の確保が必要だ。だからこそ、縁故主義だとの批判をかわすためには人事の透明性を高めるよう努力するべきだ。しかし、民主主義国家が理念とする国民主権やそれを実現するための制度は存在しない。また、国民が選挙で選んだ代表者あるいは政党を通して政治に参加する間接民主主義の仕組みが存在しないことも、これは衆目の一致する見解である。さはさりながら、民主主義国家が標榜する国民主権やそれを実現するための制度は国連には存在しない。国際機関はメンバー国の代表に対しては責任を負うが、メンバー国の国民に対して直接責任をとる制度は存在しない。また、国民が選挙で選んだ代表者あるいは政党をとおして政治に参加するという間接民主主義の仕組みも国連機関では採用されていない。

理由は簡単で、前述のとおり国際機関はメンバー国の代表に対して責任を負うが、メンバー国の国民に対しては直接責任を負う制度は存在しないからだ。また、当然のことながら今の国際社会には国家の枠組みを越えてグローバルに活動する政党は存在しない。その代わりに、国際機関で物事を決する時には候補者の出身国政府や利害を共有する国際組織と連携するケースが多い。豊かな国々の集まりであるOECD、途上国や新興国をメンバーとする「中国とG77」[94]、社会主義国、また地理的に結束しているグループ、言語を共有するグループ、さらに、地政学的な力学でグループ化している国々などさまざまなグループが決定に影響を及ぼすことになる。そのような国際政治絡みの環境下で、ILOがリーダーシップを発揮し、組織の目的を全うするには、ライダー事務局長がアングロサクソン系のグループや彼の出身組織である労働組合の支持が必要なのは当然であろう。近年幹部の採用にあたっては、第三者機関による応募者の能力評価試験を取り入れ、競争原理を導入しているが、国連機関においてトップや幹事人事を公正に行う有効な対策は十分とは言えず、ILO組織の人事も代替策がない状況下、一部縁故主義が影響することは致し方ないと納得している。

現在のＩＬＯでは政労使間の対話で意思決定がなされる体制であるが、社会正義を求めるＩＬＯとしては当然ながら弱者である労働者の利益を支持する結果が多かったように思える。たとえば、筆者の個人的な見解だが、政労使三者構成上決して欠かせない国際経営者団体連盟（International Organisation of Employers：ＩＯＥ）の労働問題に対する関心が高いという印象は持てなかった。ＩＯＥに所属する雇用者にとって、労働問題は重要案件のはずだが、労働者側からの労働問題に関する提案の事例は圧倒的に多いのに、雇用者側からは少なかったという記憶がある。筆者の任期中に感じたことだが、ＩＯＥの取組みは説得力に欠けていたという印象が強かった。労働者側の意見に対し反論することはあっても、そのビジョンと戦略は明確ではなかった。察するに労働問題はＩＯＥにとって重大課題ではなかったのではないかと疑ってしまうほどだ。翻って日本の状況がどうであったか記憶を呼び覚ますと、ライダーＩＬＯ事務局長の日本訪問時の出来事が思い浮かぶ。日本経済団体連合会（経団連）会長との初めての会談（二〇一三年五月一七日）に臨んだ時のことだった。経団連会長は挨拶もそこそこに、ライダー氏に対し「あなたは労働組合の出身ですね」と切り出したのは意外だった。もとより、ライダー氏も自分の出身母体が労働組合であることが彼のイメージに与える影響

94　一九六四年ＵＮＣＴＡＤ（国連貿易開発会議）で、アジア、アフリカ、ラテン・アメリカの七七カ国により形成されたグループ。現在一三二カ国が参加している。主に国際連合など国際機関において活動している。アフリカを中心に多くの独立国が生まれた一九六〇年以降、開発途上国は団結して植民地支配と資源の搾取に対抗するのだという発想から、グループを結成し、民族自決、新国際秩序、発展の権利といった主張を行っていくようになった。「国産社会で働く　国連の現場から見える世界」嘉治美沙子、ＮＴＴ出版　二〇一四年

を懸念していたとはいうものの、初会談という意義深い場に水をさすような言葉だと受け止めた同席者は筆者だけではなかったはずだ。

グローバル・サプライチェーン（Global Supply Chain：供給連鎖）

「まずはグローバル・サプライチェーンに参加し、一歩ずつチェーンの階段を登れ」[95]。国連工業開発機関（UNIDO）の二〇〇九年の年次報告書は貧困脱出に向けてグローバル・サプライチェーンを使えと論説した。一九七〇年代に工業製品を新興国で調達する生産過程の国際分業が始まった。企業が自社の生産ネットワークを一括して所有し垂直的に製造する体制から、原料調達から製造などそれぞれの生産過程をさまざまな国のサプライヤーに委託生産させる体制に変化していったのだ。たとえば、鉄鉱山まで所有し、生産から販売まで一手にマネージしていた米フォード社は生産過程の独占をやめ、他社に生産過程を分散してグローバルな生産システムをつくり上げた。

ラナ・プラザの悲劇

二〇一三年四月二四日にバングラデシュの首都ダッカの北西約二〇キロメートルにあるサバールで、八階建ての商業ビル『ラナ・プラザ』が崩落した。死者一、一三二人、行方不明者約五〇〇人、負傷者二、五〇〇人以上が出たこの事故は、ファッション業界史上最悪の事故とも呼ばれている。崩壊したラナ・プラザビル内に縫製工場を持つ現地衣料品製造会社は、グローバルなサプライチェーンに参加し、世界二七のファッション・ブランドのため衣料品を製造していた。

八階建ての総合商業ビル「ラナ・プラザ」では、銀行や複数の店舗のほかに二七のファッション・ブランドの縫製工場が操業していた。事故で犠牲となった者のほとんどは、その縫製工場で働いていた女性たちだった。ビルは「突如」倒壊したのではなかった。事件が起こる前日に、従業員がビルの柱に大きな亀裂が走っているのを発見。通報を受けた現地の警察がビルへの立入りを禁止する旨の命令を出していたのにもかかわらず、ビルのオーナーは「建築の専門家」と称する人物を連れてビルの安全性を「検証」し、「修繕は必要だがすぐに倒壊するリスクはない」とビルの関係者に伝えた。これを受け、翌朝五つの縫製工場のマネジメントは通常どおりの操業を決定。不安と抗議の声を上げる従業員に対して、解雇の脅しをかけて従業員を持ち場に着かせた。そして、悲劇はその三〇分後に起こった。

ラナ・プラザは崩壊時には八階建てだったが、そもそもは四階建ての建物だったものを、届出なしで

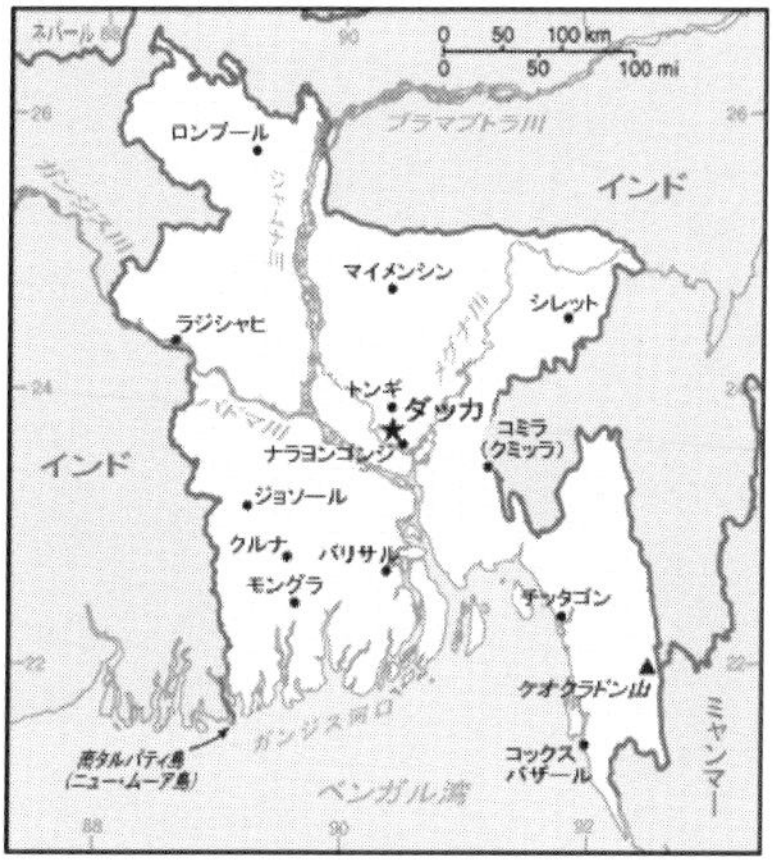

★ダッカ　バングラデシュ共和国

95　Industrial Development Report 2009, Breaking in and Moving up: New Challenges for the Bottom Billion and the Middle-Income Countries, UNIDO, 2009

倒壊したラナ・プラザビルとその周囲に集まる人々　　写真：ロイター／アフロ

五階より上の階を増築したものだった。大型のジェネレーターや多数のミシンが一度に作動することで発生する振動に耐えられる設計になっていなかった、と後に指摘されている。事故の直前、停電が復旧した際に大型の発電機が同時に作動しはじめ、事故の前日に発生したビルの亀裂から崩壊に至ったという顛末だ。

ラナ・プラザの事件以来、バングラデシュの縫製に対して典型的なスウェットショップ（Sweatshop：搾取工場）というイメージが固定化した。労働者を低賃金かつ劣悪な労働条件で働かせ、貧しい開発途上国の人材や資源を搾取しているという印象を持つ人が増えた。その背後には、搾取するファッション・ブランドと搾取されるバングラデシュの工場労働者の対極的な構図が浮かんでくる。搾取のしわ寄せは最終的に弱い立場の労働者にいく。

もしラナ・プラザの労働者が労働組合をつくり、団体交渉権を行使することができていたらこの事故による被害は避けられたのか。仮に、労働組合の結成や労働者を保護する基本法に加え、工場の安全を担保する建築基準法があったら低賃金や劣悪な環境に苦しむ必要はなかったのか。筆者は二〇一三年四月のラナ・プラザの事件以来、以上の疑問に対する答えを見つけるため資金の工面ができたのを機会にバングラデシュの既製服産業とグローバル・サプライチェーンについて調査研究[96]を始めた。

バングラデシュの既製服産業：搾取か貧困削減か

バングラデシュの既製服産業は、四〇〇万人の雇用を創出し（二〇一五年）、GDPの一〇％を占め、国の経済発展を牽引している。雇用創出と貧困の削減をとおして、同国の経済発展に大きな役割を果たしてきたと言える。しかしながら近年、とりわけ「ラナ・プラザの悲劇」[97]の後は、労働者の置かれた劣悪な状況、職場の安全や労働条件、賃金水準の公正性、そしてグローバル・バリュー

96　Corporate Governance & Sustainability of the Global Value Chain: Bangladesh Ready-Made Garment Industry Post-Rana Plaza investigation into fairness of value appropriation by global apparel brands, manufacturers and labour, Uramoto Y and Nachum L, CUNY, 2018, https://academicworks.cuny.edu/bb_pubs/1093

97　ILO, http://www.oit.org/global/topics/geip/WCMS_614394/lang--en/index.htm

2013年4月24日朝、バングラデシュの首都ダッカ近郊サバールにある8階建てのビル「ラナ・プラザ」が突然崩壊した。入居していた複数の縫製工場（マンゴ、ベネトン、プリマークなどのブランドに製品を納入）の労働者1,132人（ILO）が命を落としたこの事故は、バングラデシュのみならず、世界中に衝撃を与えた。

写真：© DEUTSCHE WELLE

チェーン[98]における付加価値の分配に関して、さまざまな懸念が生じてきている。ラナ・プラザの事件をきっかけとして、バングラデシュの既製服産業は、それまでの事業方針を見直し、持続可能性を重視する方向へとシフトすることが求められていた。

近年、グローバル・サプライチェーンを構成する参加者間における価値分配に関する懸念は大きく注目を集めており、この問題を巡っては、学界、政界、メディアにおいても熱い議論が交わされている。しかしながら、この問題を精力的に取り上げた研究はまだ少ない。

果たして本当にグローバル・ブランドに労働者は搾取されているのか。もしそうだとしたら、その搾取の構造はいかなるものかという疑問に自ら応えるため調査を始めた。調査を始めたのはＩＬＯを定年退職し、上智大学で教鞭を取りはじめてすぐのことだった。調査に資金を提供してくれる会社も出てきて、共同研究者としてニューヨーク市立大学所属の国際経営専門家ライラック・ナチュム教授の協力も得て、二〇一六年にバングラデシュでフィールド調査を始めた。

付加価値創造はウィンウィンゲーム、分配はゼロサム

筆者はグローバル・サプライチェーンにおける付加価値創造と付加価値分配との関係を分析・検証した。その結果得られた知見をもって、グローバル・サプライチェーンを構成する労働者、バングラデシュの工場経営者、政府、雇用者団体、消費者その他の関係者に対し、公正かつ公平な価値分配を実現し、サプライチェーンの長期的持続可能性を確保するというのが調査の目的だった。調査対象は、衣料品のグローバル・サプライチェーンとし、生産国としてのバングラデシュと米国、欧州のグローバル・アパレル・ブランド（以下「ブランド」という）企業との関係に焦点を当てた。

調査の前段階として、付加価値の創造と分配を統一的に扱う理論的枠組みを構築した。この理論で

98　グローバル・サプライチェーンは原材料や素材を加工し製品組み立て完成品を市場に売り出す供給業者が作り出す国境を越えた「モノの流れ」に着目した考え方。流れの終着点にあるのは顧客や消費者であり、彼らの手元に製品が届くまでにはたくさんの企業が関わっている。グローバル・バリューチェーンはグローバルに分散した生産プロセスごとに製品に価値が加わっていく様子に着目した考え方。一つの企業、素材の生産者や労働者が手を加えることでどのような価値が増えるのかを考えることで、最終的な顧客や消費者が受ける価値を考える。

サプライチェーン参加者による価値創造と分配への貢献度を比較する手段を提案した。[99] 理論的枠組みの構築に当たっては、付加価値創造を広い視野でとらえ、通常価値生産を構成すると考えられている経済や生産関連の側面に加え、同じくらい重要な要素として、社会的価値、及びガバナンスの問題をとらえ、付加価値創造に関わる側面としてとらえた。

衣料品のグローバル・サプライチェーンを構成する参加者による価値創造と価値分配を、付加価値と収益とに基づいて分析してみると、バングラデシュの製造業者に関して、価値の創造と分配との

図12：14ドルのシャツの本当の値段

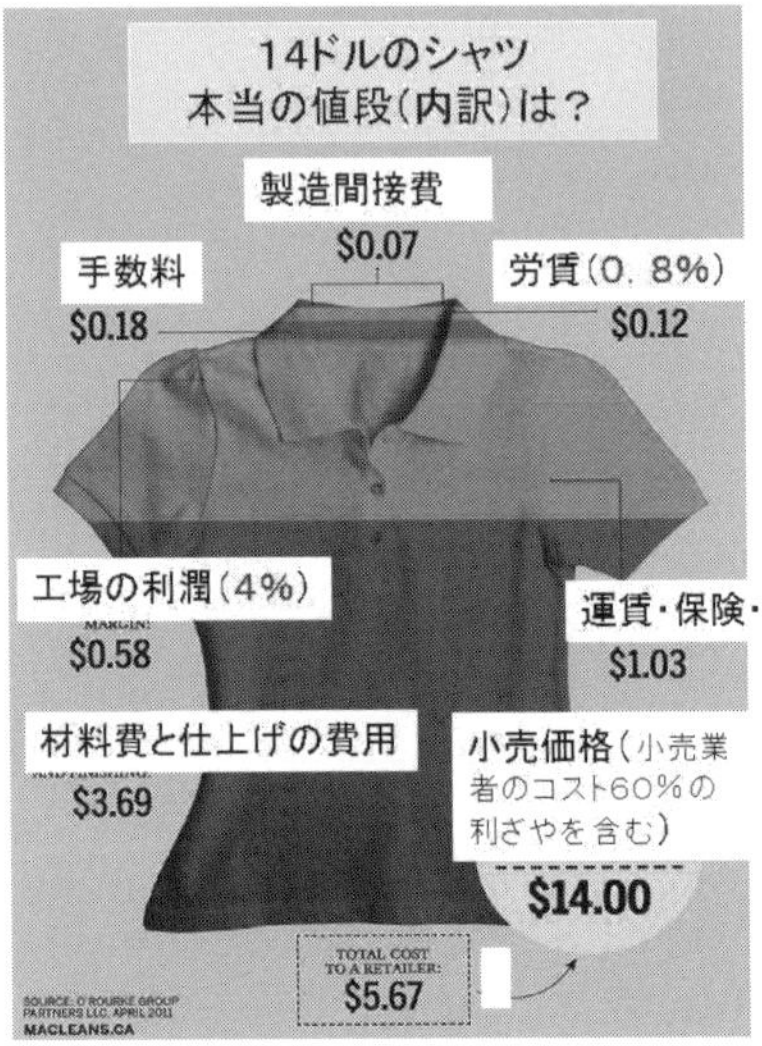

http://www.ecouterre.com/infographic-how-much-does-that-14-t-shirt-really-cost/based on O'Rourke Group Partner 2011 report

上の図は店頭価格で14ドルするシャツの製造費を生産プロセスと小売価格まで追って提示したものだ。小売業者は8.33ドルまたは60%の利鞘（プロフィット）を生んだが、労働者は0.12ドルまたは0.8%の利益（労賃）しか生んでいない。一方、工場は0.58ドルまたは4%の利益を生んだ。すなわち小売店に届くまでのシャツの全制作費は5.67ドルまたはシャツの小売価格の40%で、小売業者の稼ぎは60%だ。これから製造過程で付加された価値は全製造費用の5.67ドルから運賃・保険・関税の1.03ドルを引いた4.64ドルあるいは小売価格の3割程度になる。この例から大手のファッション・ブランドは、途上国の労働者を搾取しているとの単純なイメージが一般的に受け入れられている。

筆者日本語訳作成

図13：搾取のイメージ

間に不均衡が見られる。つまり、価値創造（売り上げに対する付加価値の割合）に比して価値分配（利益率）が非常に大きいように見受けられる（表1）。

この調査では、理論的枠組みを拡大し、衣料品産業で雇用されている労働者による価値、生産及び労働者への価値分配についても検証した。生産単位の付加価値創造にコストを含めて考えるとき、通常この種の分析においては、労働を独立した要素として含めることはない。しかしながら、衣料品産業は労働集約的な産業であり、しかもその労働力の大半は技能レベルが低く、交渉力も弱いため、労働基準法違反や労働者権利侵害の犠牲が発生する可能性が高い。したがって、価値の創造と分配の適切なバランスが歪められている可能性も高い。表1の分析が示すとおり、価値創造に対するバングラデシュ人労働者の貢献（労働生産性の伸

99　価値創造とは、最終的な生産物をつくり出すために、サプライチェーンを構成する各参加者が産み出した付加価値分を指す。価値分配は、サプライチェーンがつくり出す合計価値に占める各参加者が得る価値のシェアである。

表１：衣料品のサプライチェーンにおける価値創造と価値分配

企業別平均

	価値創造（売上に対する付加価値の割合）	価値分配（利益率）
大手企業 ５年平均	0.85	9.70
バングラデシュの製造業者 ４年平均	0.085	11.06
バングラデシュの労働者 1994～2015年の変化（％）	労働生産性： 391％	賃金： 22％

びによって測定）は、賃金の上昇に適切に反映されていない。しかも、この研究実施期間中に、生産性を強化する工程への資本投資はほとんど行われておらず、労働生産性の向上の大部分は、労働者の技能と効率性の向上に起因するという事実を踏まえたうえで、この問題を検討する必要がある。

前述の歪みは、市場の是正機能が働かなかった、すなわち市場が失敗したことを示唆しており、政府による介入が求められる。市場の作用のみでは、事態を是正するに足るインセンティブを製造業者に与えることができないからである。ひとたび事態が改善したとしても、それを持続させることができるように、すべての製造業者を規制する必要がある。国際競争力の維持や賃金その他のコスト上の優位性を得るためにコンプライアンス（法令遵守）を疎かにさせないことが必要だ。しかしながら、今日に至るまで、バングラデシュ政府は、我々が明らかにした労働条件の歪みを是正することもしなかったし、その歪みをもたらした市場の失敗を是正することもしなかった。そこで政府に代わり、事態に変化をもたらす責任を負うべき組織をいくつか提案したい。それは、国際労働機関（ＩＬＯ）をはじめとする国際機関、ブランド、社会運動家、そして各種のＮＧＯなどである。

バングラデシュの工場や労働者、さらにはバングラデシュという国家自体が搾取されているのかという問いに対して、肯定的な考えとしてはマルクスの従属理論[100]がある。各種のブランドは、バングラデシュ衣料品製造業・輸出業者協会（Bangladesh Garment Manufacturers and Exporters Association：ＢＧＭＥＡ）を含むサプライヤーに対して、製品の買い上げ価格、納期、質に関する絶大な交渉力を持っているため、工場、雇用者団体、政府はブランドに大きく依存しているという考えだ。二〇世紀後半の経済開発の成功は、特に初期段階においては常に安い労働力の活用と生産拡大によるところが大きかった。国内の身分（社会階級）関係も、外部への依存関係によって決定され、左右された。バングラデシュ政府やＢＧＭＥＡはブランドへの依存関係から抜け出すことはできない。これを改善するには、政府、衣料品製造業者及びＢＧＭＥＡを含むグループと労働者（及び下請けの中小企業）の間の内部関係を国内で変更することも必要になるだろう。

類似する視点として、ブラジルの経済学者テオトニオ・ドス・サントス[101]は第三世界の低開発国は彼らを支配する先進国に原因があるとする従属論（Dependency Theory）を提唱し、（バングラデシュを含む）第三世界の低開発国が先進国（あるいは多国籍企業）の圧倒的な政治経済的権力に従

100　Socio-Economic Development, Adam Szirmai, Cambridge University Press, 2015, p82
101　Dos Santos, Socio-Economic Development, Adam Szirmai, Cambridge University Press, 2015, p99

属している結果だとした。この理論を支持する専門家も多い。この理論は衣料品産業のグローバル・サプライチェーンにおける付加価値の配分においても通用するブランドへ製品を納入する製造業者や労働を提供する労働者は、それぞれ付加価値を創造する。製造業者は製造費を受け取り、労働者は労働の代価としての賃金を受け取る。一方、ユニクロなどブランドの利潤は最終的に市場での売り上げによって決まる。その際、ブランドの利潤がいかに大きくても、労働者や製造業者には分配されない。労働者への分配は賃金の支払いによって完結するし、ブランドの売り上げに関係なく、納品の一定期間後に支払われるのが普通だからだ。ただし、サプライチェーンの生産段階において、製造業者は製造（縫製）費という利潤（付加価値）の交渉をすることができる。一方、労働者は雇用主である工場主（製造業者）と賃金の交渉をする。

価値創造の段階においては、ブランドが縫製業者の付加した価値に応じて製造の代価を支払う。付加した価値が高ければ高いほど代価も大きい。その結果、市場価格にも反映されブランドの利潤も増えるので価値創造過程はウィンウィンの関係だ。

一方、ブランドの利潤は市場での小売価格とコストによって決まる。ブランドの利潤は大小にかかわらずブランドのものである。ただし、次の製造・納入段階での交渉でブランドが製造業者や労働者から製造費や賃金の増額を求められ、それを認めるとブランドがすでに得た利潤は減少することになる。この場合、ブランドの利潤と製造業者の利潤は、分配に関していえば、どちらか一方が増えれば他方は減るというゼロサムゲームになる。その際、サプライチェーンを管理統制するブランドは、利潤分配交渉においても常に強い立場にあるので、製造業者はブランドの提案を受け入れる以外に選択肢はない。そうなると、業者は労働者の賃金を抑え、自らの利潤を確保しようとするだろう。しわ寄せは労働者にいく。結局のところ、労働者が搾取されていると言えるのではないだろうか。このことから、交渉力のある多国籍企業であるブランドに依存するバングラデシュの縫製産業の位置構図を垣間見ることができる。

国際労働機関（ＩＬＯ）とグローバル・アパレル・ブランド

国際社会から世界の労働条件の改善を付託された国際機関として、ＩＬＯはラナ・プラザの悲劇を繰り返さないためにも、政府やＢＧＭＥＡ、グローバル・ブランドに対し労働環境の改善を要求する正当性と信用を有しており、また、自らその実現のために行動することができる。改善を要求するだけの政治的・法的実行力がない場合には、ＩＬＯがそのソフトパワーと信用力を使って、たとえば、バングラデシュ政府に対して直接圧力をかけるとともに、他の国の政府にも行動するよう働きかけるなど、直接的そして間接的に改善を促したい。一例をあげると、ＩＬＯは、スワジランドにおける労働条件の改善に成功している。この時は米国政府に働きかけ、労働条件が改善されるまでスワジランドによる米国市場への優先的アクセスを一時取り消すという方法をとった。このような介入を行った六カ月後には、かなりはっきりした改善が見られた。この提案は、二〇一七年一一月に発効したＩＬＯの改訂「多国籍企業及び社会政策に関する原則の三者宣言」（ＭＮＥ宣言）の精神を反映している。同宣言が最初に発表されてから四〇周年を記念して改訂されたものであるが、今回の改訂の主眼は、各国政府が自国の企業の進出先となっている他国の労働条件を改善するために果たすべき役割について明記している点である。

ＩＬＯはまた、衣料品産業に往々にして見られる情報の非対称性、すなわち市場において売り手と買い手の双方で情報と知識の共有ができていない状態を是正するために、労働者の生産性に関するデータなどの収集の改善においても役割を果たさなければならない。労働の買い手である生産者企業は、株式体制をとっていないケースが多いため情報の開示が求められていないことがほとんどである。これも情報の非対称性を増幅している一因である。ＩＬＯは、自らデータを収集する取り組みを強化するとともに、バングラデシュ政府に対しても、データ収集に力を入れるよう圧力をかけるよう心がけるべきである。バングラデシュの企業の間では一般に開示コンプライアンスは低い。[102]また、規制機関の義務的な開示要件に適切に対応していない。年次レポートを通してのバランスシートの開示が中心で、非財務情報の開示は事実上ないと言わざるを得ない。もっと広い文脈で言えば、ＩＬＯには、バングラデシュの衣料品産業の透明性を高める必要性を提唱し、透明性要件の義務付けを衣料品産業の監督に当たっている各国機関の活動の中心に据える運動を先導する責任がある。

ブランドは、バングラデシュの製造業者にとって労働条件を改善するインセンティブとなるような市場のメカニズムを作り出し、変化を引き起こす力を有している。ブランドの力によって、衣料品産業の労働環境の歪みをもたらしてしまった市場の失敗を是正することができるのである。ブランドには、発注先となる製造業者を選定するうえで、労働条件等の社会的コンプライアンスを主要な判断基準としてほしい。こうした面で高い水準を維持する製造業者には、多くの仕事を発注して報いることにより、社会的コンプライアンスと人権を尊重する市場を生み出すべきである。いくつかの事例を観察すると、中にはこうした手法をすでに実践しているブランドも出現しているようである。とはいえ、このような手法の実践は、標準というよりは例外の域である。繰り返し行われた市場調査の結果においても、製造業者選定の主たる判断基準は依然としてコストとスピードであることが示されており、人権、労働や環境などサプライチェーンの持続可能性に関する問題はほとんど重視されていない(Pious and Burns 2015)。

ＩＬＯの「ベターワーク計画」(Better Work Programme)[103]をはじめとする各種取り組みを通して、ブランドが労働条件を改善するうえで力を発揮できることが実証されてきた。衣料品工場の実態を調べてみると、工場のガバナンスや労働条件改善には、ブランドの存在が大きな影響力を持つことがわかってきた。たとえば、バングラデシュの衣料品工場では、二〇一二年から二〇一三年にかけて二件の死亡事故が発生し、計一、一五一名に及ぶ死者が出ている。一方、ブランドが衣料品工場の株式を

102　Corporate Mandatory and Voluntary Disclosure Practices in Bangladesh: Evidence from listed companies of Dhaka Stock Exchange, Md. Tanvir Hasan, Md. Zakir Hosain, Research Journal of Finance and Accounting https://www.iiste.org Vol.6, No.12, Bangladesh, 2015

103　インフォメーイション　プレスリリースＩＬＯ駐日事務所　https://www.ilo.org/tokyo/information/pr/WCMS_529713/lang--ja/index.htm

一部所有するという形で経営に関与しているカンボジア共和国では、死亡事故は一件（死者二名）しか起きていない（Stephenson 2013）。他の研究においても、商取引をとおして、あるいは、バングラデシュに多く見られるように外部委託といった形で、グローバル・ネットワークとの結びつきがあると、労働条件が改善されるということがわかっている。ブランドのために生産を行っている工場で雇用されている労働者の方が、そうでない工場の労働者よりも、労働条件が良いことも明らかとなっているのだ（Berik and Rodgers 2010）。これらの証左は、グローバル・ブランドが生産地の状況に対して及ぼしうる力を実証するものであり、状況改善に向けて、バングラデシュで事業を行うブランドによる関与の強化が求められる。他方、労働条件の改善は、ブランドにとっても利益となる。ブランドの世界的評判を高めることにもつながり、ブランドを支えるグローバル・サプライチェーンの持続可能性の観点から見れば必須の条件だからである。

補足すると、これまでの研究結果から、外国企業の存在が労働者の組合加入にも影響力を行使しうることがわかっている。この点もまた、ブランドが積極的に影響を与えるべき重要な点である。外国企業が過半を所有するカンボジアの衣料品工場群では、合計三〇万人の労働者が雇用されている。バングラデシュでは四〇〇万人以上の人々が衣料品工場で雇用されている実態と比べれば、その規模は相当小さい。それにもかかわらず、バングラデシュの衣料品産業における組合加入率が五％にも達しない一方で、カンボジアのそれは六〇％を超え、世界の衣料品生産大国の中でもトップクラスである（Stephenson 2013）。カンボジアの労働組合は、賃上げから労働安全までさまざまな問題に関して集団的に発言力を行使する力を労働者に与えている。実際のところ、カンボジアにおける平均賃金は二〇〇一年から二〇一一年の間に六五％も上昇し、その結果、衣料品産業の労働者は、カンボジアの製造業の中でも最高水準の賃金を受け取っている。とはいえ、この賃金水準は、アジア太平洋地域の中でまだ最も低い部類に入る（Stephenson 2013：Yee 2015）。

これとは対照的に、バングラデシュの衣料品産業労働者は、労働組合を組織することも、団体交渉を行うこともなかなかできずにいる。バングラデシュ政府は、ＩＬＯの「結社の自由及び団結権の保護に関する条約」を批准し、同条約をバングラデシュの労働法に反映させるなど、労働者の組合組織化を支持すると公約しているにもかかわらず、実際には、バングラデシュの衣料品産業において労働組合をつくろうとすると、政府及び工場経営者がさまざまな妨害策を講じて、これを阻止しようとする（European Commission 2015：Human Rights Watch 2016）。というのも、工場所有者らを代表する業界団体ＢＧＭＥＡが大きな政治的影響力を有しているからである。ＢＧＭＥＡのメンバーがバングラデシュ国会三五〇議席の約一〇％を占めているうえに、ＢＧＭＥＡは各省庁の大臣や政府高官と強い結び付きを持っている。このため、経営者と労働者との力の不均衡は是正されるどころか、ますます悪化することになる。一方で、工場経営者は批判から守られているため、世界で最も低い賃金水準は一部改善されたとしても十分ではない（The Daily Star 2009：Chalmers 2013）。

バングラデシュ政府は二〇一八年最低賃金表を五年ぶりに改正した。しかし、筆者が調査した二〇一三年のデータと比べると、賃金のレベルでは七段階に分かれているが、最上位労働者（全労働者の〇・一％）の月額賃金は一万三、〇〇〇タカから一万八、二五七タカに、最下位の労働者は約二割を占め、その賃金は五、三〇〇タカから八、〇〇〇タカに上昇した。バングラデシュのインフレ率は二〇一四年より年率五％～七％なので、二割を占める最下位の最低賃金は減り続けたことになる。結局、最下位の最低賃金は差し引き五年間で実質二〇％または一、〇六〇タカ増えただけである。この改訂により最下位労働者の増額分は年平均で実質約一八〇タカ。日本円に換算すると二〇一三年と二〇一九年のタカ／円の為替レートは二〇一三年から二〇一九年の間、約一・二円から一・三円台で推移しているので二〇〇円前半だ。この収入では最低限の生活ができないのは誰の目にも明らかだ。ブランドにとっては好都合だが、バングラデシュの最低賃金のレベルはいまだ世界最下位のグループに属している。

ブランドは、労働組合に課される制約を緩和するとともに、工場経営者による組合つぶし活動を防止する取組みを支援するべきである。加えて、労働組合を組織するという労働者の権利の行使に関して、強い姿勢をもって、国際法や国際標準の遵守を徹底するよう関係者全員に求める責任がある。適切に機能している労働組合は、衣料品工場における労働者に対する不当な扱いを是正する手段を提供するものであり、調査で明らかになっている労働生産性と賃金の不均衡を是正するとともに、労働環境における他の側面も改善していくうえで有効である。ブランドはまた、労働組合の力の乱用や工場所有者との紛争を防止するべく、労働者が効果的に団体交渉プロセスを実施できるように、労働者の研修を支援するべきである。ゆえに、ブランドは変化を実現し、根付かせるうえで、主導的役割を果たすべきなのである。

各ブランドには力を合わせて、その影響力を行使することで、取引のある工場の労働条件を改善し、工場の全体的ガバナンスを改善するという道義的（Moral）・倫理的（Ethical）責任がある。そうした行動をとれば、ブランドは国連の掲げる「持続可能な開発目標（ＳＤＧｓ）」に要約されるような広範な社会的目標の達成に貢献するとともに、国連の「ビジネスと人権に関する指導原則（United Nations Guiding Principles：ＵＮＧＰ）」に則って行動していることを実証できる。このような道義的義務を有する反面、ブランドはサプライチェーンの長期的持続可能性に依拠しているという側面もある。そのため、衣料品工場のガバナンスや社会問題に関与することは、自身の利益にもかなうこととなる。ある大手アパレルブランドは賃上げストライキに参加したことにより、解雇ないし投獄された衣料品工場労働者を支援するために、バングラデシュで開催された二〇一七年アパレルサミットへのボイコットを宣言したが、これはブランドが自社の評判をあげると同時に、労働環境改善のため労働現場に変化をもたらすために使える手段を示した一つの好例である。

大手ブランドは、その調達活動をとおして、労働者が適切に生活できる賃金を保障するため、雇用主と労働者との交渉を仲介して賃金引上げを促進するべきである。多くの大手ブランドでは、こうした責任を自認し、取り組みを行うことを宣言する「企業の社会的責任（Corporate Social Responsibility：ＣＳＲ）」声明を掲げているが、その実施面においては顕著な進捗が見られない。

また、社会運動家やＮＧＯにも果たすべき重要な役割がある。これらの主体はこれまで、ブランドばかりに焦点を当て、ブランドをターゲットとして活動を行ってきた。その結果、有意な成果を上げ、実際の改善につながってもいる。しかし、社会運動家やNGOはブランドばかりでなく、バングラデシュ政府もターゲットに加えてほしい。ただし、バングラデシュ政府を動かすには、ブランドに用いたのとは異なる戦術を見つける必要があるだろう。

労働条件の改善を図り、雇用主と労働者との間に建設的な対話を生むことは、関係者全員にとって利益となる。繊維製品のグローバル・サプライチェーン向けに発行される業界紙「Ecotextile」が行った調査によれば、バングラデシュにおける労働不安の結果、注文の取消や労働関連の混乱が引き起こしたコストなどを合わせると、二〇一六年のみで一億米ドルの損失が同産業に発生していたという (Shaheen, Raihan and Islam, 2013)。だが、人によっては、これよりもはるかに多額な損失を見積もる者もいた。BGMEAでは、二〇一三年のストライキや労働争議により失われてしまった新規事業の損失額は全国で三〇億ドル相当に上ると推計していた。こうした損失の影響は、サプライチェーンの構成メンバー全員に降りかかってくるものであり、したがって損失を予防するための改善策を講じることは、全員にとって十分なインセンティブとなる。

労働者の賃金と消費者―価格と便宜のフリーライダー

労働条件の改善にかかるコストを順に送り、最終的には消費者へと転嫁するためには、関係者全員による共同行動をとらなければならない。研究の結果、(労働者賃金が低く抑えられた) 現行のサプライチェーンによってもたらされる余剰利益の恩恵を最も受けているのが消費者であるということがわかっている。これまでアパレル製品の消費者物価指数は下がり続け、他の消費者物価指数との隔たりは広がるばかりであった。したがって、消費者こそが、バングラデシュの衣料品工場における労働条件及び賃金を改善するためのコストを負担するべき最有力の候補者と考えられる。政府は最低賃金レベルを引き上げると同時に、ブランドに対する交渉力を活用して、ブランドからの支払額を引き上げるよう働きかけるべきである。前述のとおり、バングラデシュの安価な労働力とその衣料品産業の生産規模を考えれば、バングラデシュ政府はブランドと交渉するうえでかなりの強みを持つと言える。バングラデシュに匹敵するほどの安価な労働力と生産規模とを提供できる国は他にはないからだ。したがって、ブランドがバングラデシュから撤退する可能性は低い。撤退する場合のコストがかかりすぎるからだ。バングラデシュ政府は、この強みを戦略的ツールとして使うことによって、バングラデシュの衣料品産業によって分配される価値を高めるべきである。ただし、これを成功させるためには、産業全体で同等の賃金水準を保持し、個々の製造業者同士がコスト面で競争するのを防ぐよう、規制介入が必要である。賃金の上昇によって増えるコスト分については、各ブランドが消費者価格を上げることで吸収する。サプライチェーンにおける倫理的行為の結果であることを説明すれば、値上げは正当化されるであろう。

さらに、消費者に対しても、倫理的な消費行動を呼びかけたい。つまり、消費行動をとおして、サプライチェーンに対し強いガバナンスを実施しているブランドの製品を応援し、そのような倫理的行為のために若干の割増し価格を支払う意思を示すのである。各ブランドはガバナンスの実践について公表し、この分野における活動について透明性を保つようにするべきである。倫理的消費の利点に関する消費者の意識向上を促すうえで、各国政府、国際政府機関、ＮＧＯ、そして社会運動家も、それぞれに果たすべき役割を担っている。

グローバル・サプライチェーンの持続可能性

衣料品以外の産業を含むサプライチェーン間での付加価値分配を比較研究することにより、衣料品サプライチェーンにおいてはブランドと衣料品製造業者とのあいだに関していえば、他の多くのグローバル・サプライチェーンよりもバランスの取れた付加価値分配が行われていることがわかった。前述のとおり、衣料品製造業者と労働者のあいだではバランスが歪められている。他の産業のグローバル・サプライチェーンではブランド企業が当該サプライチェーンの他のステークホルダーよりもはるかに多くの価値を享受している。衣料品サプライチェーンにおける付加価値分配のバランスについては、次の三つの分析を補足したい。第一は、最終製品の市場競争の激しさから価格圧力が高く、ブランド企業の収益が浸食されてしまい、結果的にサプライチェーンによって生み出される利益の最大の享受者が消費者になる。第二は、衣料品の価値創造における中心的な社会問題及びガバナンスの問題にかかわる。つまり、コストの大部分をブランド企業が負担することから、ブランド企業のコストが膨らむというものである。[104] いずれも、ブランド企業の利益を減少させる原因になっている。第三には、バングラデシュ政府は輸出をテコとする経済発展政策の一環として衣料品製造業者に支援を行っているが、これによって、バングラデシュ衣料品製造業者の事業運営コストが大きく削減され、業績の底上げにつながっていることだ。このこともまた、バングラデシュの衣料品製造業者とブランド企業との利益が不均衡に大きい一要因となっている。

政府の支援策については、衣料品チェーンの特徴としての説明にとどまらず、バングラデシュの衣料品産業がここまで成長した現時点においてもなお、このような政策を継続すべきなのかという点にも着目したい。

バングラデシュの衣料品産業が台頭しはじめた一九八〇年代以降、その主たる比較優位は、安価な労働コストと政府の支援策によってもたらされる絶対的な低コストであった。このようなコストの優位性により、バングラデシュは、低・中価格で競争するタイプの企業にとって主要な製品調達先となった。しかし、こうした低・中価格層のアパレル市場は本質的に非常に価格偏向が強く、常に生産者（製造者）価格に対する圧力が強い。政府の政策がこのような結果を招いてきたと言える。この政策の主眼は、この産業が台頭してきた当初から、製造業者の事業運営コストを低く抑えること、すな

104　サプライチェーンにおける倫理的行動への取組み及び労働条件改善への投資という面では、グローバル・ブランド間で大きな差がある。そうした投資に関わるデータが不足しているため、体系的な分析を行うことはできないが、いくつかの事例を観察するに、ほんの一握りのグローバル・ブランドしかＩＬＯ標準やその他のサプライチェーン管理に関する標準を順守していないと考えられる。この点について、より広範な変化を実現するには、各国政府による規制介入を行うしか方法がないかもしれない。

わちコスト競争力を高めることにあった。これは、同産業の台頭と育成に有益であったものの、現段階においてはもはや適切な政策とは言えない。

論点を整理すると、バングラデシュの衣料品産業がここまで成長したからには、コスト支援から技能向上へと政策転換の舵を切ることによって産業全体が一層の利益を得ることができるということであり、過去の政策に則った政府支援を続けることは、衣料品産業が向上を図る自発的なプロセスを阻害することになりかねず、かえって同産業の将来的成長に悪影響を及ぼしかねない。政府主導の政策は、産業成長の初期段階におけるリソースの動員には役立つが、その後の生産性の向上とイノベーションの促進にとっては深刻な足かせとなり得ることを、多くの学問的研究も示している。そして、この生産性の向上とイノベーションこそが、中所得経済への移行に欠かせないファクターなのである。

結論を述べれば、同産業を支援するには、衣料品製造業者がその技能の向上に必要な投資をするように方向転換を図るべきである。そうすることにより、製造業者は自らの製品を差別化する能力を培い、サプライチェーンへの参加をとおしてより多くの価値を享受できることになる。すでにいくつかの事例が観察され、記述されているが、バングラデシュの衣料品製造業者の中には人材への投資や、職場の改善等、企業としての競争力や生産性の向上などを推進している企業がある。まさに、サプライチェーンの持続可能性を高める試みであり関係者全員にとっての利益となる取り組みである。

第9章　より良い生活を求めて国境を越える人々（二〇一二―二〇一四　ILO時代）

SAARC（南アジア地域協力連合）と湾岸諸国への移民労働者

二〇一四年、任期最後の年になってしまったが、長年の懸案だった南アジアから湾岸地域への移民労働者の人権問題について、南アジア地域協力連合（South Asian Association for Regional Cooperation：SAARC）[105]のアールジュン・バハドゥル・サッパ事務局長と意見を交換することになった。目的は二〇一四年一一月に開催されるSAARC総会でメンバー諸国からの移民労働者の人権・労働権など労働環境の改善に関して各国の意見を統一し、共通の立場から条件を湾岸諸国に対し提案することだった。湾岸諸国への移民労働者には労働環境の不備により人権侵害が頻発していた。

特定の湾岸諸国（クウェート、サウジアラビア、カタール、バーレーン、アラブ首長国連邦、オマーン）には労働者個人の人権を不当に規制するカファーラ（Kafala）保証人制度と呼ばれる

105　South Asian Association for Regional Cooperation（SAARC）は南アジアの福祉と生活水準の向上を目的として社会経済開発及び文化面における協力、協調を進める南西アジア八カ国（インド、パキスタン、バングラデシュ、スリランカ、ネパール、ブータン、モルディブ、アフガニスタン）で構成されている。

アールジュン・バハドゥル・サッパSAARC事務局長と筆者

外国人労働者の監視システムが存在する。堀抜（二〇一四）、秋山（二〇一五）、岸脇（二〇一五）[106]によると、その制度の特徴として以下四つの点をあげている。①湾岸諸国では就労ビザは、雇用主がスポンサー（現地ではカフィールと呼ばれる。身元引受人の意）として申請を行い各労働者に発給されるため、スポンサーに大きな権限が与えられているとともに、管理責任が求められている。②労働者は雇用主の同意なしに仕事を変えることや出国することができない。③労働者は雇用主にパスポートを差し押さえられたり、不当に搾取されたりすることがある。④スポンサー契約をする際に、労働者から手数料を徴収する。

　サッパ事務局長の意見交換ではカファーラ制度の撤廃、強制労働の禁止、生活環境の改善、賃金、仕事場での安全確保、契約書の発行など根本的な課題に対してメンバー国内で意見を統一し、湾岸諸国と集団で交渉に臨むという趣旨だった。

ＳＡＡＲＣは、何百万人もの移民労働者とその家族が受入れ国において公正な処遇を受けること、及び労働者を送り出す国々での移民政策を調整するなど、重要な役割を果たすことができる組織である。サッパ事務局長は南アジアの国々が移民労働者のための雇用条件を改善するために共同で取り組むべきであると強調した。特定の湾岸諸国は、交渉においてより強い立場にいることが多いので、南アジアの国々がそれぞれ個別に受入れ国と交渉するのは簡単ではない。しかし、ＳＡＡＲＣの国々が一致団結して協力すれば、労働基準の設定、労働環境の整備、移民労働者の技能の開発に対する貢献など、すべての国に交渉の成果を平等にもたらすことができる。サッパ事務局長は熱心に筆者の意見を聞いてくれた。筆者は最後に一一月の首脳会議でのＳＡＡＲＣ諸国の決議を期待していると述べた。この会談の内容はネパールの代表的な新聞「リパブリカ」に掲載されるほど、南アジアでの大きな関心事であった。

ＳＡＡＲＣ諸国は自国で十分な雇用を生み出すことができていない。したがってＳＡＡＲＣ首脳会議での移民労働者に関する決議はメンバー諸国の社会経済成長にとって重要だ。サッパ事務局長は、南アジア諸国の他のリーダー同様、毎日複数の棺桶が空港に届けられていること、また戻ってこない遺体があることを承知している。移民労働者に関する法律など、受入れ国の体制は移民労働者のニーズに応えていない。カタールでは二〇二二年に開催が予定されているサッカーのＷ杯のスタジアムな

106　広島大学現代インド研究—空間と社会 Vol.9: 15-27, 2019　Journal of Contemporary India Studies: Space and Society, Hiroshima University、https://home.hiroshima-u.ac.jp/hindas/PDF/2019/02_tomozawa.pdf

どの建設のため、南アジア各国から多数の移民労働者が過酷な労働条件下で働いている。人権が保障され正式な契約を交わし、最低賃金が保障されるなど労働環境が改善されればカタールのレガシーともなりうる。そのためなら、ＩＬＯの支援をいつでも提供できるとも伝えた。にもかかわらず、結果的には残念ながら成果は上げられなかった。ＳＡＡＲＣメンバー内のリーダー的存在であるインドの労働担当大臣は努力を約束してくれたのだが、他の議案を優先したため移民問題については、メンバー国内での調整が図れないまま首脳会議は終わってしまった。

二〇一四年にサッパＳＡＡＲＣ事務局長を訪ねてから六年後の二〇二〇年九月初旬、ＩＬＯカタール事務所に赴任した元同僚のマックス・ツノンからうれしい知らせが届いた。[107]ついにカタール政府が悪名高い「カファーラ保証人制度」の終焉を示す画期的な労働制度改革を決定したというニュースだった。これで二〇二二年のサッカーＷ杯のスタジアムも堂々と世界に披露できることだろう。この改革は建設労働者だけではなく家事労働者も含むすべての移民労働者に適用されることになっている。この背景にはカタール政府に対するＳＡＡＲＣメンバー国のロビー活動があったと推測している。カファーラ制度の廃止後、果たして移民労働者の人権問題が解消されたか、今後の進捗状況は是非モニターしていきたい。

ネパールの選択肢

サッパＳＡＡＲＣ事務局長と面会する前日に時を戻す。筆者はネパールの首相スシル・コイララ氏と面談する機会を得た。「我が国の国民の多くが、良い仕事を求めて外国に出稼ぎに出る。外国に出稼ぎに行ったネパール人が毎日二〜三人、棺に入って帰国する」と首相は語り、国民を思う真摯な気持ちを吐露した。コイララ氏の人柄とその魅力に惹かれた筆者は自分もネパールのために何か役に立つことができないかと考えた。当然のことながら、その場ですぐに良い考えを思いつくはずはなかった。ただ一言、「ＩＬＯは移民労働者の人権を保証するための努力を惜しまない」と伝え、固い握手をして首相室を後にした。それが最後のコンタクトで、敬愛する首相は二〇一六年の二月九日重い肺炎のため七六歳の生涯を閉じた。

少子化と日本で働く一六五万人の外国人労働者

戦後七五年を経て、我々日本人は世界一治安が良く、生活するに便利な国を築きあげた。しかしながら他方で、バブル崩壊後、経済の発展性という側面において自信を喪失し、この間、自らの成長

107　カタールのＩＬＯ事務所の移民労働者プロジェクト担当官マックス・ツノン（Max Tunon）からのメール（二〇二〇年九月四日）“Hi Max! great news! Nice to hear from you! I always associated Kafala system with the bondage of workers but not the minimum wage ... however, the agreement is a positive step towards “dismantling” the system, I suppose. I know tradition dies hard unless they find an alternative system that works better than the old one. Cheers! Yoshi”: “Dear Yoshi, ... With all the bad news (COVID-19) happening around the world, this week we had something to celebrate - laws adopted here in Qatar that further dismantle the Kafala system and that introduce a minimum wage. Take care, Best regards, Max”, カタールがカファーラ保証人制度の終焉を示す画期的な労働制度改革を決定　インフォメーションリリース二〇一九年一〇月　ＩＬＯ駐日事務所、https://www.ilo.org/tokyo/information/pr/WCMS_724162/lang-ja/index.htm

右からネパール首相スシル・コイララ氏、筆者、
ILOネパール事務所のホセ・マヌエル氏とプログラム担当官のソロモン氏。

モデル探しに窮している。新聞に目を通すと、ほとんど毎日のように、急速な少子高齢化、地方の過疎化、労働力減少による成長の鈍化、独居世帯の急増、地域コミュニティの崩壊等、暗い記事が頻繁に見受けられる。この現象は自然に発生したわけではない。我々がかくありたいと望んだものでないことも明白である。果たして私たちはこの窮状を乗り越えることができるのだろうか。

我々の祖先ホモ・サピエンスは、約七万年前頃にアフリカを後にして、アジアやその他の地域へ移動しはじめたとされており(『サピエンス全史』、ユヴァル・ノア・ハラリ)、やがて地球を支配するようになった。ホモ・サピエンスは温暖な環境や食料を求めて移住し続け、芸術や宗教、文字、家庭生活、共同体など、社会的で創造的な"場"を築きあげてきた。地球的規模で広がった人類の壮大な物語は、旅をし、そして異なる生活様式を求めて故郷を離れる人類の本能に礎がある。その源は現代人の中に脈々と流れるホモ・サピエンスのDNAにほかならないと言えるのではないだろうか。

人類の歴史を見ても、移住という営みが途絶えたことはなかった。人は絶えず自らを駆り立て、他の土地へ移動し続けてきた。換言すれば、侵略、略奪の歴史とも言える。侵略された地域へ多数の征服者が移住していった。二〇世紀に入り、人の移動は自由意志によるものになり、旅行が安価になり、国境の開放、国家間の経済的交流が盛んになった。移住はどの時代よりも簡単になった。現代の民主主義社会においては、幸運にも侵略と略奪による移住の歴史は幕を閉じ、基本的には移住の権利が各国の法で謳われ、国連では移民の権利と保護を求めている。二〇六〇年の日本の人口は二〇一二年と比べると四、〇〇〇万人減少して八、〇〇〇万人台になり、高齢化率は四〇%で、GDPは約三〇%減少する（厚生労働省）[108]。我々の子どもと孫たちの老後においては、年金、医療、介護などの社会保障制度はその維持が困難になるということだ。果たして日本は移民政策に正面から取り組まずにこの難局に対処できるのだろうか。

厚生労働省によると日本には約一六六万人の外国人労働者（二〇一九年）がいる。外国人を雇用する事業所の数は約二四万に達し、過去最多となっている。出入国管理法に定められている在留資

108　厚生労働省「人口動態統計」、二〇一二年

格を資格別に見ると、身分に基づく在留資格（永住者・日本人の配偶者等）が外国人労働者数全体の三二・一％を占め、次いで「技能実習」二三・一％、「資格外活動（留学）」を含む「資格外活動」二二・五％、「専門的・技術的分野の在留資格」一九・八％となっている。また、日系の移民労働者など「身分に基づく在留資格」の割合は二六・八％である。

しかし、外国人労働者の就労の実態は歪んでいて、ニッセイ基礎研究所によると日本における外国人労働者の特徴は、長期間にわたる就労を目的としている専門職より、留学生による資格外活動や技能実習のような短期間の在留資格で働く割合が全体の四五・六％で高い割合を占めている。留学生は「資格外活動許可証」を得てさまざまな分野で働くことができるが、就労時間が週二八時間以内との制限があるにもかかわらず、長時間働く留学生が多いのは周知の事実である（『限界国家』、毛受敏浩、朝日新書、二〇一七年）。また、二〇一〇年に技能実習生は労働者として労働法令が適用されるようになったが、二〇一五年の事業所への立ち入り調査では七割の事業所で労働基準法など法令違反があった（同）。多くの外国人労働者は自らが所有する在留資格認定証明書に指定されている在留資格以外の仕事をすることは違法だと知りながら働いているケースが頻発していると言われている。この原因は留学生や技能実習生にあるのではなく、整合性のない日本の移民（外国人労働者受入れ）制度にあると言わざるを得ない。

近年、日本の産業における外国人労働者への需要は激増し、外国人への依存度は高まっている。依存度の伸びは建設業が一番高く、農業・林業、医療・福祉、卸売業・小売業では人手不足が深刻になっている。三菱ＵＦＪリサーチ＆コンサルティングの加藤真氏は、「外国人や移民に関する議論は印象論や情緒的な性質を帯びやすいため、データに基づいた実態把握や諸外国の教訓・取組みを踏まえた建設的な議論が求められる」との指摘をしている。

話は少し遡るが、二〇〇八年五月のＮＩＫＫＥＩ ＮＥＴ[109]は、自民党の国会議員約八〇人で構成する外国人材交流推進議員連盟（会長・中川秀直元幹事長）は外国人の定住を推し進めるための基本法制定の検討に入り、日本で一定期間働く外国人の受入れや管理政策を担う「移民庁」を設置するほか、不当な低賃金労働などが問題となっている外国人研修・技能実習制度を抜本的に見直し、少子高齢化による人口減少の流れを踏まえて海外からの人材確保体制を強化する法案を翌年（二〇〇九年）の通常国会に提出し、成立することを目指すと報道していた。その後、同議連は合計七回の勉強会を立て続けに開き、同年六月、移民受入れによる日本の活性化を図る立場から「日本型移民政策の提言」をとりまとめ公表した。残念ながら、その提言をどう使うかは政治家に任せるとの判断に終りその後の進展はない[110]。

ヨーロッパでは外国人労働者を「一時的な労働者」というとらえ方から、「定住を前提とした人間」

109　http://web.archive.org/web/20080505214019/http://www.nikkei.co.jp/news/main/20080505AT3S0201E04052008.html

110　外国人材交流推進議員連盟投稿：二〇一八年八月八日更新：二〇一八年八月一四日　http://jipi.or.jp/%E5%A4%96%E5%9B%BD%E4%BA%BA%E6%9D%90%E4%BA%A4%E6%B5%81%E6%8E%A8%E9%80%B2%E8%AD%B0%E5%93%A1%E9%80%A3%E7%9B%9F/

というとらえ方に変わり、家族を含めての受入れに対してもリベラルな政策をとるようになった。当然ながら、これは移民のモティベーションを上げる。このように、ヨーロッパでは中長期的な多文化主義を認め、移民との共生に努力してきた。翻って、日本での外国人労働者の受入れは確実に増えてはいるが、本格的な移民ということになるといまだタブー視され、移民政策は思うように進展していない。実際のところ、「移民」という言葉すら使いにくい状況にある。とは言うものの、単身赴任の出稼ぎ労働者という境遇では、外国人労働者が家族を呼び寄せて定住するなど、将来の夢や生活設計を描くことはできない。ましてや市民権などは夢のまた夢である。

しかし、近年新しい動きがあった。二〇一九年九月二六日、一般社団法人の新経済連盟（代表理事：三木谷浩史）は、「日本の『移民政策』の確立に向けた提言〜改正出入国管理法の施行を受けて〜」を提出した。この動きが移民政策のうねりに結びつくことを期待したい。

我々日本国民は、少子高齢化のもたらす課題と真剣に取り組み、今、移民政策に関して国民的合意形成に努力しなければ、国内産業の衰退は必至であるとともに、我々の子どもたちに大きな負担をかけることになるだろう。健全な移民受入れ政策をもって、多様性の中に創造を育む社会の構築が急がれる。

日本はすでに移民労働者と共存しはじめている

外国人労働者が日本に移り住み、移民（狭義）となるか、また日本での生活を断念してもっと暮らしやすいと思う国に移住するかは、日本政府の移民政策によるところが大きい。政府の移民政策の動向は受入れから入国、またその後の支援体制に至るまで我々一般市民の移民に対する考えに強い影響を与えるので、移民労働者が社会に受容される環境づくりのために極めて重要である。政策論議はまだ十分とは言えず、より広く国をあげて意見を交えるべきである。

外国人労働者のうち、技能実習生に関して言えば、名目上は国際協力の一環として、技能実習生が日本で技術を学び、帰国後、習得した技術で自国の発展に寄与するという制度だが、実際は、人手不足が深刻な産業の中でも中小零細企業に配属され、一般の労働者と同じ環境で働いている。賃金は低く抑えられ、仕事場で労働基準法に抵触する事態に巻き込まれても、救済のプロセスは十分とは言えない。前述したが、外国人労働者の中には留学生も含まれている。事実、フルに働いている留学生は学習が疎かになる例が多い。留学カードに記載されている在留資格が研修生あるいは留学生であるにもかかわらず、一般の労働者と変わらない態様で仕事に就かせる今の制度運用は間違っている。解決策として、ドイツやシンガポールで導入されている事業所（仕事場）の移動保証や同一労働同一賃金を重視する労働許可制度や、のちに触れる韓国の雇用許可制度などから学ぶことも真剣に考慮されるべきであろう。

新型コロナ・パンデミックの影響で日本でも外国人労働者の数が激減していると言われている。新型コロナの拡大により出入国管理庁は入国禁止の措置をとり、外国人の入国は原則禁止されている。入国禁止がこのまま続くと四一万人（二〇一八年六月現在）の外国人技能実習生の数が二〇万人も減ると予測されている。[111] 日本から帰国できないまま在留資格の期限が切れ、仕事もできないまま収入がなくなった実習生もいると聞く。少子化の影響下で外国人技能実習生は今や日本の産業を支える存在だ。日本政府の柔軟な対応が必要とされている。

翻って、日本企業や日本人労働者にあっても、新型コロナウイルス感染拡大により産業界が未曾有の経済危機を迎えたことにより、生活の基盤を失う国民が増加している。しかし、日本の産業基盤を支える移民労働者の需要は一時的に減少することがあっても、長期的に見れば増え続けていくに違いない。特に介護、飲食・コンビニ・スーパー、物流、医療・福祉、行政、教育・保健、保安などのサービス業、建築、農業、漁業分野でのいわゆるエッセンシャルワーカーの人材確保はすこぶる重要であるが、求人と求職のミスマッチなどさまざまな面で対応が遅れている現状が浮かび上がっている。経済危機で失業しても、次の仕事を見つけることができる仕組みを導入することや、ハローワークを外国人労働者に開放し、仕事を斡旋したり、職業訓練などの便宜を図ったりすることにより移民労働者支援体制を整えなければ、日本は良い人材を受け入れることが困難になるだろう。

外国人労働者が家族同伴で滞在しているケースは、ほとんど永住者や定住者[112]に限られている。二〇二〇年八月四日の毎日新聞朝刊で元文部科学事務次官の前川喜平氏が、外国籍の子ども二万二、〇〇〇人が学校に通っていないことに触れ、「教育を受けさせないのは虐待だ」と発言していた。教育は子どもの普遍的な権利であり、国の義務である。また初等教育から高等教育まで、移民労働者の子どもに学びの機会を与えることは長期的な視点からの人材育成につながることになる。留学先の国で職を探したいと考えている留学生も多く、門戸を外国人労働者に開くことの意義は大きい。優れた例を示すならば、アメリカを中心に活動するクリスト・レイ（Christo Rey）[113]というイエズス会系のネットワーク組織があり、移民の子どものために数十の質の高い高校教育を提供している。日本ではまだ実現してないようだが、設立の動きがあると聞いている。

しかしながら、クリスト・レイの日本での開校には、一つ大きな障害がある。前述の前川氏によると、「朝鮮学校やブラジル人学校、またインターナショナルスクールの中には「一条校」（学校教育法第一条に揚げられている教育施設）[114]ではない学校が多く、そこに通う日本人生徒の保護者は就学義務違反になる」とのことである。さらに同氏の意見では、一条校に通わせない外国籍の子どもの保護者も就学義務違反になるそうだ。これまで文部科学省は憲法第二六条第二項の「すべての国民は、法律の定めるところにより、その保護する子女に普通教育を受けさせる義務を負ふ」という条文を理由に、就学義務の対象を「国民」に限り、外国籍の子どもの保護者には義務を課さないという対応をとっているものの、「外国籍を除外する」という文言はなく、同省の対応はあくまでも解釈によるものに過ぎない、というのが前川氏の主張だ。一方、日本が一九七九年に批准したすべての人に教育の

111　「新型コロナウイルス　外国人労働者は」（くらし☆解説）二〇二〇年四月一六日（木）清永聡　NHK解説委員 https://www.nhk.or.jp/kaisetsu-blog/700/427654.html
112　「限界国家」毛受敏浩、朝日新書、二〇一七年、137ページ「永住者と定住者」
113　クリスト・レイホームページ、https://www.cristorey.net/
114　「にっぽんでいきる―識者に聞く」前川喜平、毎日新聞朝刊、二〇二〇年八月四日

権利を認めることを定めた「国際人権規約」にも抵触していることになる。日本は、近代化には大成功したが、古い制度を改正するとなると重い腰がなかなか上がらない。

あらためて考えると、外国人労働者に関して、抜本的な改正がなかなか進まないのは日本という国の体質なのだろうか。韓国では一九九三年に始まった外国人産業研修制度によって、日本同様、不法滞在や人権侵害の問題が深刻化したので、二〇〇三年に大幅な制度改革を行った。これに加えて、翌年には研修制度に代わって、政府が直接送り出し国と二国間協定を締結する「雇用許可制度」を導入した。これによって、非熟練労働者を合法的に雇用することができるようになった。[115] また政府の介入により、移民手続きなどを代行していた仲介業者を排除し、移民労働者は中間搾取されることがなくなった。

現在まで日本政府は「移民」という定義を避け、外国人労働者という呼称を用いているが、筆者の考えでは日本はすでに移民社会となっている。国内には治安に対する不安を根拠として、移民労働者との共生を憂慮する声が根強く残っているのだが、日本の人口構造の推移予測を考慮すれば、すでに選択肢は限られている。OECDはMIPEX[116]（Migrant Integration Policy Index）を発表し移民との共生に関する政策を指標化する活動を始めた。日本は残念ながら移民政策に関してはOCED諸国内では下位に位置する。

移民送り出し国における開発投資機会についての世銀（KNOWMAD、二〇一八年）データによると、移民の仕送りの受取り総額ではインド、中国、メキシコ、フィリピン、エジプト、ナイジェリア、パキスタン、ベトナム、バングラデシュ、ウクライナがトップ10である。フィリピンの場合だと三三億米ドル（約三、六〇〇億円）で二〇一八年国内総生産の一〇％に相当する。しかしアジア開発銀行の調査によれば、二〇二〇年には新型コロナ・パンデミックの影響でアジア各国の仕送り額が大きく減っているとの報告がある。最大の減額幅はネパールの二九％。バングラデシュで二八％、パキスタン、インド、インドネシアでも二〇％以上の減額だ（図6を参照）。

二〇一八年の国連労働機関（ＩＬＯ）の報告[117]によると世界には一億六、四〇〇万人（二〇一八年現在）の移民労働者がいるが、彼らは新型コロナの影響で戦後最大の経済危機に直面している。自身や家族の感染で就労制限されることや、移民先での賃金不払いで、収入が途絶えたり、ひいては解雇されたまま失業している移民労働者もいる。仕送りで生活を維持している本国の家族にとっては死活問題だ。移民労働者の送り出し国は往々にして社会基盤が脆弱で、失業保険や再雇用対策も不備である。比較的経済に余裕のある海外移民層より、むしろ移民送り出し国の貧困層家族に負担が重くのしかかり、さらに格差の拡大につながることが必至だ。しかも、移民労働者の仕送りは送り出し国の投資に回されることは少なく、移民労働者家族の生活費やその他の家計費として消費されるので、送り出し国の開発に寄与することが少ないという意見が多い。また仕送りされた資金は政府の収入では

115　第9章　韓国における外国人材政策─共生社会に向け試行錯誤する取り組み、野村敦子　日本総合研究所株式会社、二〇一九

116　http://www.oecd.org/publications/indicators-of-immigrant-integration-2015-settling-in-9789264234024-en.htm

117　ILO, 2018, https://www.ilo.org/tokyo/information/pr/WCMS_652290/lang--ja/index.htm

図６：コロナ禍と減少する移民労働者の仕送り

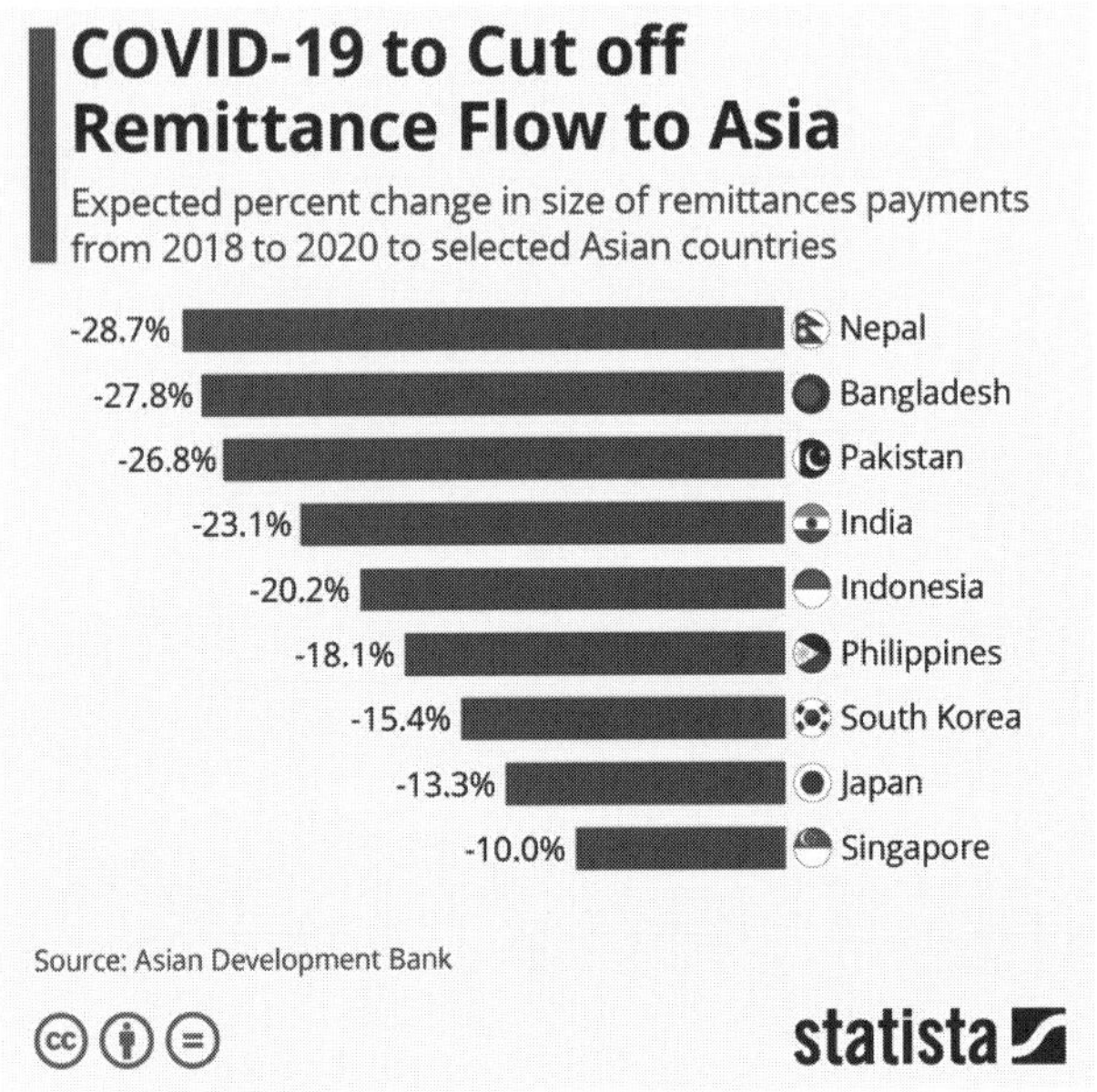

ないので国の政策の対象とはならない。したがって、経済効果は期待していたほどではない。貧困、格差や雇用の改善は国の政策に頼るしか選択肢はないだろう。しかしながら、新型コロナの拡大は仕送りの大小にかかわらず、送り出し国に多大の被害を与えているのは事実である。一方、中長期的に考えると、移民労働者の仕送りは海外直接投資（Foreign Direct Investment）の総額を超える勢いで伸びており、コロナ・パンデミック後もこの傾向は続くものと思われる。

第10章　新しい自由を求めて（二〇一二―二〇一四　ＩＬＯ時代）

香港とシンガポールの家事労働者

世界の多くの国では家事労働者の支援なくして女性の社会進出は難しい。香港とシンガポールでは家事労働者に依存して働く女性の割合が高い。日本でもお手伝いさんがいればどんなに助かるかと考える女性は少なからずいる。香港やシンガポールのお手伝いさん（メイドさん）は家事労働者であって、筆者の記憶にある日本特有の「お手伝いさん」ではない。きちんとした契約書を交わし、家事を労働として、家庭を職場として働いている労働者である。それでもすべての家事労働者が正当な報酬を得て、契約書に基づく職務をこなす仕事場を持っているとは限らない。事実はまったく逆で、彼女たちの労働環境は全般にわたり改善の余地がある。たとえば、海外へ働きに出る前に雇用者探しと渡航手続きにかかる費用を仲介エージェントが用立てる仕組みに問題が多い。つまり借金を背負っての出稼ぎということである。東南アジアではいまだ子どもたちが裕福な家庭に奉公に出され、住み込みで家事労働に従事している例が多く見られる。こういった児童労働の慣習はいまだ存続していると聞くが、ほとんどが国内で見受けられるケースであり、ここで対象としている家事労働者ではない。

海外で働く家事労働者は移民労働者としての自らの立場を労働者だと主張し、契約書の発行を求める。労働法によって保護される身分が欲しいからだ。海外に働きに出る女性には信じられないことも起きる。暴力、暴行、賃金の未払いが多発し、台所の床をベッドにする場合も多い。以下筆者が香港とシンガポールでの経験をもとに、その課題について私見を書き留めてみたい。

シンガポールを訪れるとよく見かける風景だが、日曜日の午後、シンガポールの中心街にあるオーチャード通りのショッピング・モール街に行くと、家事労働者を含む女性で埋め尽くされていた。そのほとんどはフィリピン、インドネシア、ミャンマーなど東南アジアからの出稼ぎ労働者だ。

香港の移民家事労働者は、雇い主の自宅に住むことが条件で、アパートに住むことを許されていない。香港では狭い住宅が多いので、個人の寝室はあてがわれないのが実情だ。契約に記載されていない労働に従事することもある。時間外労働も大きな問題だ。病人の世話などでは時間外勤務を強制されることがある。シンガポールの状況はさらにひどく、「結婚や出産は定住につながるとして厳しく制限されている。家族を呼び寄せることも禁じられている。あくまでも臨時の労働力と位置づけられているからだ」(藤田享子元NHKシンガポール支局長)。香港における外国人家事労働者に関する統計データは少ない。おそらく不法就労のケースもあり、データをとりにくい職種であるためだろう。少し古い統計になるが、二〇一三年一二月末日現在、香港の家事労働に従事する外国人は三二万九八八人、フィリピン人とインドネシア人がそれぞれ全体の五一%と四六%を占めている(香港中文大学准教授 合田美穂)。

以下は、筆者がＩＬＯアジア太平洋地域総局に勤務していた当時の、ＩＬＯのプロジェクトの話だ。移民家事労働者が直面している虐待事例を暴くドキュメンタリー・プロジェクトを収録した写真集『誰もこんな風に働くべきでない』[118]を作るためにジャーナリストのカレン・エモンズさんやカメラマンのスティーブ・マッカーリーさんはアジア諸国を周った。

この写真集には移民家事労働者の搾取と虐待の事実が記録されている。なぜこういった人権侵害が横行するのか。9章でも述べた「カタールのカファーラ保証人制度」でも同様だったが、個人雇用主が特定の個人を雇う雇用環境に法の目が十分に行き届かないことが原因だと言われている。裕福な家へ奉公に出る田舎の貧しい家庭の子ども、遠縁の親戚のところへ「お手伝い」に行くという古い価値観が背後に存在していると認識している。「お手伝いさん」から「家事労働者」へ意識を変えて、法的な整備をすることが求められている。家事労働者にも結社の自由や団体交渉権が認められるべきであろう。そうならないと家事労働者に対する人権侵害を防ぎ、健全な労働環境をつくることはできない。

アジア太平洋地域だけでも二、〇〇〇万人以上の家事労働者がいる。これはスリランカの人口に相当するが、多くの国では、家事労働者は一般労働法によって保護されておらず、虐待など人権の侵害に対して無力だ。しかも、最低賃金の適用から除外されている。おしなべて、家事労働者の賃金は平

118　https://www.ilo.org/wcmsp5/groups/public/---asia/---ro-bangkok/---ilo-tokyo/documents/publication/wcms_497110.pdf（https://www.flickr.com/photos/iloasiapacific/sets/72157639783402295/

均賃金の半分以下であり、中には五分の一未満の層もある。人権侵害・過重労働のリスクにもかかわらず、家事労働は急成長しているサービス分野である。緊急な対応が望まれる。

世界家事労働者協会

香港の家事労働者組合は「世界家事労働者協会」という別名を持つ。まだ力はないが、いつの日か世界的に連携し協力し合える存在となることを願う。香港やシンガポールで移民家事労働者の存在がなかったら女性の社会進出は難しかっただろう。日本でも将来移民家事労働者が多くなる可能性がある。家事労働者の多くは、より良い生活を求めて海外に出稼ぎに行く。彼女たちは商品ではない。また奴隷でもない。将来の可能性を求めて国境を越えた勇敢な人々だ。我々は家事労働者に対するあらゆる先入観と偏見を捨て、彼女らの

香港の家事労働者組合のスタッフと筆者　　写真：筆者

労働者としての地位の向上に努めることでフェアな移民労働者制度の確立につなげていきたい。

香港の政労使と民主化

二〇一四年一一月に香港特別行政区[119]を訪れた。ＩＬＯのアジア太平洋総局長は慣例として各国または特別の地域の政府を代表する労働大臣、労働者の代表、それに使用者側の代表と会うことになっていた。ＩＬＯは香港には事務所を構えていないが、北京事務所が兼轄する。政府代表と雇用者代表との会談は、特別に難題はなかったが、労働者を代表する労働組合連合の代表は、一九九九年北京の天安門事件に参加した李卓人氏であった。李氏は「香港市民愛国民主運動支援連合会」（支援会）の代表で、天安門事件の追悼会を香港で主催した。天安門事件で殺害された学生の遺品などが展示されている「記念館」の運営者でもある。李氏は中国の民主化運動を進めた中心人物で二〇二〇年六月三〇日に施行された「香港国家安全維持法（国家安全法）」が「一国二制度」を崩壊させ香港の自治

119　九九年にわたる租借期限が終了し、香港は将来五〇年間外交と国防以外では高い自治を保障するとした「一国二制度」のもとに一九九七年イギリスから中国に返還され、一国二制度を謳う基本法が設定された。香港は中国国内にあるが、表現の自由など人権が保障される唯一の地区として留まることになった。以前は一九八九年の天安門事件に市民が追悼することもできたが、その後一般市民及び民主化活動家の自由が徐々に制限されるようになっていった。そしてついに二〇一四年一二月、筆者が香港を出た一カ月後に反政府デモ「雨傘運動」が始まった。李卓人（イ・チュクヤン）氏は一九八九年の天安門事件に参加した人物で、「六四 天安門事件―人権記憶博物館」の「香港市民愛国民主運動支援連合」の主席を兼任していた。毎年行われていた記念集会は今年で三一回目を迎えたが、新型コロナを理由に許可されなかった。しかし東京の中国大使館前や有楽町でも六四天安門事件三一周年の抗議が街頭で行われた。（毎日新聞、二〇二〇年六月三日。BBC News Japan 二〇一九年七月二日）

香港労働大臣（Commissioner of Labour）を挟んで右がILO北京事務所代表、左が筆者

を奪うものだとして抗議を続けたが、国家安全法違反の疑いで逮捕された。

香港では同法の施行後、民主派への締め付けが強まり、民主化の指導者の逮捕が相次いだ。二〇二一年の一月六日には、香港の立法会（議会）で過半数をめざす、民主派の主張が政府転覆罪のかどで逮捕された民主派指導者五三人が香港警察に逮捕された。保釈はされたが旅券は取り上げられたので、香港外には出られないと報道された。民主派の逮捕が相次ぎ、その排除は加速し、香港の自由はまさに消えようとしている。英国政府は二〇二一年一月三一日から香港市民向けに英国市民権取得につながる特別ビザを受け付けると発表し、英国政府は今後五年間で二六万〜三二万人が英国に移る可能性があるとみている。（日本経済新聞二〇二一年一月五日）

李卓人氏の夢見た中国の民主化どころか、香港の民主化も遠のいていく現実を、李氏はどう受け止めているのだろう。二〇一四年に香港の民主化を要求したて起きた「雨傘運動」から七年目で、香港の「一国二制度」を夢見た民社化の波は消えようとしている。李氏は二〇二一年一月現在保釈中だが、逮捕されるのも時間の問題だと推測される。筆者が労働者の代表として彼と労働組合のメンバーと会ったのは二〇一四年の一一月だった。当時いまのような状況になるとは誰が想像できたであろう。大きな権力のもとで市民の声はか弱く打ちのめされていく現状はなんとも残念で仕方ない。

国連事務総長もＩＬＯ事務局長も、安全保障を理由に市民の自由と夢を権力でねじ伏せてしまう国家権力に対しては何もできない現実に無力感をいだいている。幾度となく苦難を乗り越えてきた李氏は、香港あるいは中国本土の民主化の動きに灯火を燃やし続けることだろう。そんな李氏に大きなエールを送りたい。

さて、話は翻って筆者と香港政労使との会議に戻るが、中国本土の労働事情は北京にいると良くわからない。中華全国総工会[120]と呼ばれる中央労働組合がＩＬＯのカウンターパートで、基本的には中国本土の労働事情は総工会を通して入手しているからだ。

しかし、総工会からの情報では事情が良くわからない部分がある。確かに外国資本の投資が多い香港では、総工会をとおさずとも、直接香港の政労使がそれぞれの情報源に基づいた情報を伝えてくれ

120　英語名 All-China Federation of Trade Unions は中華人民共和国おける唯一の全国規模の労働組合連合である。国際労働組合連合（ＩＴＵＣ）には加盟していない。「中華人民共和国工会法」及び「中国工会章程」の規定により、中華全国総工会は中華人民共和国の各級地方組合及び産業組合に対する指導機関であり、中国大陸の三一省級労働組合連合会と多数の産業労働組合連盟を擁している。「中華全国総工会」『フリー百科事典ウィキペディア日本語版』二〇二一年一月一一日　URL https://ja.wikipedia.org

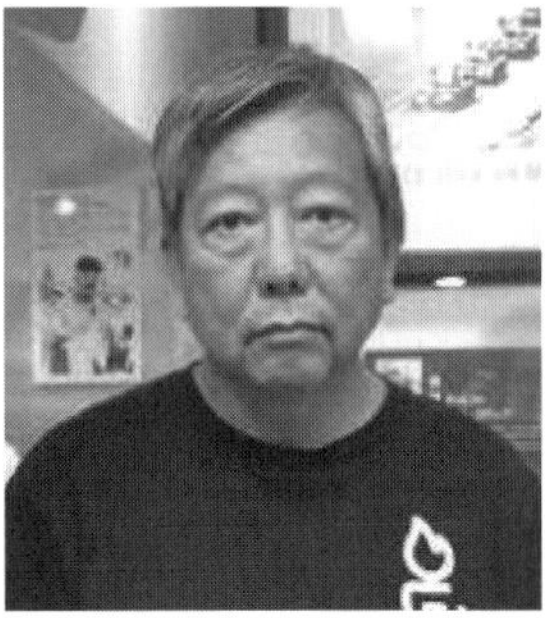
李卓人氏

るので香港の事情は良くわかる。また使用者協会にとっては、香港に隣接する広東州の深圳が香港情報を提供してくれるのでありがたい。香港の投資はそのほとんどが深圳に集中していると言われている。中国は「結社の自由」「団体交渉権」に関するILO条約の中核的労働基準（第八七号条約と第九八号条約）は批准していないし、基本的に労働者は労働組合をつくる自由や団体交渉権を与えられていない。しかも、中華全国総工会の組織の一部として名目上の組合活動は許されているが、総工会の規制を受けなければならない。適切な社会対話の場が欠如しており、過去数多くの抗議行動や労働争議が発生しても情報の開示がされていないし、労働関連問題の公式資料も存在しないので、実態はよくわからない。[121]

香港の使用者団体との会議の時、筆者は総工会が「労働者の結社の権利」と「団体交渉権」を深圳において認めるとの報道について質問を受けた。いまだ、中国政府が批准していない「中核的労働基準」に関して、中国政府が自主的に発表したことに驚き、その進捗状況を知りたいということだった。香港の進出企業に対する影響を知りたかったのであろう。筆者とILOチームは後日、総工会に問い合わせるが、その場では中国の法律においての結社の自由と団体交渉権の実施に関しては、総工会の統制と監視下で行われるものではないかとのコメントを述べるに留めた。その後の一連の民主化の動きに対し香港国家安全法が施行されるなど、労働基本権の導入に関しては、深圳は言わずもがな、香港の労働基本権の存続すら怪しくなってきた。

香港の民主派が実施した二〇二〇年九月の立法会の議員選挙に向けた予備選挙（六一万人が投票）の投票日の夜、ノーベル平和賞を受賞した中国の人権活動家、劉暁波氏の追悼行事があり、約二〇〇人の市民が献花に訪れた。主催したのは、中国の民主化を支援している李卓人氏[122]だった。どの社会にも意見の違いはあるものだ。話し合いで違いを乗り越える民主的な制度の存在が機能していると、異なった意見のグループ、あるいは利益が相反するグループが共生できる。しかし対立する国民の表現の自由が奪われていたら、表面的な共生はあっても実質的な共生は難しい。結局、新型コロナウイルス感染防止という理由から、九月の立法会の議員選挙は延期された。その後も香港の民主化運動は続いているが、香港国家安全維持法が施行され、香港の自由は今まさに奪われようとしている。

香港国家安全維持法の導入に関して、国連の場でもその賛否に関して議論が交わされてきた。前

121　公益法人「国際労働財団」訳「国際労働組合総連合（ＩＴＵＣ）はジュネーブの世界貿易機関（ＷＴＯ）で、五月一〇～一二日に開かれる同機関の「貿易政策に関する一般理事会」に向け、中国の『中核的労働基準』の順守問題で報告書を提出した。これは一九九六～二〇〇一年にかけて、シンガポールやジュネーブ、ドーハで開催されたＷＴＯ閣僚会議で行われた加盟国の取り決めやＩＬＯ総会で採択された「職場における基本的原則と権利に関する宣言」など、各国がＩＬＯの『中核的労働基準』をいかに順守しているか、その実情を検証する一環である。」https://www.google.com/url?sa=t&source=web&cd=&ved=2ahUKEwjJ7cOtusDqAhWOBIgKHUTUDEEQFjAAegQIAhAB&url=https%3A%2F%2Fwww.ituc-csi.org%2Fchina-new-ituc-report-on-core&usg=AOvVaw1BtUELNbuEK0zJJwdz0N0G

122　https://www.sankei.com/world/news/200602/wor2006020035-nl.html

筆者（中央）の右隣が李卓人（イ・チュクヤン）香港労働組合連合の事務局長で香港労働界のリーダーだった。天安門事件の記念集会を組織した罪で過去に逮捕されたが、2020年11月13日に中国の人権活動家でノーベル平和賞受賞者の劉暁波氏の追悼式を開催するなどいまだ健在である。

雇用者側代表（中央）と筆者（右）左はILO北京事務所チム・ドゥ・メイヤー

述の予備選挙が行われた二〇二〇年七月の直前、六月三〇日のことだが、スイス・ジュネーブで開催された国連人権理事会で、中国による香港国家安全維持法導入の賛否を問う投票が行われた。結果は、日本や欧州などの二七カ国がその導入に反対したが、アジア、アフリカと中南米を中心に五三カ国は賛成した。日本国内では同法の導入に批判的なニュースが多い中、国連人権理事会での中国を含む国連政治動向には大変驚かされた。国家安全維持法を主張する「国家主義」と自由と、人権を求める「リベラルな国際主義」の相克は終わりがないようだが、自由と人権を求める香港の一般市民の声は途絶えることはないだろう。

世界に目を向ければ、自由と人権を求める民主化闘争が勝利した例もある。「アラブの春」はリビアのカダフィ大統領や、エジプトのムバラク大統領を追放した。市民運動が独裁政権を追放した例だが、その後、いまだ永続的な民主体制を築けていないのは残念だ。皮肉な言い方かもしれないが、時間が解決するとは思えない。現代では、独裁体制を敷く国は少ない。国の政府の統治が弱くても、民主化が成功している例は多数存在する。第6章で述べた南スーダンのメジリ村における裁判と村長選挙は格好の例である。インドネシアではロンボクの女性グループ「アニサ」が高利貸しの搾取から貧しい女性たちを解放した例や、教育制度の情報開示と民主化のケースなど探せばいくつもの例を見つけることができる。これらの個別の成功例を結びつけ、より広域な規模に拡大させる可能性は大である。そのためには国連諸機関がローカルなケースをグローバルな民主化の課題に絡めていくための戦略を練る必要がある。かつてキリスト教の宣教師が世界各国への布教に成功した背景には、人間の自由、人権、平等、尊厳を持って生きる権利を追求するコンセプトとアプローチがあったからだと考える。

香港の一国二制度は、歴史的な経緯はあるにしても、異なった主義主張を持つ国民同士が多様性を認め、共生できる制度ということではなかったか。圧倒的な力を行使して抑えつけようとすることは決して共生とは相入れない考えだ。秩序の維持のため、新型コロナの拡大を防ぐためとして、国家権力を行使することは体制維持のための弾圧以外のなにものでもない。強者が勝ち続ける世界では、弱者は当然、生き残りをかけて自らを守る手段を考える。その一方で、弱者にとっては出口のない迷路のように、貧困と格差からの解放の機会が遠のくばかりだ。

モンゴルの政変：消えたチャンス

モンゴルは近くて遠い国だった。白鵬をはじめ強い横綱を輩出している民族の住む国だ。一九九〇年に民主主義体制に移行し、中央・東欧諸国と同様、移行経済国である。ヤギや羊の牧畜業と銅、石炭、金の鉱物採掘・輸出が経済を支えている。輸出の九割が中国向けである。したがってモンゴル経済は資源の価格に影響を受けるし、中国の景気変動に大きく依存している。ソ連邦の経済圏が崩壊し、独自で市場経済化を推し進めてきた。二〇〇八年のグローバルな金融危機と資源価格の下落により経済は一時低迷したが、二〇一〇年には資源価格が上昇し海外直接投資も増え、二〇一一年からの三年間、経済は二桁の成長を遂げた。この時期に道路建設などインフラ整備に投資し、経済の基盤づ

覚書に署名するヤダムスレン・サンジムヤダフ労働大臣と筆者。
後段右から2人目はガイ・ライダーILO事務局長、左2人目がノロブ・アルタンホヤグモンゴル首相、2014年6月9日

ノロブ・アルタンホヤグ元首相と筆者、2014年6月9日（写真：ILO）

くりに努力したが、二〇一一年には資源価格が再度下落し、二〇一三年以降、経済は急速に減速局面に入った（国際通貨研究所　Newsletter、二〇一九年）。

ＩＬＯとモンゴル政府が協力事業を立ち上げようと覚書に署名したのは二〇一四年の六月だった。その後、ノロブ・アルタンホヤグ首相を首都ウランバートルに訪問したのは、覚書に記述した協力事業を具体化するためだった。一次産品の輸出に頼る経済からの脱却も念頭に入れて、起業訓練と社会保障制度の改革案の作成と実施に関するプロジェクトだった。皮肉にもソ連崩壊時に失った社会保障制度を復活させようとするような制度づくりだった。モンゴル人であれば誰でも約三〇年前ソ連邦時代の社会保障が手厚かったのは記憶している。

起業訓練の支援及び社会保障制度の確立に関わる覚書の署名式に参加したモンゴルのノロブ・アルタンホヤグ首相が一〇〇万ドルを政府の予算から割り当てることに同意した。しかし、その後一〇〇万ドルの事業案を作成中に大変なことが起きた。二〇一四年一一月五日ノロブ・アルタンホヤグ首相がツァヒアギーン・エルベグドルジ大統領との意見の衝突から首相を辞任したというニュースが入ったのだ。一〇〇万ドルは消えた。他のドナーからの支援も考えたが、政情も安定しているとは言えない状況だったので、プロジェクト案の作成は残念ながら延期することになった。モンゴル共和国とＩＬＯが署名した覚書は一体何だったのだろうかと考える。一〇〇万ドルの事業が自然消滅し反故になった理由は国内事情だ。覚書には法的拘束力はない。これもいわゆる「カントリー・リスク」なのだろう。リスクを予知できなかった私の責任か、約束を反故にした国の責任かを追及するつもりはないが、起業と社会保障の分野でプロジェクトを実施する機会が失われたことの方がより大きな損失だった。

第11章　有志へ（二〇一五―二〇二〇　再び東京から）

日本の役割

さて、前章まで、貧困が至るところに蔓延し、格差がますます拡大している状況を述べてきた。このような時代にあって、日本にいる私たちには何ができるのか考えてみたい。私は三六年間国連に勤めて、この問題を考え続けてきた。日本からの発信力を増すにはまず何より人事だ。外務省によると[123]、日本は各国際機関が取り組む課題に対し分担金や拠出金を通じた財政的な支援や政策的貢献だけではなく日本人職員の活躍を通じた人的貢献も行ってきた。二〇一九年一二月末現在九一二人の日本人が専門職職員として世界各国の国連関係機関で活躍している。しかし日本人職員数は増加傾向にあるものの日本としてはまだ十分ではないとの考えを明らかにしている。たとえば、国連事務局が二〇一八年一二月末に発表した「国連事務局における望ましい職員数（国籍別状況）」では、日本は二〇三名とされているが実際の日本人職員数は七五名（うち女性四四名）となっている（外務省）。

こうした状況を踏まえ、自民党政府は国連などの国際機関の幹部人事を内閣官房で一元的に立案する体制をつくると発表した（日経新聞）[124]。自民党政府は「経済や安全保障など国際戦略上重要なポストを見定め、トップに閣僚経験者などの擁立を目指し、欧米と協力して中国の影響力を抑止する。国連機関の幹部のポストに就く日本人が少ないのは国内で大臣レベルの経験がある人物が応募しないからだと考え、政府に特別対策本部を設置する」という内容だが、この発表は遅すぎの感がある。国連機関の幹部の採用は、各国の政治的な要素に影響されるのは事実だが、もともと（国連の中途採用に対し）新卒の採用、終身雇用志向などが一般的な日本の制度が（そぐわせなければならないのだが）そぐわないことがあげられる。さらに、資格条件の点でも、修士号を持ち、二カ国語ができること、少なくとも二年間は（希望する仕事の分野での）経験があることが必要とされる。また国連内部で日本人の幹部候補が育っていない理由として考えられるのは、幹部ポストを狙っている日本人はいても、実力や実績が伴っていないことも考えられる。根本的な理由は国連を就職先として選ぶ日本人が圧倒的に少ないことである。自民党政府の考えは大臣レベルの経験がある人物を国連幹部に擁立するということだが、果たして国務大臣級の政治家が国連の幹部ポストに応募するかは大きな疑問である。

Junior Professional Officer（ＪＰＯ）派遣制度は日本を含め国連メンバー国政府の費用負担を条件に国際機関へ若手人材を派遣する制度だ。日本政府も外務省をはじめ複数の省庁が、国連をはじめ国際機関への派遣を実施している。外務省では一九七四年から派遣を始めている。実は筆者もこの制度でユニセフに派遣され、無事六五歳で定年退職するまで働き続けることができた。当初ユニセフへは

124 https://r.nikkei.com/article/DGXMZO60345600V10C20A6SHA000?s=4
123 https://www.mofa.go.jp/mofaj/fp/unp_a/page22_001263.html

原則二年間の派遣だったが、派遣期間中に経験を積み空席に応募する機会が与えられた。結果として正式に採用されることになったが、もちろん採用されないリスクもあった。その後も筆者は一〇年間期限付きの採用だった。人生にはリスクは付き物だ。好きな仕事ならば、リスクを取る価値はあると考えた。

人事のほか、日本はいったい国連に対して何ができるのか、何をしてほしいのか、どのようにして、知的リーダーシップ（Intellectual Leadership）をとっていくことができるのか。これは、実際はとても難しい問題である。たとえば、政府開発援助（Official Development Assistance：ＯＤＡ）一つとっても、事態は単純ではない。ある国会議員に訊いたところ、「ＯＤＡは票にならない」と言われた。「先生、ダルフールの被災民を助けていただきたい」と言っても、聞く耳を持ってもらえないことがある。国際機関が日本政府に働きかける際、政治家の支持が必要なことがある。努力しても実を結びにくい。日本のＯＤＡは減少する一方。残念なことだ。

日本の役割を考える場合、日本国憲法は、やはり大きな意味を持つと思う。周知の通り、日本国憲法の前文には、「われらは、平和を維持し、専制と隷従、圧迫と偏狭を地上から永遠に除去しようと努めてゐる国際社会において、名誉ある地位を占めたいと思ふ」と明記されている。国連憲章の前文にも同様のことが書かれている。どちらも、同時代に作成されたので、当時の国際協調の精神と背景を反映している。ぜひともその精神を国策に掲げてほしい。

前記のＯＤＡの問題一つとっても、近年、日本人の視線は、ますます内向きになってきているような気がしてならない。日本が世界の中で孤立せず、各国と仲良くやっていくためには、一方的に自分を理解してもらおうとするだけでなく、相手を理解することから始めなければならないと思う。

日本を代表する貢献の事例 ― 母子手帳とオリセット

日本では妊娠すると最寄りの市町村の役所・保健センターで母子手帳をもらえる。同じように妊娠中の経過、出産、産後の記録、子どもの健康診断や予防接種、発育などを記録する手帳を途上国でも普及させようという活動がある。母子健康サービスの標準化、妊娠出産のリスクや子どもの健康と発育をモニターするほか、出生届出制度が不備な国では出生証明書としても使える。九〇年代当時、東京大学医学部国際地域保健学助教授だった中村安秀氏を含めた専門家がインドネシアで日本の母子手帳を紹介するＪＩＣＡのプロジェクトを始めた。その後、筆者は東ティモールに転勤になり、東ティモールの母子手帳を日本政府の財政的支援で作成した。また、パレスチナのユニセフ代表に東ティモールのコピーを送り母子手帳の導入を進めた。母子手帳は日本で一九四七年に導入され、その成果は認められている。一九九〇年代になるまで海外で普及することはなかったが、母子手帳が国際保健の分野でその有益

東ティモールの母子手帳

さを認められはじめた。筆者もその過程でインドネシアでの普及に微力ながら貢献した。その後も中村氏は特定非営利活動法人ＨＡＮＤＳ（Health and Development Service）を設立し、母子手帳の普及に努めている。母子手帳は今やパレスチナ自治区やアフガニスタンなど世界各国で普及している。また、民間主導のマラリア予防に効果のあるオリセット（防虫剤処理蚊帳）と共に母子手帳も日本の誇れる技術として世界で認められている。母子手帳やオリセットには子どもが健康に育ってほしいという親の夢が託されている。五歳以下の子どもの死亡率が高い地域では生きていること自体も夢なのである。

国連の役割：夢の実現

国連は世界大戦を二度と繰り返さないという目的で設立された。幸いなことに第三次世界大戦の勃発は現在まで回避できているが、四〇年以上にもわたる冷戦の影響を受け、国連、特に安全保障理事会（安保理）の機能は麻痺した。一九六〇年代に、アジア・アフリカの新しい独立国が多数国連に参加した。その結果、開発と先進国の支援が重要な課題として取り扱われることになり、開発を支援する国連組織を幾つか設立することを総会で決議した。理由はこれら新興独立国の開発のニーズに応え、彼らの「夢」を新設された国連機関のビジョンに反映することだった。

事実、一九四八年一二月一〇日の第三回国連総会で採択された世界人権宣言はまさに開発の遅れた国々も含めた国際社会の夢を謳ったものだった。国際社会の構成員一人ひとりに自由、正義及び平和の基礎である尊厳と平等を認め、恐怖及び欠乏のない世界の到来が、一般の人々の最高の願望（夢）として宣言された。しかし、当時は個人や社会を蝕む貧困が蔓延し、安全が脅かされ、人権への配慮に欠けているのが実情だった。国連の仕事の中で、社会経済開発と人道支援の比重が飛躍的に伸びたのも同じ理由からだ。新聞やマスコミで取り扱われる国連関係の話題は、ニューヨークの国連本部、特に安保理に関することが多い。しかし、それは国連活動のごく一部にすぎない。これから国連が取り組む問題は多種多様だ。貧困や、格差、人権、環境、人間の尊厳は国内問題を超えて狭い地球の最重要課題で、こうした課題に対応し、個人や社会の夢の実現のため国連の存在は不可欠だと考える。

新型コロナ感染症の拡大と国際公益

筆者は、本書の読者である若い人たちが、これから職業を選ぼうという際に、教室での講義、図書館での読書よりも体験に裏打ちされた考え方を心にとめてほしいと願っている。将来像を描くことが大切で、それが夢だけで終わらないよう絶えず努力してほしい。

二〇二一年一月一二日現在、世界の新型コロナ感染者は九、〇〇〇万人を超え、一億人を超えるのも時間の問題だ。新型コロナ感染症は世界の至るところに拡散し続け、収束への兆しはまったく見えていない。国際通貨基金（ＩＭＦ）は「世界経済見通し」を大幅に下方修正し、一九二九年の世

図15：コロナ下でも増える超富裕層の富

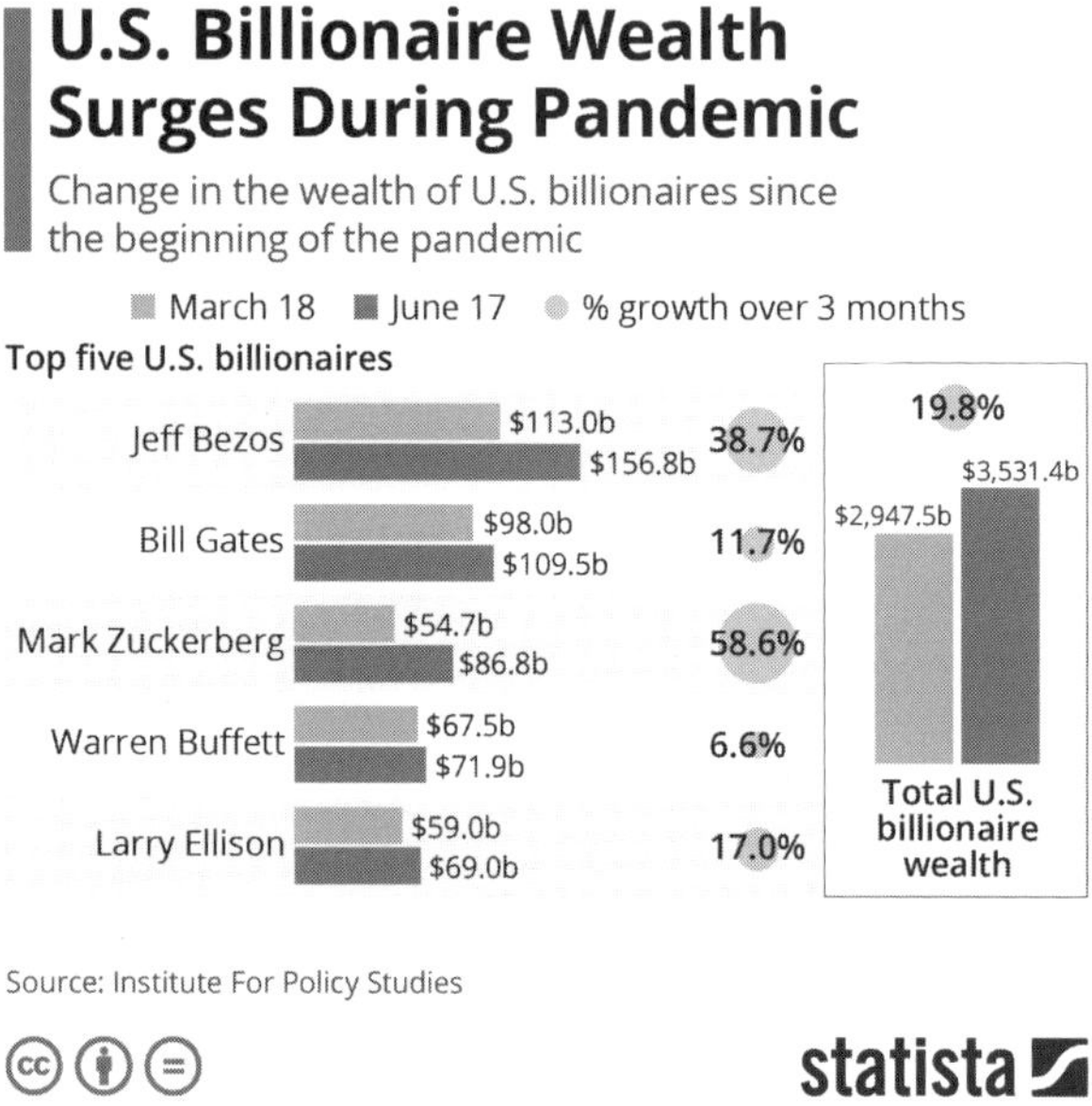

界大恐慌以来、最悪の景気後退との報告をした。[125] この世界経済恐慌は金融が原因ではない。経済的要因ではなく感染症が原因で市場の消費が急激に落ち込み、全世界で経済は危機的な様相を呈している。ほとんどの産業で生産が滞っている状況だ。消毒やマスク装着という、これまでの感染症対策に加え、社会的距離（Social Distance）をとるという人間の行動態様を変えることが感染防止の要となった。結果として社会に、そして、個人に対する影響の大きさは前代未聞である。都市への一極集中の弊害、教育現場の混乱、中小企業の倒産、観光産業の不振という社会的な問題に加え、個々の国民に関わる介護のあり方、在宅でのテレワーク、社員の健康問題、働き方改革など、コロナ感染症の拡大に対する対応に追われている状況だ。結果として正規・非正規間

の処遇に関する不平等などが注目を浴びるようになった。さらに、全世界的に見ても低所得層ほどコロナ禍の影響を強く受け、生活に困窮する人々が増える一方、富裕層の資産は増え続けており、貧富の格差拡大は危機的な兆候を見せている。

新型コロナの感染者が爆発的に増加した二〇二〇年の三月一八日から六月一七日の間、米国の億万長者（アマゾンのジェフ・ベゾス、元マイクロソフト会長ビル・ゲイツ、フェイスブックCEOマーク・ザッカーバーグ、バークシャー・ハサウェイのウォーレン・バフェット、オラクルのCEOラリー・エリソン）の収入は二〇％も上昇したとのデータが発表されている（図15）。他方、新型コロナウィルス感染症拡大によって、世界の労働人口三三億人の内、二〇億人の非公式労働者（労働市場で最も脆弱な立場にあるインフォーマルセクターの労働者）が失業した。また、失業していない非公式労働者の内、約一六億人の収入が大幅に減少した。[126] 代替収入がなければ、これらの労働者とその家族は生き残れない。法人税を含め税制度は所得の再分配を大きく左右する。所得格差が拡大している中、税制の見直しは低所得国を含めしっかりと検証されるべきだ。

コロナ禍のネガティブな影響は、企業の海外での事業にも大きな影響を与えている。たとえば既製服市場での需要の低下を理由に、すでに注文を出した製品の納入を断り、その結果生じた従業員の解雇や失業に対して責任を取らない衣料品のグローバルなブランドが多かった。失業保険などの社会保

125　World Economic Outlook, 二〇二〇年六月、https://www.imf.org/ja/Publications/WEO/Issues/2020/06/24/WEOUpdateJune2020

126　https://www.ilo.org/global/about-the-ilo/newsroom/news/WCMS_743036/lang--en/index.htm

障制度が不備な開発途上国において大手アパレル業界ブランドの社会的責任が問われている。[127] こうした場合「人権は遵守したいが費用対効果が見込めない支出は避けたい」と反応する企業が大半だ。加えて、国内外を通じて新型コロナウイルスによる感染症の予防やその拡大による失業なども考慮しなければならない状況になってきた。これを機に、企業は社会的な課題をリスクとして回避するばかりでなく、「ｗｉｔｈコロナ」の新時代に向けた企業戦略に基づき、積極的に国際公益、社会貢献にも目を向けていってほしい。そのためには、企業価値の創造と社会課題の解決を両立させるビジネスモデルが必要になるだろう。

現在、二〇一五年に国連で採択されたＳＤＧｓ（持続可能な開発目標）が世界に浸透しつつある。国・社会・組織を超えたＳＤＧｓ目標を創造的に達成していくためには、国益や企業益だけを追求し、強者だけが勝ち残る従来のあり方では、世界が直面するグローバルな課題に対処できないことは明白だ。国連も含めた多国間組織による調整が必要だ。新型コロナウイルスによるパンデミックは国内問題ではなく、世界人類共通の課題である。新型コロナ感染症の拡大により、さらに深刻化していく社会・経済的格差に喘ぐ人々の救済は国際公益であるＳＤＧｓの達成に共通するものである。ＳＤＧｓの達成は格差から抜け出そうとする一三億人（「多次元貧困指数（ＭＰＩ）」の推計、二〇一八年、ＵＮＤＰ）の貧困層の悲願であり夢である。こういう状況においても、人口の八〇％を占める開発途上国への配慮を忘れずに、医療支援をはじめとして人的支援・物的支援を進めなければならない。コロナ禍が収束した後も、雇用を維持し、失業対策としてセイフティー・ネットを強化することは、生活基盤を安定させ人権を保護することにつながり、平和を維持していくことに結びつくであろう。

国際公益を語るアントニオ・グテーレス国連事務総長

グテーレス国連事務総長は二〇二〇年一月二二日の国連総会で発言し、国連創設七五年にあたる二〇二〇年の「世界社会情勢報告」に基づき優先課題を四つあげた。[128] 以下国連ホームページより要約して紹介する。

① 全世界的な戦略地政学上の緊張状態という危機：破壊的な紛争は、広い範囲で悲惨な結果を生み続けている。テロ攻撃は無情にも多くの命を奪っている。核の脅威は高まり、戦争や迫害によって故郷を追われた人々の数は第二次世界大戦以来、最も多くなっている。貿易やテクノロジーをめぐる緊張は解けていない。「大規模破壊」のリスクは現実のものとなっている。また、先進国と途上国で共に、技術革新や気候変動、都市化、国際移住による経済的苦悩や不平等の

127　「コロナ影響下におけるサプライチェーン上の社会的責任　社会対話と人権デューデリジェンスの重要性」社会システム共創部　ＥＳＧコンサルティング室　コンサルタント　櫻井　洋介　三菱ＵＦＪリサーチ&コンサルティング、二〇二〇年六月一七日
https://www.murc.jp/wp-content/uploads/2020/06/cr_200617.pdf

128　https://www.unic.or.jp/news_press/messages_speeches/sg/36422/　世界社会情勢報告（World Social Report）二〇二〇、国連、
https://www.un.org/development/desa/dspd/world-social-report/2020-2.html

拡大と雇用不安があいまって、大規模な抗議行動に火がついている。所得格差と教育・雇用機会の不均衡により、世代を問わず不平等感が発生し、人々が苛立ち、不満を募らせるという悪循環を作り出している。政治的既成勢力に対する信頼は低下している。

② 人類の存亡にかかわる気候危機：気温の上昇は記録を更新し続けている。科学者によると、広島に投下されたものと同じ原爆五発が毎秒投下されるペースで海洋温度が上昇している。近い将来、絶滅するおそれのある生物は一〇〇万種にのぼる。

③ 世界的な相互不信の高まりと拡大：北から南まで、不安と不満が社会を激しく揺り動かしている。グローバリゼーションが自分たちのためになっていないと確信する人々が増えている。国連の報告書[129]で明らかにされたとおり、世界人口の三人に二人は、格差が拡大している国で暮らしている。

④ テクノロジーが生み出す勝者と敗者：この数十年間、急速かつ革命的なテクノロジーの躍進は、高度熟練労働者や自らのスキルを向上できる労働者にとって朗報となってきた。しかし、定型的・集約的な業務に携わる低・中度熟練労働者には「デジタル格差」が生まれている。インターネットにアクセスできる人々の割合は、先進国で約八七%に達しているのに対し、開発途上国では一九%にすぎない。

大規模な地政学的緊張、気候危機、世界的な相互不信、テクノロジーの負の側面というこれら四つの重要課題は、国連が創設七五周年を迎えようとする中で発表された報告書であり、SDGsに象徴される「我々の望む未来」を構築するうえで重要な枠組みであり政策提言である。

時を遡れば、二〇〇六年の九月、国連総会でアナン国連事務総長（当時）は、①グローバリゼーションの負の側面、②冷戦後の新しい平和と自由、③人権と尊厳（特に女性）の保障の三つを人類の重要課題だと述べた。これは「デジタル格差」を除くと、グテーレス事務総長が一四年後に報告した課題と酷似している。共に国連のミッションである平和、開発、人権に関する重要課題に言及している事実は、歴史を振り返ってみると、国際社会が安全保障、格差と開発、人権と法の支配という難題の解決に絶えず努力してきたことがわかる。国連は世界大戦を回避してきた事実に加え、貧困削減への貢献、紛争処理、人道援助を含む数多くの分野で課題の解決に貢献してきた。しかし、一〇年の任期を振り返ってアナンの述べたことは、国際社会の複雑さを如実に表している。持続可能な開発目標（SDGs）の達成までに残された一〇年。世界が分断され、国益優先の傾向が見られる中、国連に対する期待は高く、またその責任の範囲が拡大しているが、残念ながらそれに対応する権限も資金も十分に与えられていない。

二〇〇六年第六一回国連総会で、アナンは国連事務総長としての最後の演説でこう述べた。「結局のところ、過去一〇年間の出来事は解決せず、逆に、私が提唱した三つの重要課題、つまり不公平な

129　世界社会情勢報告（World Social Report）二〇二〇、国連、https://www.unic.or.jp/news_press/info/36254/

世界経済、世界的な無秩序、そして人権と法の支配に対する侵害をさらに先鋭化させています。その結果、国連の基盤である国際社会という概念そのものが、世界の分裂によって脅かされているのです」。彼の国際社会に対する洞察と国際社会と国連の現実を的確に表現したものであり、ぜひ目を通してほしい。以下、国連ホームページより引用した演説のうち、筆者が重要と考えた部分を要約して掲載した。

コフィ・アナン最後の国連総会演説

アフリカには、植民地支配が終わりを告げてからも数世代にわたって、地球的レベルの不公平な経済秩序により、さらに時には、身近なレベルの腐敗した支配者や軍閥指導者により、不当な搾取や圧制を強いられてきたと感じている人々が多くいた。安全保障、開発、そして人権と法の支配に関係するこれら三つの課題を発表して一〇年間、多くの成果もあったが、新たな課題を突きつけるような出来事も起こった。

第一の課題である経済面では、急速なグローバリゼーションと成長が続いた。アジアをはじめ、一部の開発途上国は、この成長に大きな役割を果たした。これらの国々の相当数にのぼる人々は経済成長により、永続的な貧困という獄舎から解放された。しかし、アジアの奇跡に続く地域はまだ出てきていない。最も活気に満ちたアジア諸国の中でさえ、その恩恵は決して公平に分配されているとは言えない。グローバリゼーションはどんな船でも浮かばせることのできる潮流ではない。統計上はその恩恵を受けているはずの人々の間ですら、大きな不安を感じ、自分たちよりも幸運な人々が自己満足に浸っているとして、不快感を募らせる向きが多くなっている。

戦争の惨禍という第二の課題についても、国家間の紛争は少なくなり、多くの内戦も終結している。国連が果たした役割を誇りに思う。しかし人々は依然として、残虐な紛争にさらされている。特に核不拡散と軍縮に関しては…相応の緊急性をもって取り組むべき時期は、もうとっくに来ている。またテロ行為による死傷者は、他の暴力形態に比べて比較的少ないものの、多くの人々の恐怖と不安を広めている。パレスチナ人が、日々のいら立ちと屈辱にさらされながら占領下で暮らす限り、そして、イスラエル人がバスやダンスホールで爆破テロに遭う限り、世界各地で感情的な反発が煽られることになる。他方で、パレスチナ人に対する度を外れた武力の行使、そして、イスラエルによる占領の継続とアラブ人所有地の没収に対し、怒りをあらわにしている人々もいる。安全保障理事会が、両者にその決議の受け入れと実施を約束させ、この紛争と四〇年近くにわたる占領に終止符を打つことができないでいる限り、国連に対する敬意は失われて行くだろう。国連の中立性も疑問視されることだろう。イラクやアフガニスタンをはじめ、人々が私たちの支援を同じように必要とする国々で、国連の勇気ある献身的なスタッフは、国連旗に守られているにもかかわらず、自分たちが決定も支援もしていない政策により生じた怒りや暴力にさらされることになるだろう。

第三の課題は、法の支配、そして人間としての私たちの権利と尊厳にかかわるものだ。国連総会は昨年、首脳レベル会合で、まず各国、そして最終的には、国連を通じて国際社会が「ジェノサイド、戦争犯罪、民族浄化及び人道に対する罪から国民を守る」責任を正式に宣言した。人道に対する最も悪質な罪を犯した者の中には、実際に裁きを受ける者も出てきた。ところが、こうした動きは、全世界の人間が暮らす社会がこれまでにも増して、一体化を遂げようとするさなかで生じている。だから、私たちが直面する課題の多くは、グローバルな性質を備えている。こうした課題にはグローバルな対応が必要であり、そこではすべての人民がそれぞれの役割を果たさなければならない。

私は国連憲章の前文に習い、「すべての国々」ではなく、「すべての人民」という表現をあえて用いたいと思う。私にとって、国際関係が国家だけの問題ではないことは、一〇年前にすでに明らかだった。今ではこのことがさらに明らかになっている。国際関係とは人民の間の関係だ。そこではいわゆる「非国家アクター」が極めて重要な役割を果たすだけでなく、極めて重要な貢献をすることもできる。あらゆる人々は真の多角的世界秩序で、それぞれの役割を果たさなければならない。そして、その中心に座るべきは、刷新を経て活力を取り戻した国連だ。だから私は、真の「国際連合」こそが、この分裂した世界に対する唯一の答えだと、今でも確信している。…私たち一人ひとりが、自分たちの村で、地域で、そして国内で、それぞれの問題に取り組むことは欠かせない。しかし、いずれの問題もグローバルな様相を呈している。これについては、国連という最も普遍的な機構を通じて合意、調整されたグローバルな対策がどうしても必要なのだ。

大切なことは、強者も弱者も、同じルールによる拘束を受け、お互いを同じように尊重することだ。大切なことは、すべての人々が他者の声に耳を傾け、歩み寄り、他者の意見を考慮するのを受け入れることだ。大切なことは、人々が相反する目的ではなく、自分たちに共通の運命を決めるという共通の目的を持って団結することだ。

激動の過去一〇年間を通じ、…平和維持から平和構築、また、人権から開発、さらには人道援助に至るまで、皆様の国連に対する期待は、時折、その資金とは裏腹に、とどまるところを知らない感があった。しかし私は、この時期に事務局の責任者を務められたこと、そして素晴らしい献身的なスタッフに恵まれたことを幸運に思う。

私が国連総会に年次報告書を提出させてもらうのは、これで最後になる。…困難や課題は多くあったが、苦労が報われ、感動したこともあった。そして結局のところ、国連事務総長という、世界で最もやりがいのある仕事が、きっと恋しくなるだろう。私たちの共通の未来に向けた期待を強く掲げつつ、私は後任に道を譲ることとする。

国連で採択されたSDGsは、人類の夢を実現するビジョンを提示したものだ。国連機関はビジョンの実現に向けてのルールや制度など、国際公共財をつくることだという結論に至った。アナン元国連事務総長もグテーレス現事務総長も、恐怖及び欠乏のない世界という「夢」の実現に向けて徐々にだが前進していると確信している。

ここで付け加えておきたいことがある。国際連合の『世界都市人口予測・二〇一八年改訂版』(United Nations Revision of World Urbanisation Prospects) 統計によると、二〇五〇年には都市の人口は六八%にも達する。世界中で都市化が進み、今後の人口増加のほとんどは開発途上国の都市部で起こると予想されている。都市部で雇用や食料、社会保障などが増大する都市人口の過密化による問題に対処できるかは大きな懸念材料だ。一九七二年に人類の危機レポートと銘打って『成長の限界 (The Limit to Growth)』を出版したローマ・クラブが発信した記事が『ジャカルタポスト』に小さく掲載されていた。筆者がインドネシアに着任した直後のことだった。残念ながらその記事を探すことができなかったが、興味深い内容だったので、ここに紹介したい。ローマ・クラブによる「富める者が都市の中心にオアシスを形成し、その周辺の砂漠に弱者が住む」という言葉は今でも鮮明に記憶している。この予言のごとき言葉を現代社会になぞらえると、一〇年後の二〇三〇年に持続可能な開発目標（ＳＤＧｓ）を達成できるのは「オアシス」に住む富裕なＯＥＣＤ諸国と一部の新興国のみではなかろうか、との疑念がわきおこってくる。また仮に多くの国が達成できたとして、その国内においてオアシスの周辺の「砂漠」に取り残された人々の姿を筆者はどうしても想像してしまう。

第12章　終章

私は何を学んだか

筆者は自虐的な性格ではないが、開発に四〇年従事して何を学んだのかという問いの答えを探すことも挑戦の一つだ。毎朝、新聞とインターネットでニュースを読み、格差、人権、労働、開発など興味ある課題に関しての情報を見つけ出し、自分の知識と理解にどう影響するか検証材料にしている。また同じ課題に興味がある知り合いとも意見交換する。「桃栗三年柿八年、だるまは九年、俺は一生」（武者小路実篤）というが、まさに命が尽きるまで、探求できたら幸せだろう。しかし、人間はいかにもがいても偏見と独断から解放されることはないだろう。だからこそ、できるだけ自分を偽ることなく、真実を追求する姿勢を持って探求し続けることが大切だ。そうすることによって何か良い発見があるだろうと漠然と考えている。国連勤務三六年間、世界の一二カ所に移り住んできた。そのほとんどの場合、「ある日突然の出来事」が筆者の人生を変えてきた。自ら選択した事は少ないが、あえて言えば、一二歳にして家を出て寮生活を始めたこと、高校時代にアメリカ留学したこと、国際色豊かな上智大学に進学し、アフリカ・ガーナで仕事をしたこと、次いで大学院修士課程をハーバード大学で過ごしたことが人生の岐路となっている。もちろん背景には人生のパートナーの存在があり、パートナーと出会ったのは何かの縁だろうが、結婚は自分で決めた。

筆者は国連を定年退職して母校上智大学で教鞭を取る機会に恵まれた。講義で国連での経験を述べているが、その経験が果たして学生にとってどのような意味があるのかは、授業の内容に左右される。筆者の経験話はあくまでも表面的な意味合いでしかない。大切なことは体験から何を学んだかである。さらに学んだことを体系的に位置付け、学問のレベルに落とし込むことだと思うが、これは面白いが大変困難なことで達成できていない。まず自分の専門分野を持つ教員と違い、筆者はまず体験ありきという立場から始めることになる。研究活動というよりも体験から真実を追求しようとするいわば帰納法だ。

ユニセフは開発現場で実行力がある。特に若い職員に重要な仕事を任せてくれたことには大いに感謝したい。ビルマからボンベイまでの二四年間私の仕事は常に現場にあった。現場の声を反映する政策は重要だったが、国の政策と現場の状況には必ずと言っていいほどずれがある。その政策と実情の乖離を常にモニターし、政策の実現を狙うか、政策を現場に合わせるかを決めて行く権限を与えられたのは幸運だった。もちろん最終的には国の政策策定プロセスに従うのだが、政府のカウンターパートの信頼が厚いと、所轄省庁の担当者を直接補佐する策定プロセスに参画することも起こる。ほとんどの場合、仕事は政府の担当者と協働することが多いので、常に政府の政策決定プロセスに近いところにいた。

担当分野ではユニセフの資金も任されていた。予算不足や予算の硬直性のため、やりたいことがやれない資金力に乏しい国の政府にとっては、ユニセフの事業予算は魅力のある存在だ。予算がつけばぜひ実施してみたいプロジェクトを心にいだく政府の役人は多い。特にプロジェクトが何千、何万、何百万、あるいは何千万人の命を救う結果になることになればなおさらである。

事業の成果は簡単には見えてこない。成果を出すには現場をはじめさまざまなステークホルダーと相談しながら、知恵を絞って試行錯誤を続けると、自ずと道が開けてくるというパターンが多かった。そうするとこのアプローチボタンを押せばこんな成果が出てくるのかという段階までたどり着く。不思議なことだがはっきりと成果が見えてくることがある。毎日現場でアプローチを検証し、テストして政策をつくりあげる段階では、いつも人材と資源に恵まれていた。

成功したアプローチの一つにインドのテレビで放映されたメロドラマがあった。インドでは嫁と姑の関係は大きな家庭内暴力の課題だ。嫁は姑になかなか面と向かって言いたいことが言えないでいる。しかしメロドラマというバーチャルな現実では、はっきりと姑に自分の意見を述べ良い関係を確立した嫁が出てきた。メロドラマの観客、特に嫁の立場の女性たちは、そのノウハウを知りたくてドラマを見続ける。テレビでしか起こっていないバーチャルな現実が嫁たちの心理や行動に強い影響を与えることができた。このプロジェクトは社会学者エベレット・ロジャーズ[130]の弟子の博士論文で取

130 Communication of Innovations: A CROSS-CULTURAL APPRAOCH, Everett R. with Shoemaker F., The Division of The Macmillan Company, New York, 1971

り上げられた。エベレット・ロジャーズのテーマは「新しいアイデアや技術が社会になぜ普及するのかしないのかを解く」ことで、このテーマに基づいてつくられた理論は大きな反響を呼んだ。ユニセフの最初の任地となったビルマでプロジェクトにこの理論を取り入れたアプローチを採用した。ユニセフでの現場経験でこの手法が私にとって開発の入り口だった。その後のユニセフでの経験を含めて考えてみるとユニセフが私を育ててくれたと言える。

国際工業開発機関（ＵＮＩＤＯ：ユニドー）も工業開発の現場から帰納的に政策を立案する組織だ。途上国、特にアフリカとの連携が強い組織で、私企業との関係が最も強い国連組織だと言っても過言ではない。アグリビジネスからＩＣＴを活用した技術革新の普及、環境に優しい技術を生産過程に取り入れるプロジェクトを実施している。また、世銀などの国際機関が実施する「地球環境ファシリティ」[131]（Global Environmental Facility：ＧＥＦ）のメンバーとしても活躍している。近年、先進国から途上国への技術移転を図る目的で設立された技術移転促進事務所（Innovation & Technology Promotion Office）の東京事務所は、経済産業省の支援を得てアフリカ諸国への技術支援に活躍している。特に独立行政法人日本貿易振興機構（ジェトロ）と協力して開発途上国の政府とビジネス・マッチングの機会をつくり、技術移転を促進したことは特筆に値する。英米も含め先進国の脱退によって政治的・財政的な打撃を受けたが、私企業との連携と途上国への技術移転に関してはこれからも期待される組織である。ユニドーで学んだことは多い。工業開発分野での技術者や専門的知識を持つスタッフが多く、特に途上国において信頼されている組織だ。国連専門機関としては規模的に小さな方だが、機動力と効率性には長けていた。ユニドーの事業は現場に根付いたものが多く、現場の具体的なニーズに応えている。ユニドー本部事務局で次席としてマネジメントに関わった経験は初めてで、学ぶことが多かった。社会開発分野が長かった私にとって工業開発、特に環境問題とサプライチェーンに関する分野において取り組んだ五年間は有意義な経験だった。

国際労働機関（ＩＬＯ）では、政府、労働者、雇用者の三者で政策決定にあたり、三者が対等の立場で参加するというのが設立以来の原則だ。実際は三者の中で一番弱い立場にあるとされる労働者の意見が強く反映されることが多い。これは正当なバイアスだと思うが、手続き上、意思決定のプロセスに時間がかかり、決議が遅れることが多い。もちろん話し合いで決めることが民主的な手段ではあるが、決断がなされても決議文が妥協の産物と化するリスクもある。条約の遵守、労働、雇用創出、社会保障など世界の重要な社会課題の専門家の集団として国連の中でも高く評価されている。しかし、ＩＬＯ本部での会議の際、観察したことだが、雇用者側代表がＩＯＥ（International Organisation of Employers：国際経営者団体連合）本体や先進国の雇用者団体から十分な支持を得ていないと思われることがあった。チャンスを十分に活かしきれていないのが残念に思われた。特に多国籍企業との連携が弱いように思えた。現場では雇用者団体との連携は強く、労働争議の際は強い権限を持っているので重要なパートナーだ。二〇一七年にＩＬＯから出版された「多国籍企業及び社会政策に関する原則の三者宣言」はまさにそうした問題に焦点を当てたもので、ＩＬＯがこれまで以上に多国籍企業の積極的な参画を促進する環境をつくりあげていくと期待している。

三者構成原則のアプローチは、国際労働基準の策定、労働に関する条約の制定などマクロのレベルでは欠くことのできない存在である。しかも策定した国際基準の適用に関しては重要な役割を果たしている。しかし、労働勧告を採択しその実施を確保する仕組みを強化することは今後の活動の課題だ。勧告を実施しない場合、経済制裁を加えるのではなく、ソフトパワーと技術援助を提供するという方針だ。にもかかわらず、事後の対応となってしまったこともある。たとえばラナ・プラザのビル崩壊の非常事態への対応は実際に事故が発生してからになってしまった。通常時の勧告実施体制をどう確保していくかは今後のＩＬＯの課題だ。[132] 一九一九年に設立されて以来、ＩＬＯは一九八の条約をつくったが、グローバル化が世界の潮流になった現代にはそぐわない条約がでてくれば改定か破棄しなければならない。グローバル化が進む中、多国籍企業の力の誇示に対しどう社会正義を実現していくかも重要課題として浮かび上がってくる。そろそろ抜本的な資本主義の制度改革が必要になるだろう。その際ＩＬＯはいかなる政策を提案すべきであろうか。

私の勤めた国連機関は、本部では大国の政治に翻弄される傾向があるが、フィールド、つまり、途上国の現場での開発事業では、資金不足やその他改善の余地があるケースが残されているものの、一定の成果はあげていると言える。国連の諸機関の大切な役割は、フィールドの状況をよく調べ、常にフィールドとのコンタクトを取りながら、カウンターパートの事情をよく理解したうえで、相手政府のニーズと国民のニーズをマッチさせることだ。繰り返すが、ＳＤＧｓに謳われている国際社会の「夢」を実現することである。将来国連での仕事を希望する人や現在国連で活躍している職員に対して、国連のミッションである「自由、人権、尊厳を持って生きる権利」の実現に向けて努力を続けてほしいと願ってやまない。

無数の選択肢ー振り返ると一本の道

一九七六年に、日本国大使館で契約職員として二年間の勤務を終え、ガーナから帰国した。外交官上級一次試験に合格し、一、〇〇〇人の応募者から最後の五〇人にまで残ったが、二次試験で不合格となった。しかし同時期に、アジア開発銀行と国際連合児童基金（United Nations Children's Fund：ＵＮＩＣＥＦ）からオファーがあった。事業予算を確保し、具体的に赴任地を提示してきたのはユニセフだった。夢に見た国連職員としてユニセフのラングーン事務所に赴任したのは一九七八年の五月だった。ＪＰＯ（Junior Professional Officer）の制度が始まってすぐだった。第一子が誕生したのは就任六カ月後だった。新任地ビルマは新発見の連続する毎日だった。かつてビルマを三年以上も占領した日本人であるにもかかわらず、ビルマの人々もユニセフの職員も私を歓迎してくれた。皆、親切だった。その後、スーダンへ転勤し、家族に不幸があり、一時的に東京の国連大学の本部とユニセフ

132　二十一世紀における国際労働基準の役割と課題、特集グローバル化と労働市場―マクロ・ミクロの影響、立命館大学　吾郷眞一
日本労働研究雑誌二〇一八年七月号　https://www.jil.go.jp/institute/zassi/backnumber/2018/07/pdf/067-076.pdf

の東京事務所に身を置くことになったが、四つの国連機関で働き、世界五大陸一二〇カ国を走り回ってきた。東京での勤務も含め一一カ国に住み、開発に関わる仕事をしてきた。赴任する時は、おおよその任期は知らされるものの、世界のどこに赴任するか直前までわからない。転勤は、二年ないし五年ごとにやってくる。ある時には、一日か二日前の指令で緊急援助のため単身赴任したこともあった。まったく先のことは何もわからないまま、今やれることに集中して、後を振り返ることもなく、キャリアに関しては先のことも考えない置かれた立場でベストを尽くす人生だった。

専門職最下位のＰ１で採用され、最初の一〇年間は赴任先の希望を考えもせず、ただ本部の指示に従うだけだった。ただし、私の得意とする分野での仕事が与えられたのは幸運だった。当初一〇年間の契約は期間限定の雇用だった。これを冒険好きの私は楽しんではいたが、家族には大変な思いをさせたと思う。振り返ってみると、人生の岐路と思われる時、選択肢は無数にあった。少なくともそう思えた。なぜかよくわからずに、結果はその一つを選んだ──選ばされた──わけだが、果たして私に選択肢はあったのだろうか、と考えることがある。今あらためて人生を顧みると選択肢は消えて、一本の道だけが残っている。目的地とそれに至る海図があったわけではなく、選択肢は想像上のものだったのだろうか。何に突き動かされてきたのだろうと自問自答するが、答は出ない。人生に海図は必要かと問われれば、「私には人生の海図はなかったが、必要だ」と答える。なぜと問われると、「どれくらい役に立つかわからないが、あった方が行きたいところにたどり着く可能性が高くなる」と、答えることにしているが、実際は、まったく想像もしなかったところにたどり着くのかもしれない。

図：無数の選択肢 — 振り返れば一本の道

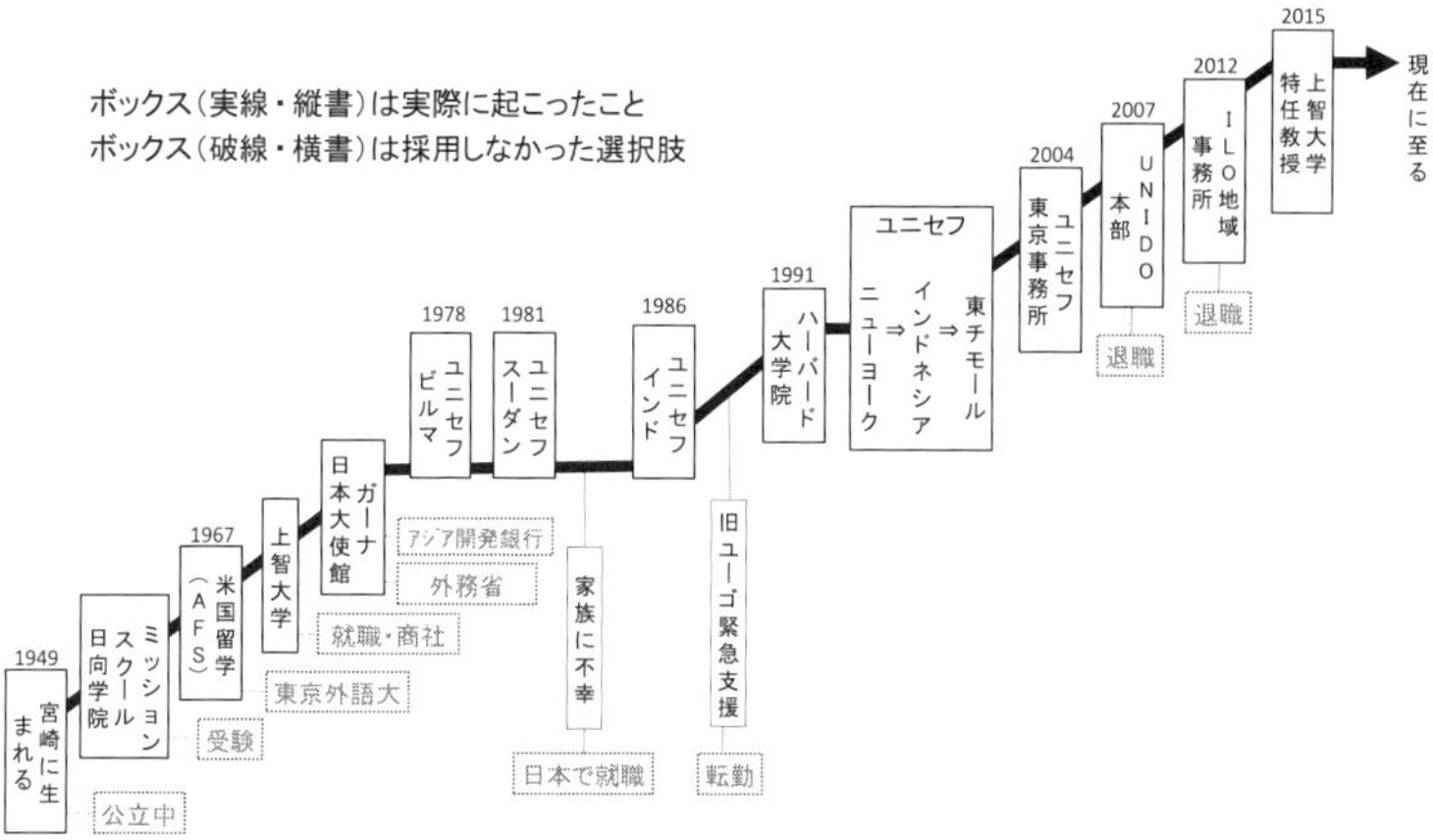

私に特別の能力があるとは思っていないが、好きなことに邁進できるのも能力の一部だ。好きならば面白いと感じ、自然にエネルギーが湧いてくる。毎日が、何かに憑かれていたと言っても過言ではない。

私がたどった道と選択肢を上図にしてみた。授業で、学生に自分の将来図を描くことを勧めるときに使っている。

数多くいる国連職員の中で、選択肢の一つとして、どうしても一度はニューヨークで働きたいと考える国連職員は多いと思う。憧れの国連本部、快適な暮らし、自分の子どもにとっても恵まれた教育環境、世界の大国アメリカの中心、富と経済の最先端ニューヨーク、そして、国連外交の中心部で働くという虚栄心を満足させる。しかし、ユニセフの職員にとっては、キャリアを棒に振ることになりかねない。本部特有の官僚組織の文化と国際政治に翻弄されることが多くなる。私自身、ユニセフの本部赴任時、ソ連邦解体後の西アジアにおけるプログラム支援の仕事を任されていた。しかし、好きな現場での開発事業には直接従事できず、政策の策定や財政的な支援の仕事だった。そんな中、再度現場で働く機会が到来したので、一九九三年開発の前線インドネシアに転勤することにした。

志の高い国連のヒーロー

国連職員は、危険な地域に派遣されることが多い。特に、ＰＫＯ（平和維持活動）の一員として派遣されるケースでは、危険はつきものだ。ＰＫＯではなくとも非常事態が宣言された地域に出張あるいは赴任させられることもある。一度、内戦地域などセキュリティー・リスクが高い地域への任務を承諾すると、引き続き危険地域に派遣される傾向がある。もちろん、断ることも可能だが、断ると昇進が遅れる。人事課から直接聞いたわけではないが、どうも事実のようである。国連職員の中には、勇敢な人物がいて、危険地域への赴任を断らないスタッフは多い。紛争中のバグダッドで、無事危険を回避して成果をあげたスタッフもいれば、常に細心の注意を払い、「セキュリティー・ルール」に従っていても事件に巻き込まれることもある。原因が国連組織による判断ミスの場合もあるが、不幸にも、個人の自由な決断で命を落としたスタッフもいる。

もちろん危険は覚悟で赴任するわけだが、国連の大きなミッションに賛同し、自ら進んで任地に赴くスタッフもいる。停戦協定が成立して間もないアフガニスタンのＩＬＯ（国際労働機関）事務所のコーディネーターとして派遣されたハーベイ・バーガーは、国の経済再建のチャンスが来たと判断し、アフガニスタンの復興を夢見て、大きな課題への解決策に身を投じた。ハーベイは、その一年前、現地の国連事務所が武装勢力に攻撃された時、運良く生き延びた一人だ。二階のベランダから滑り落ちた時、地上にいたのがたまたま国連の警備員だった。すぐに保護され治療を受けたので、一命を取り止めた。

ハーベイは、アフガニスタンの首都カブールで、自分自身の危険を顧みず仕事をし続けた。「なんでも一人じゃできない。しかし、自分が率先してやらなければ誰がやる」という気持ちだったと思う。そんな彼を支援する思いから、ＩＬＯのアジア太平洋地域総局長に赴任して、最初に訪れた国の一つがアフガニスタンだった。過去、旧ユーゴスラビアなど、紛争地での経験はあったが、実は私も怖かった。怖さを感じない人は、かえって危険だという面もある。二〇〇九年カルザイ大統領の就任後、国会下院議員選挙が行われ、アフガニスタン史上、初の民主的な政権交代が実現した。私のカブール訪問は、一時的にせよ和平への期待が高まり、アフガニスタンが世俗化を進め、戦禍にあったアフガニスタンに復興の機会をもたらした時期だった。ハーベイは、アフガニスタンの経済活性化に貢献したことで、今でも、語り継がれているＩＬＯの影の英雄だ。

恵まれない環境に生きる何億人もの人々を貧困や病から解放し、人類が夢見た平和の実現と人間の尊厳と人権を守るという使命を達成する途中で、自分の命を犠牲にした志の高い国連職員がいた。三人の同僚の魂をねぎらいたくここに紹介したい。

初めての赴任地ビルマで出会い、イラワジ川のデルタを船で旅した時、夕日が沈む光景を見ながら

ILOアジア太平洋総局長就任後最初の訪問国アフガニスタンILOカブール事務所の職員と。中央が筆者。後列左隣がハーベイ・バーガーILOアフガニスタン所長。最後列右はソフィー・フィシャー地域事務所のコミュニケーション担当者、その左隣はILOインド・ニューデリー事務所の籠橋企業連携担当。

デッキで貧困と開発、尊厳、格差について意見を述べ合い、ビルマ人の誇りと近代化の遅れについて語り明かしたウ・ミエン・マウンは、もういない。船での会話の何年か後、彼は、初めての海外赴任地、独立前の南スーダンで勤務することになった。しかし車で移動中、路上でゲリラの襲撃に遭い命を落とした。妻と子どもたちは、ビルマに残された。

インドネシアでユニセフの事務所の同僚だった、フィリピン人の女性で、教育専門家のパーシー・ソーは、アフガニスタン勤務中に宿泊したホテルの爆破に巻き込まれ殉死した。その日の仕事が終わったものの、夜のドライブは国連で禁止されていたので、同僚の誘いを断ってもう一泊することにした。その夜に事件は起こった。

二〇〇三年八月一九日、バグダッドの国連現地本部がテロ攻撃を受け、一五人の国連職員を含む二二人が死亡し、一五〇人以上が負傷した。その中には、イラク復興支援団として活躍が期待されていたセルジオ・デ・メロがいた。国連暫定機構特別代表（東ティモール）を務めた後、国連人権高等弁務官の職に就くべく待機していたが、国連事務所の爆破に巻き込まれ命を落とした。思い起こせば、彼とはレストランの少ない東ティモールの首都ディリの日本食堂でよく出会った。週末には、ディリの東の端にあるクリストレイドの塔まで走って往復していた。殉死した国連職員に若いユニセフ代表代理のクリストファー・ピークマンも含まれていた。後でわかったことだが、ＩＬＯで二〇一五年までアラブ地域の代表だった同僚のナーダ・アル・ナシフも、同じバグダッドの国連事務所にいて大怪我をしたが命は取り止め無事だった。国連事務総長はバグダッド勤務の国連職員のほとんどを引き上げさせたが、イラク人を中心とした小規模のチームを残し、食糧の輸送、給水、保健サービスなど、基本的な人道援助を続けさせた。私も危険な地域に赴任したが、どうにか生きながらえてきた。だが、状況次第では命を落としていたかもしれない。面識はないが、その他数多くの職員がその命を捧げてきた。国連は、P5の専横、非効率、人事の不透明さなど今まで多くの批判を浴びてきたが、創設されて七五年間大戦を回避し、平和維持に貢献し、貧困問題に取り組んで成果をあげてきた。背後にあった志の高い人たちの勇敢な行動を決して見過ごしてはならない。彼らも恵まれない境遇にいる人々の「夢」を叶えようと命を捧げた英雄だ。

三六年という長い間、無事国連職員として働き続けることができたのは幸運としか言いようがない。しかし、なぜそのような長い間と聞かれると、自己評価が楽天的な性格で、切羽詰ると努力家になり、親譲りの健康で強い身体があったからだと思っている。また何よりも、貧困と格差に翻弄されている多数の恵まれない人々に対して彼らの「夢」の実現にささやかではあるが、貢献できると考えたからだ。そして、それが何より私に合った仕事だったから、というのが一番の理由だ。他の元国連職員に聞いても同じような答が返ってくるのではないだろうか。

謝辞

私の人生はさまざまな国籍の人たちや多彩な経歴の方々との出会いによって形づくられてきた。この拙著の原稿を執筆するに際して、これまでにお世話になった多くの方々を懐かしく思い出すこととなった。学校の恩師、旧友、国連で知り合った同僚など、次の方々に対し心からお礼と感謝の意を表したい。

上智大学のイエズス会ドナルド・メースン神父、開発の仕事に就くきっかけをつくってくれた浦元ひろみ、ユニセフ元事務局次長のチャールズ・エガー、同僚のカミヨ・ボナニ、ガイ・スキャンダレン、サミール・バスタ、トーマス・マクドナルド、渡辺英美、トニー・カーター、ジュード・ヘンリックス、スティーブ・ウッドハウス、ジョノ・ジョヨ・スマルディィ、ダラジャト、シャナナ・グスマン、マリー・アル・カティィリ、キャロル・ベラミー、サム・クー、カンデ・ユムケラー、スクティィ・ダスグプタ、テティィス・マンガハス。（以上敬称略）

小学校六年時の恩師船山利博氏、故郷三財から私を支えてくれた両親と兄弟孝照、明彦へは特別な感謝の気持ちを届けたい。この本の内容に関し貴重なアドバイスをいただいた元ユニセフ東京事務所広報官澤良世氏には特別に感謝の意を表したい。また、この本の原稿執筆に際して叱咤激励してくれた心友の磯崎邦夫氏、杉本一久氏、福島光男氏に心からのお礼を申し上げたい。

表紙の絵を描いてくれた孫の山東りこ、そして筆者の人生と家族を支え続けてくれた妻の浦元三起子にはどれほど感謝してもしすぎることことはない。

また、国際協力人材育成センターの堀内俊一氏と編集・出版にあたりご尽力いただいた国際開発ジャーナル社の中村裕美氏に対してこの場をかりて感謝したい。

ここにお名前をあげることができなかった方々にも公私にわたり色々な助言をいただいた。あらためて皆様に感謝を申し上げる。

あとがき

本を執筆することにより新しい発見があった。まず自分の記憶や知識には限界があって、経験した事実の確認に思いがけないほどの時間を要した。古いものは四五年前に遡り、事実誤認がないかの確認作業を行ったが、なにぶん、紙媒体の時代なので予想外に手間取った。本書では、各方面からの批判を恐れず自分の考えを自由に述べたが、関係者に迷惑をかけないように気は遣ったつもりだ。主題の「恐怖、欠乏からの解放、尊厳を持って生きる自由（夢）」はフランス革命の理念にも共通するもので、アメリカの独立運動、その後の社会運動にも大きな影響を与えた。第二次世界大戦後、国際連合の憲章及び国際人権規約にも「より大きな自由：Larger Freedom」という言葉が使われている。原稿ができて思ったことだが、私の開発の四〇年間は、世の中から忘れられている人たち、貧困と格差に喘ぐ人々に焦点を当て、ささやかながら彼らの「夢」の実現に取り組んできたことで、そのことに後悔はない。理屈ではなく自然にそう考え行動できたことがうれしかった。その要因は、自分が強い関心を持つ課題に取組んできた国連の開発現場で働けたことが幸いしたものと思う。

言うまでもなく、この本で書いたことはすべて自分一人で成し遂げたことではない。開発の現場では独力でなせることはないし、一過性の独り相撲では意味がない。背後には身内でも知り合いでもない他国の人々の存在があり、彼らの生活に直接ないし間接に影響を与えることができる自分と仲間たちがいる。繰り返すが独りでやれることはないし、やっても意味がない。

貧困と格差に翻弄されている人々の生活があり、不合理にも弱者の立場にある一三億人、その脆弱性も考慮すれば二倍さらに三倍にも及ぶ人々はさまざまな場所で自分たちの権利を訴えてきた。その一部はこの本に書きとめたが、弱者の大多数はただ与えられた環境を耐え忍んでいる。弱者は自らを助ける以外選択肢はないが、志のある若者には声をあげて、行動を起こして、格差の背後に存在する不平等と、不正義と戦ってほしい。しかし、その前提として、何百、何千、何万回もの話し合いが必要だ。幸運にも開発の現場においては努力の成果を自ら見極めることができる。その成果は地理的にはごく限られているものかもしれないが、筆者の場合には確かに存在したと思っている。開発の現場は多くの可能性を秘めた豊穣な海に喩えられる。そんな現場で、志を同じくする数多くの友人に出会え、共に成長できたことを誇りに思う。

上智大学国際協力人材育成センターについて

本書は、上智大学国際協力人材育成センター（略称SHRIC）の「国際機関・国際協力人材育成シリーズ」第四作目です。本シリーズは、当センター所員を中心に、国際連合（国連）、世界銀行など国際機関での豊富な職務経験をもつ筆者の体験談を基に書かれたものです。これから国際機関や国際協力分野を目指す方々の一つの指針となることを目指しました。今回は国連児童基金（UNICEF）、国連工業開発機関（UNIDO）及び国際労働機関（ILO）に通算三六年間にわたって在職し、世界各地を回ってきた浦元義照特任教授が執筆しました。

二〇一五年に設立されたこのセンターは、国際協力という幅広い分野において将来キャリアを目指したいという学生や社会人を支援することを目的としています。国連や他の国際機関による各種キャリアセミナーの開催、「国連職員と話そう！」といった現職や退職した方々と直接対話するイベントを企画しています。また、国際機関や政府機関、NGOなどの専門家から成るアドバイザリー・ネットワークを設立し、さまざまな分野におけるキャリア・アドバイスを提供しています。

活動の一環として当センターは、社会人や学生の皆さんを対象に左記のとおり実践的講座を開講しています。

国際公務員養成コース　　　　　　　　　　　春・秋　年二回開講
国際公務員養成英語コース　　　　　　　　　春・秋　年二回開講
緊急人道支援講座　　　　　　　　　　　　　春・秋　年二回開講
実務型国連集中研修プログラム　　　　　　　夏期五日間の集中講座　ニューヨークの国連本部で実施
バンコク国際機関実務者養成コース：社会開発分野　秋開講

詳しくは、当センターのホームページでご案内しております。
https://dept.sophia.ac.jp/is/shric/extension-courses

国際社会が直面している地球規模の課題は多く、さらに紛争や自然災害によって緊急の人道支援から平和構築活動や持続可能な開発と発展に関する活動まで、多岐に渡って国際協力が不可欠な時代となっています。そのような中でグローバルな視野で活躍できる人材を育成する必要性がますます高まっています。他者まかせではなく、地球市民の一人して、力を合わせて将来の世代のために共に歩んでいきましょう。

植木安弘　上智大学大学院グローバル・スタディーズ研究科教授
上智大学国際協力人材育成センター所長

二〇二一年三月

既刊「国際機関・国際協力人材育成シリーズ」発売元（株）丸善出版　各一、〇〇〇円（税抜）

NO．1　世界銀行ダイアリー：グローバル・キャリアのすすめ　二〇一八年刊
鈴木博明　当センター客員所員　元世界銀行主席都市専門官

NO．2　歴史に生きる―国連広報官の軌跡―　二〇一九年刊
植木安弘　上智大学教授　元国連広報官

NO．3　国際緊急支援のキャリアと仕事―人の命と生活を守るために―　二〇二〇年刊
国連機関、国際協力機関等一三名による共著　小松太郎上智大学教授編集

参考資料：人権関係年表

この表は高知県が作成したもので、「人権保護」という公益を実現するために採択された条約、法律、条例、宣言、制度などは国際公共財の一部を成すものであり、世界に発信できる事例であることから参考資料にした。読者にとってもこの資料はさまざまな調査や研究に際して有益なものであると考えられる。

資料として掲載した内容は筆者の判断で本書「格差と夢」に直接関係しているものだけを抜粋して作成したものであることを断っておきたい。

人権関係年表

国連で採択された人権関係諸条約等や取組

年		国連等の取組
一九四五年	昭和二〇年	「国連憲章」及び「国際司法裁判所規程」、サンフランシスコで調印
一九四六年	昭和二一年	国連人権委員会の設置
一九四八年	昭和二三年	「集団殺害罪の防止及び処罰に関する条約」採択 「世界人権宣言」採択
一九四九年	昭和二四年	「人身売買及び他人の売春からの搾取の禁止に関する条約」採択
一九五一年	昭和二六年	「難民の地位に関する条約」採択
一九五二年	昭和二七年	「婦人の参政権に関する条約」採択
一九五三年	昭和二八年	「一九二六年の奴隷条約を改正する議定書」及び「一九二六年の奴隷条約の改正条約」採択
一九五四年	昭和二九年	「無国籍者の地位に関する条約」採択

一九五六年	昭和三一年	「奴隷制度、奴隷取引並びに奴隷制度に類似する制度及び慣行の廃止に関する補足条約」（奴隷制度廃止補足条約）採択
一九五七年	昭和三二年	「既婚婦人の国籍に関する条約」採択
一九五九年	昭和三四年	「児童の権利に関する宣言」採択
一九六一年	昭和三六年	「無国籍の削減に関する条約」採択
一九六五年	昭和四〇年	「あらゆる形態の人種差別の撤廃に関する国際条約」（人種差別撤廃条約）採択
一九六六年	昭和四一年	「経済的、社会的及び文化的権利に関する国際条約（社会権規約／A規約）」、「市民的及び政治的権利に関する国際規約（自由権規約／B規約）」及びその「選択議定書」採択
一九六七年	昭和四二年	「難民の地位に関する議定書」採択
一九六八年	昭和四三年	「戦争犯罪及び人道に対する罪に対する時効不適用に関する条約」採択
一九七三年	昭和四八年	「アパルトヘイト犯罪の禁止及び処罰に関する国際条約」採択
一九七五年	昭和五〇年	「障害者の権利に関する宣言」採択
一九七九年	昭和五四年	「女子に対するあらゆる形態の差別の撤廃に関する条約」（女子差別撤廃条約）採択
一九八四年	昭和五九年	「拷問及び他の残虐な、非人道的な又は品位を傷つける取り扱い又は刑罰に関する条約」（拷問等禁止条約）採択
一九八五年	昭和六〇年	「スポーツ分野における反アパルトヘイト国際条約」採択
一九八六年	昭和六一年	「発展の権利に関する宣言」採択
一九八九年	平成元年	「児童に関する権利条約」（子どもの権利条約）採択 「市民的及び政治的権利に関する国際規約の第二選択議定書（死刑廃止）」採択
一九九〇年	平成二年	「すべての移住労働者及びその家族の権利の保護に関する条約」採択

一九九三年	平成五年	国連人権高等弁務官の設置を決定（設置は平成六（一九九四）年）
一九九五年	平成七年	「人権教育のための国連一〇年」スタート（～平成一六（二〇〇四）年一二月三一日）「第四回世界女性会議」で「北京宣言及び行動綱領」採択
一九九八年	平成一〇年	「国際刑事裁判所に関するローマ規程」採択
一九九九年	平成一一年	「最悪の形態の児童労働の禁止及び撤廃のための即時の行動に関する条約（一九九九年の最悪の形態の児童労働条約一八二号）」採択 「女子に対するあらゆる形態の差別の撤廃に関する条約の選択議定書」採択
二〇〇〇年	平成一二年	「武力の紛争における児童の関与に関する児童の権利に関する条約の選択議定書」及び「児童の売買、児童売春及び児童ポルノに関する児童の権利に関する条約の選択議定書」採択
二〇〇二年	平成一四年	「拷問及び他の残虐な、非人道的な又は品位を傷つける取扱い又は刑罰に関する条約の選択議定書」採択
二〇〇五年	平成一七年	「人権教育のための世界計画」の「第一フェーズ行動計画」スタート（～平成二一（二〇〇九）年）
二〇〇六年	平成一八年	「人権理事会」設立決議を採択 「障害者の権利に関する条約」（障害者権利条約）及びその「選択議定書」採択 「強制失踪からのすべての者の保護に関する国際条約（強制失踪条約）」採択
二〇〇七年	平成一九年	「先住民族の権利に関する国連宣言」採択
二〇〇八年	平成二〇年	「世界人権宣言」採択六〇周年
二〇一〇年	平成二二年	「人権教育のための世界計画」の「第二フェーズ行動計画」スタート（～平成二六（二〇一四）年） 「ハンセン病差別撤廃決議」採択

二〇一一年	平成二三年	「ジェンダー平等と女性のエンパワーメントのための国連機関（略称：ＵＮＷｏｍｅｎ）」活動開始 「児童に関する権利条約（子どもの権利条約）の通報手続きに関する選択議定書」採択 「人権教育および研修に関する宣言」採択
二〇一三年	平成二五年	「デジタル時代のプライバシーに対する権利」採択
二〇一四年	平成二六年	「人権教育のための世界計画」の「第三フェーズ行動計画」の採択 「いじめからの子どもの保護」採択
二〇一五年	平成二七年	「人権教育のための世界計画」の「第三フェーズ行動計画」スタート（～平成三一（二〇一九）年） 「持続可能な開発のための二〇三〇アジェンダ」採択（「持続可能な開発目標ＳＤＧｓ」） 「人種主義、人種差別、外国人排斥及び関連する不寛容に反対する具体的行動を求める世界的呼びかけ」採択
二〇一六年	平成二八年	「性的指向およびジェンダー・アイデンティティに基づく暴力と差別に対する保護」採択
二〇一七年	平成二九年	「人身売買と闘うための国連グローバル行動計画の実施に関する政治宣言」採択 「開発における女性」採択

人権に関する主な「国際年」と「国際の一〇年」

年		国連等の取組
一九五九・一九六〇年	昭和三四・三五年	世界難民年
一九六八年	昭和四三年	国際人権年
一九七〇年	昭和四五年	国際教育年
一九七一年	昭和四六年	人種差別と闘う国際年
一九七三～一九八二年	昭和四八～五七年	人種主義及び人種差別と闘う一〇年
一九七五年	昭和五〇年	国際婦人年
一九七六～一九八五年	昭和五一～六〇年	国連女性のための一〇年
一九七八・一九七九年	昭和五三・五四年	国際反アパルトヘイト年
一九七九年	昭和五四年	国際児童年
一九八一年	昭和五六年	国際障害者年
一九八二年	昭和五七年	南アフリカ制裁国際年
一九八三～一九九二年	昭和五八～平成四年	第二次人種主義及び人種差別と闘う一〇年 国連障害者の一〇年
一九八五年	昭和六〇年	国際青年年

一九八六年	昭和六一年	国際平和年
一九八七年	昭和六二年	家のない人々のための国際居住年
一九九〇年	平成二年	国際識字年
一九九〇〜一九九九年	平成二〜一一年	国際防災の一〇年
一九九〇〜二〇〇〇年	平成二〜一二年	植民地主義撤廃のための国際の一〇年
一九九三年	平成五年	世界の先住民の国際年
一九九三〜二〇〇二年	平成五〜一四年	アジア太平洋障害者の一〇年
一九九三〜二〇〇三年	平成五〜一五年	第三次人種主義及び人種差別と闘う一〇年
一九九四年	平成六年	国際家族年
一九九四〜二〇〇四年	平成六〜一六年	世界の先住民の国際の一〇年
一九九五年	平成七年	国際寛容年
一九九五〜二〇〇四年	平成七〜一六年	人権教育のための国連一〇年
一九九六年	平成八年	貧困撲滅のための国際年
一九九七〜二〇〇六年	平成九〜一八年	貧困撲滅のための国連の一〇年

一九九九年	平成一一年	国際高齢者年
二〇〇一年	平成一三年	人種主義、人種差別、排外主義、不寛容に反対する動員の国際年 ボランティア国際年
二〇〇一～二〇一〇年	平成一三～二二年	第二次植民地主義撤廃のための国際の一〇年 世界の子どもたちのための平和の文化と非暴力のための国際の一〇年
二〇〇三～二〇一二年	平成一五～二四年	国連識字の一〇年：すべての人に教育を 第二次アジア太平洋障害者の一〇年
二〇〇四年	平成一六年	奴隷制との闘争とその廃止を記念する国際年
二〇〇五～二〇〇九年	平成一七～二一年	「人権教育のための世界計画」の「第一フェーズ行動計画」
二〇〇五～二〇一四年	平成一七～二六年	国連持続可能な開発のための教育の一〇年 第二次世界の先住民の国際の一〇年
二〇〇八年	平成二〇年	国際言語年
二〇〇八～二〇一七年	平成二〇～二九年	第二次国連貧困根絶のための一〇年
二〇〇九年	平成二一年	国際和解年
二〇一〇年	平成二二年	文化の和解のための国際年
二〇一〇～二〇一一年	平成二二～二三年	国際ユース年
二〇一〇～二〇一四年	平成二二～二六年	「人権教育のための世界計画」の「第二フェーズ行動計画」

二〇一一年	平成二三年	アフリカ系の人々のための国際年
二〇一一〜二〇二〇年	平成二三年からの一〇年間	第三次植民地撤廃のための国際の一〇年
二〇一三〜二〇二二年	平成二五からの一〇年間	第三次アジア太平洋障害者の一〇年
二〇一五〜二〇一九年	平成二七〜三一年	「人権教育のための世界計画」の「第三フェーズ行動計画」
二〇一五〜二〇二四年	平成二七年からの一〇年間	アフリカ系の人々のための国際の一〇年
二〇一六〜二〇二五年	平成二八年からの一〇年間	栄養に関する行動の一〇年
二〇一八〜二〇二八年	平成三〇年〜	国際行動の一〇年「持続可能な開発のための水」

「女性」の人権に関する国内外の動き

年	国連等	国内	県内
一九四五年　昭和二〇年		「衆議院議員選挙法」改正公布（婦人参政権確立）	
一九四六年　昭和二一年	「国際婦人の地位委員会」設置	「日本国憲法」公布（男女平等を明文化） ※昭和二二（一九四七）年施行日本初の婦人（女性）参政権行使	
一九四八年　昭和二三年	「世界人権宣言」採択		
一九四九年　昭和二四年	「人身売買及び他人の売春からの搾取の禁止に関する条約」採択		
一九五三年　昭和二八年	「婦人の参政権に関する条約」採択		
一九五六年　昭和三一年		「売春防止法」公布 ※昭和三二（一九五七）年一部施行 ※昭和三三（一九五八）年完全施行	
一九五七年　昭和三二年	「既婚婦人の国籍に関する条例」採択		
一九六七年　昭和四二年	「婦人に対する差別撤廃宣言」採択		
一九七五年　昭和五〇年	国際婦人年	「国際婦人年にあたり婦人の社会的地位向上をはかる決議」採択	初の女性県議会議員誕生

一九七六年	昭和五一年	国際婦人の一〇年(〜昭和六〇(一九八五)年)		「婦人問題推進本部」設置
一九七七年	昭和五二年		「国内行動計画」策定	「婦人問題懇話会」設置
一九七九年	昭和五四年	「女子に対するあらゆる形態の差別の撤廃に関する条約(女子差別撤廃条約)」採択		懇話会から「高知県婦人の発展と平等をめざして」を知事に提言
一九八〇年	昭和五五年	「国連婦人の一〇年」中間年世界会議 「国連婦人の一〇年後半期行動プログラム」採択		「高知県婦人行動計画」策定
一九八一年	昭和五六年	「女子差別撤廃条約」発効 「ＩＬＯ第一五六号条約」(家族的責任条約)採択	「国内行動計画後期重点目標」策定	「女子差別撤廃条約」の早期批准に関する要望を国に提出
一九八五年	昭和六〇年	「国連婦人の一〇年」のナイロビ世界会議(西暦二〇〇〇年に向けての) 「婦人の地位向上のためのナイロビ将来戦略」採択	「雇用の分野における男女の均等な機会及び待遇の確保等に関する法律」(男女雇用機会均等法)公布 ※昭和六一(一九八六)年施行「女子差別撤廃条約」批准	
一九八七年	昭和六二年		「西暦二〇〇〇年に向けての新国内行動計画」策定	
一九九〇年	平成二年	ナイロビ将来戦略見直し勧告		「こうち女性プラン」策定

一九九一年	平成三年		「新国内行動計画」（第一次改定）策定 「育児休業、介護休業等育児又は家族介護を行う労働者の福祉に関する法律」（育児・介護休業法）公布 ※平成七（一九九五）年完全施行	
一九九二年	平成四年		介護休業制度等に関するガイドラインの策定	
一九九三年	平成五年	「女性に対する暴力の撤廃に関する宣言」採択		
一九九四年	平成六年	「アジア・太平洋における女性の地位向上のためのジャカルタ宣言」採択	内閣府に「男女共同参画推進本部」設置 総理府に「男女共同参画室、男女共同参画審議会」設置（政令）	
一九九五年	平成七年	「第四回世界女性会議」で「北京宣言及び行動綱領」採択	「ＩＬＯ第一五六号条約」（家族的責任条約）批准	
一九九六年	平成八年		「男女共同参画二〇〇〇年プラン」策定	
一九九七年	平成九年		「男女共同参画審議会」設置（法律） 「労働基準法」改正（女子保護規定撤廃） 「男女雇用機会均等法」改正（女子差別禁止、セクハラ防止義務） ※平成一一（一九九九）年施行 「育児・介護休業法」改正 ※平成一一（一九九九）年施行	

一九九九年	平成一一年	「女子に対するあらゆる形態の差別の撤廃に関する条約の選択議定書」採択	「男女共同参画社会基本法」施行	「こうち女性総合センター『ソーレ』」開館
二〇〇〇年	平成一二年	国連特別総会「女性二〇〇〇年会議」開催	「男女共同参画基本計画」（閣議決定）	
二〇〇一年	平成一三年		内閣府に「男女共同参画局」設置 「男女共同参画会議」設置 「配偶者からの暴力の防止及び被害者の保護に関する法律」（DV防止法）施行 「育児・介護休業法」改正 ※平成一四（二〇〇二）年施行	初の女性副知事就任 「こうち男女共同参画プラン」策定
二〇〇二年	平成一四年			「男女共同参画室」設置
二〇〇三年	平成一五年			「高知県男女共同参画社会づくり条例」制定
二〇〇四年	平成一六年		「DV防止法」改正 「育児・介護休業法」改正 ※平成一七（二〇〇五）年施行	「男女共同参画苦情調整委員」設置 「こうち女性総合センター」を「こうち男女共同参画センター」に改称
二〇〇五年	平成一七年		「男女共同参画基本計画」（第二次）（閣議決定） 「女性の再チャレンジ支援プラン」策定	「こうち男女共同参画プラン」改定

二〇〇六年	平成一八年		「男女雇用機会均等法」改正（間接差別禁止、男性を含むセクハラ禁止） ※平成一九（二〇〇七）年施行 「女性の再チャレンジ支援プラン」改定	
二〇〇七年	平成一九年		「DV防止法」改正 ※平成二〇（二〇〇八）年施行	「高知県DV被害者支援計画」策定
二〇〇八年	平成二〇年		「女性の参画加速プログラム」（男女共同参画推進本部決定）	「女性相談支援センター」新築移転
二〇〇九年	平成二一年		「育児・介護休業法」改正 ※平成二二（二〇一〇）年施行 ※平成二四（二〇一二）年完全施行	「男女共同参画社会に関する県民意識調査」実施
二〇一〇年	平成二二年		「男女共同参画基本計画」（第三次）（閣議決定）	
二〇一一年	平成二三年	「ジェンダー平等と女性のエンパワーメントのための国連機関（略称：UNWomen）」活動開始		「こうち男女共同参画プラン」改定
二〇一二年	平成二四年			「第二次高知県DV被害者支援計画」策定
二〇一三年	平成二五年		「DV防止法」を改正し、法律名を「配偶者からの暴力の防止及び被害者の保護等に関する法律」に改称 ※平成二六（二〇一四）年施行	

二〇一四年	平成二六年			「男女共同参画社会に関する県民意識調査」実施
二〇一五年	平成二七年		「女性の職業生活における活躍の推進に関する法律」（女性活躍推進法）公布 「男女共同参画基本計画」（第四次）（閣議決定） 「子ども・子育て支援新制度」開始	
二〇一六年	平成二八年		「女性の職業生活における活躍の推進に関する法律」（女性活躍推進法）全面施行	「こうち男女共同参画プラン」改定
二〇一七年	平成二九年		「育児・介護休業法」改正・施行	「第三次高知県ＤＶ被害者支援計画」策定
二〇一八年	平成三〇年		「政治分野における男女共同参画の推進に関する法律」施行	

「子ども」の人権に関する国内外の動き

年		国連等	国内	県内
一九二四年	大正一三年	「ジュネーブ児童権利宣言」採択		
一九四七年	昭和二二年		「児童福祉法」公布 ※昭和二三（一九四八）年施行	
一九四八年	昭和二三年	「世界人権宣言」採択		
一九四九年	昭和二四年		「少年法」施行	
一九五一年	昭和二六年		「児童憲章」制定	
一九五九年	昭和三四年	「児童の権利に関する宣言」（子どもの権利宣言）採択		
一九七八年	昭和五三年			「高知県青少年保護育成条例」施行
一九八九年	平成元年	「児童の権利に関する条約」（子どもの権利条約）」採択		
一九九四年	平成六年		「児童の権利に関する条約」（子どもの権利条約）批准 「エンゼルプラン」策定	
一九九八年	平成一〇年			「高知県エンゼルプラン」策定

一九九九年	平成一一年	「最悪の形態の児童労働の禁止及び撤廃のための即時の行動に関する条約（一九九九年の最悪の形態の児童労働条約一八二号）」採択	「児童買春、児童ポルノに係る行為等の処罰及び児童の保護等に関する法律」（児童買春・児童ポルノ禁止法）施行 「新エンゼルプラン」策定	
二〇〇〇年	平成一二年	「武力紛争における児童の関与に関する児童の権利に関する条約の選択議定書」及び「児童の売買、児童買春及び児童ポルノに関する児童の権利に関する条約の選択議定書」採択	「児童虐待の防止等に関する法律」（児童虐待防止法）施行 「少年法」改正	
二〇〇二年	平成一四年		「新子どもプラン」策定	
二〇〇三年	平成一五年		「インターネット異性紹介事業を利用して児童を誘引する行為の規制等に関する法律」（出会い系サイト規制法）施行 「次世代育成支援対策推進法」施行	
二〇〇四年	平成一六年		「児童虐待防止法」改正「児童買春・児童ポルノ禁止法」改正 「子ども・子育て応援プラン」策定	「高知県こども条例」制定

二〇〇五年	平成一七年			「こうちこどもプラン（高知県次世代育成支援行動計画・前期計画）」策定
二〇〇六年	平成一八年		新「教育基本法」施行	
二〇〇七年	平成一九年		「少年法」改正 「児童虐待防止法」改正 ※平成二〇（二〇〇八）年施行	「高知県子どもの環境づくり推進計画」策定
二〇〇八年	平成二〇年		「出会い系サイト規制法」改正 「少年法」改正	
二〇〇九年	平成二一年		「青少年が安全に安心してインターネットを利用できる環境の整備等に関する法律」（青少年インターネット環境整備法）施行	
二〇一〇年	平成二二年		「子ども・子育てビジョン」策定	「こうちこどもプラン（高知県次世代育成支援行動計画・後期計画）」策定
二〇一一年	平成二三年	「子どもの権利条約の通報手続に関する選択議定書」採択	「インターネット異性紹介事業を利用して児童を誘引する行為の規制等に関する法律」（出会い系サイト規制法）改正	

二〇一二年	平成二四年			「高知県子どもの環境づくり推進計画（第二期）」策定 「高知県こども条例」を全部改正
二〇一三年	平成二五年		「体罰禁止の徹底及び体罰に係る実態把握について（依頼）」「体罰の禁止及び児童生徒理解に基づく指導の徹底について（通知）」 「運動部活動での指導のガイドライン」策定 「いじめ防止対策推進法」施行 「いじめの防止等のための基本的な方針」（国のいじめ防止基本方針）策定	「高知県子ども条例」施行 「高知家の子ども見守りプラン～少年非行の防止に向けた抜本強化策～」策定 「高知県子どもの環境づくり推進計画（第三期）」策定
二〇一四年	平成二六年	「子どもの権利」採択 「いじめからの子どもの保護」採択	「子どもの貧困対策の推進に関する法律」施行 「子供の貧困対策に関する大綱」策定 「児童買春・児童ポルノ禁止法」改正 「出会い系サイト規制法」改正 「少年法」改正	「高知県いじめ防止基本方針」策定 「高知県いじめ問題対策連絡協議会」設置
二〇一五年	平成二七年		「子ども・子育て支援新制度」開始	「高知家の少子化対策総合プラン（前期計画）」策定

二〇一六年	平成二八年		「義務教育の段階における普通教育に相当する教育の機会の確保等に関する法律」施行 ※平成二九（二〇一七）年施行	「高知家の子どもの貧困対策推進計画～厳しい環境にある子どもたちへの支援策の抜本強化～」策定
二〇一七年	平成二九年		「いじめの防止等のための基本的な方針」改定 「いじめ防止の重大事態の調査に関するガイドライン」策定 「児童虐待防止法」改正	「高知県いじめ防止基本方針」改定
二〇一八年	平成三〇年		「児童虐待防止法の一部を改正する法律」施行	「高知県子どもの環境づくり推進計画（第四期）」策定

「外国人」の人権に関する国内外の動き

年		国連等	国内	県内
一九五一年	昭和二六年		「出入国管理及び難民認定法」施行	
一九五二年	昭和二七年		「サンフランシスコ平和条約の発効に伴う朝鮮人台湾人等に関する国籍及び戸籍事務処理について」策定 「外国人登録法」施行 「ポツダム宣言の受諾に伴い発する命令に関する件に基づく外務省関係諸命令の措置に関する法律」施行	
一九六五年	昭和四〇年	「あらゆる形態の人種差別の撤廃に関する国際条約」（人種差別撤廃条約）採択	「日本国に居住する大韓民国国民の法的地位及び待遇に関する日本国と大韓民国との間の協定の実施に伴う出入国管理特別法」（入管特別法）公布 ※昭和四一（一九六六）年施行	
一九七五年	昭和五〇年	「劣悪な条件の下にある移住並びに移民労働者の機会及び待遇の均等の促進に関する条約と勧告」（ＩＬＯ）		

一九九〇年	平成二年	「すべての移住労働者及びその家族の権利の保護に関する条約」採択		「高知県国際交流推進基本構想」策定 「㈶高知県国際交流協会」設立
一九九一年	平成三年		「日本国との平和条約に基づき日本の国籍を離脱した者等の出入国管理に関する特例法」施行	
一九九五年	平成七年		「あらゆる形態の人種差別の撤廃に関する国際条約」（人種差別撤廃条約）批准	「高知県国際交流推進ビジョン」策定
一九九七年	平成九年			「国際協力プラン21・高知」策定
一九九九年	平成一一年		「出入国管理及び難民認定法」改正 「外国人登録法」改正	
二〇〇六年	平成一八年		「地域における多文化共生推進プラン」策定 「国際教育推進プラン」策定	
二〇〇九年	平成二一年		「出入国管理及び難民認定法及び日本国との平和条約に基づき日本の国籍を離脱した者等の出入国管理に関する特例法の一部を改正する等の法律」公布 ※平成二二（二〇一〇）年一部施行	
二〇一〇年	平成二二年			「（公財）高知県国際交流協会」へ移行

二〇一二年	平成二四年		「外国人登録法」廃止	
二〇一五年	平成二七年	「人種主義、人種差別、外国人排斥および関連する不寛容に反対する具体的行動を求める世界的呼びかけ」採択		
二〇一六年	平成二八年		「本邦外出身者に対する不当な差別的言動の解消に向けた取組の推進に関する法律」（ヘイトスピーチ解消法）施行	
二〇一七年	平成二九年		「外国人の技能実習の適正な実施及び技能実習生の保護に関する法律」施行	
二〇一八年	平成三〇年		「出入国管理及び難民認定法及び法務省設置法の一部を改正する法律」公布 ※平成三一（二〇一九）年施行	

「その他の人権課題」に関する国内外の動き

年		国連等	国内	県内
一九九七年	平成九年		「アイヌ文化の振興並びにアイヌの伝統等に関する知識の普及及び啓発に関する法律」（アイヌ文化振興法）施行	
二〇〇二年	平成一四年		「ホームレスの自立の支援等に関する特別措置法」施行	
二〇〇三年	平成一五年		「ホームレスの自立の支援等に関する基本方針」策定 「北朝鮮当局によって拉致された被害者等の支援に関する法律」施行	
二〇〇四年	平成一六年		「人身取引対策行動計画」策定	
二〇〇五年	平成一七年	「北朝鮮人権状況」決議、採択		
二〇〇六年	平成一八年	「強制失踪からのすべての者の保護に関する国際条約」（強制失踪条約）採択	「拉致問題その他北朝鮮当局による人権侵害問題への対処に関する法律」（北朝鮮人権法）施行	
二〇〇七年	平成一九年	「先住民族の権利に関する国際連合宣言」採択		

二〇〇八年	平成二〇年		「ホームレスの自立の支援等に関する基本方針」見直し 「アイヌ民族を先住民族とすることを求める決議」衆参両院で採択	
二〇〇九年	平成二一年		「人身取引対策行動計画二〇〇九」策定	
二〇一一年	平成二三年		「人権教育・啓発に関する基本計画の一部変更について」（閣議決定） ※「北朝鮮当局による拉致問題等」を追加	
二〇一三年	平成二五年		「ホームレスの自立の支援等に関する基本方針」策定（新規） 「生活困窮者自立支援法」公布 ※平成二七（二〇一五）年施行	
二〇一四年	平成二六年		「国際的な子の奪取の民事上の側面に関する法律」施行	
二〇一六年	平成二八年		「成年後見制度の利用の促進に関する法律」施行 「再犯の防止等の推進に関する法律」（再犯防止法）施行	
二〇一七年	平成二九年		「再犯防止推進計画」策定	
二〇一九年	平成三一年			「高知県再犯防止推進計画」策定予定

浦元義照（うらもと・よしてる）

上智大学特任教授

1974年上智大学外国語学部英語学科卒。ハーバード大学ケネディースクール行政学修士号取得。ハーバード・ビジネススクールリーダーシップーコース修了。
国際協力及び国際開発に40年間にわたり従事。1978年より国際連合児童基金（UNICEF）に勤務。日本兼韓国の代表を含め開発途上国に25年間駐在。現場で社会経済開発の経験を積む。旧ユーゴスラビア緊急支援事業をはじめ、平和維持活動の経験は10年以上に及ぶ。2007年国際連合工業開発機関（UNIDO）事務局事務次長。2012年国際労働機関（ILO）アジア太平洋地域総局長。2015年より現職。主な著作や論文に「Uniformity in Diversity: Health Systems Decentralization at the Grassroots in Indonesia, UNICEF, Jakarta, 1997」、「ASEAN Community 2015 : Managing integration for better and shared prosperity : ILO-ADB August 2014（監修）」、「Corporate Governance & Sustainability of the Global Value Chain : Bangladesh Ready-made Garment Industry（バングラデシュ既製服産業におけるグローバル供給チェーンのガバナンスと持続可能性）、ニューヨーク市立大学（City University of New York: CUNY）, 2018」などがある。

国際協力・国際機関人材育成シリーズ 4

格差と夢

恐怖、欠乏からの解放、尊厳を持って生きる自由
国連の開発現場で体験したこと
―グローバルキャリアのすすめ

発　行　日：2021年4月20日　初版第1刷発行
著　　　者：浦元 義照
発　行　者：末森 満
発　行　所：株式会社 国際開発ジャーナル社
〒113-0034
東京都文京区湯島2-2-6　フジヤミウラビル8F
TEL　03-5615-9670　　FAX　03-5615-9671
URL　https://www.idj.co.jp/　　E-mail　mail@idj.co.jp
発　売　所：丸善出版株式会社
〒101-0051
東京都千代田区神保町2-17　神田神保町ビル6F
TEL　03-3512-3256　　FAX　03-3512-3270
URL　https://www.maruzen-publishing.co.jp/
デザイン・制作：高山印刷株式会社
表　紙　絵：山東りこ（10歳）の作品

ISBN 978-4-87539-811-0 C0030